JOHANNES FIEBAG

Kontakt

UFO-Entführungen in Deutschland, Österreich und der Schweiz

Für alle,
die es erlebt haben

> »Jede Erscheinung beweist
> ihre Notwendigkeit
> durch ihr Dasein.«

Baruch de Spinoza
(1632–1677)

JOHANNES FIEBAG

Kontakt

UFO-Entführungen in Deutschland, Österreich und der Schweiz

Augenzeugen berichten

Mit 20 Farbfotos und
32 Zeichnungen

LANGEN MÜLLER

Bildnachweis

Fotos: Archiv Autor: 1, 2, 5, 10, 11, 12, 13, 15, 16, 17, 19
Joachim Gelhaar: 3a und 3b
Reinhard Habeck: 4, 14, 18
Algund Eenbom: 6, 7, 8
Conny Paraschoudis: 9
Gabriele Berndt/Agentur Holl: 20 und Vor-/Nachsatz
Zeichnungen: FATE Magazine: 8
Wild Flower Press: 16
Archiv Autor: alle weiteren Zeichnungen

Vor- und Nachsatz: Das Legat einer außerirdischen Intelligenz auf einem fernen Planeten. Ist das gesamte Universum miteinander vernetzt? Gibt es Spuren des Wirkens extraterrestrischer, ultra-dimensionaler, fremd-temporärer und Wesen aus parallelen Welten auch auf unserer Erde? Sind »die Anderen« mitten unter uns? Gemälde »Signale« (1989) von Gabriele Berndt.

umweltfreundlich

BÜCHER OHNE FOLIEN

Eine Initiative der Buchverlage Ullstein Langen Müller

Gedruckt auf chlorfrei gebleichtem Papier

1. Auflage August 1994
2. Auflage November 1994

© 1994 Albert Langen/Georg Müller Verlag
in der F.A. Herbig Verlagsbuchhandlung GmbH, München
Alle Rechte vorbehalten
Umschlagentwurf: Wolfgang Heinzel
Umschlagbild: Andreas von Rétyi
Satz: Concept GmbH, Höchberg bei Würzburg
Gesetzt aus der 11/13 Punkt Sabon auf Macintosh IIfx
Druck und Binden: Mohndruck, Gütersloh
Printed in Germany
ISBN 3-7844-2502-X

Inhalt

Vorwort

Ein seltsames, für viele sogar beängstigendes Phänomen greift um sich: Menschen – auch bei uns in
Deutschland, in Österreich und der Schweiz, in ganz
Mitteleuropa! – glauben, in UFOs entführt worden zu
sein. Von seltsamen Wesen, die meist keine Gefühle zu
zeigen scheinen, emotionslosen Gestalten aus den
Schattenzonen unserer Welt.

Seit ich im vergangenen Jahr mein Buch »Die Anderen – Begegnungen mit einer außerirdischen Intelligenz«[1] veröffentlichte, haben sich zahlreiche Menschen
an mich gewandt. Sie alle hatten eine Begegnung mit
dem Unfaßbaren, dem Unglaublichen. Welche Art von
Wirklichkeit dahintersteht, werden wir vielleicht nie
erfahren. Aber zumindest für diese Menschen, davon
bin ich überzeugt, war diese Begegnung eine Realität –
wenn auch nur eine subjektive.

Was sind das: »UFO-Entführungen« oder »Begegnungen der vierten Art«, wenn wir sie nach der erweiterten
Sichtungsklassifikation des amerikanischen Astrophysikers Prof. Allen Hynek bezeichnen? Die Betroffenen
werden, jedenfalls wenn wir bereit sind, ihren Berichten Glauben zu schenken, entweder irgendwo auf
einsamen Landstraßen gestoppt oder direkt aus den

Zimmern ihrer Wohnungen geholt. Die Wesen, die diese »Entführungen« vornehmen, sollen dabei durch massive Wände, durch geschlossene Fenster und Türen hindurch in den Raum eindringen können. Hindernisse scheint es für sie nicht zu geben.

Man trägt die völlig willenlos geschalteten Opfer in ein in der Nähe wartendes Objekt, man nimmt medizinische, psychologische oder sogar gynäkologische Untersuchungen und Experimente an ihnen vor, in einzelnen Fällen läßt man sie visionsähnliche Szenen durchleben und bringt sie schließlich wieder in ihr Auto oder in ihre Wohnung zurück. In der Regel mit einer posthypnotischen Sperre, die die Erinnerung an das Geschehen blockiert und einen regelrechten Zeitverlust verursacht. Die Betroffenen sind sich nicht mehr darüber im klaren, was in den fraglichen ein, zwei oder auch mehr Stunden eigentlich geschehen ist. Häufig sind es nur Gedankenfetzen oder seltsame, immer wiederkehrende Träume oder Alpträume, und manchmal ist es nur mit Hilfe der Hypnose möglich, die oder den Betroffenen in die jeweilige Situation zurückzuführen, die hypnotische Barriere zu durchbrechen und die Ereignisse wieder ins normale Tagesbewußtsein zurückzuholen.

UFO-Kritiker, die zuweilen in regelrechten Skeptiker-Vereinigungen organisiert sind, machen es sich sehr einfach. Für sie existiert weder das Phänomen der UFOs noch das der »Entführungen«. Sie halten alles für Einbildung, für paranoiden oder schizophrenen Verfolgungswahn, für Schwindel oder unterstellen den Betroffenen einen Hang zur Geltungssucht.

Ich habe, nach all den Gesprächen, die ich mit »Entführten« hatte, nicht diesen Eindruck. Ich will nicht ausschließen, daß es unter jenen, die glauben oder auch nur behaupten, in UFOs entführt worden zu sein oder anderweitig Kontakt zu einer fremden Intelligenz zu haben, auch pathologische Fälle gibt. Aber bei jenen Menschen, von denen dieses Buch handelt, ist dies als nahezu sicher auszuschließen. Es sind ganz normale Männer, Frauen und Kinder, in der Regel mit beiden Beinen fest auf der Erde stehend, die, jeder auf seine Weise, versuchen, das, was ihnen widerfährt, in ihr Leben zu integrieren.

Wir sollten den Mut haben, dies anzuerkennen. Anzuerkennen, daß diese Menschen weder verrückt sind noch Aufschneider, sondern daß sie tatsächlich mit einem Phänomen konfrontiert werden, das letztlich jedem von uns begegnen kann. Was immer die Ursache dieser Ereignisse auch sein mag, jenen, die davon betroffen sind, gebührt nicht nur unser Mitgefühl, sondern auch unsere Hilfe.

Dieses Buch möchte ich als Beitrag dazu verstanden wissen. Unter uns leben Menschen, die auf unglaubliche Weise mit einer uns völlig fremden Realität in Kontakt geraten sind. Und deshalb leiden viele von ihnen unter zwei Traumata: dem Trauma des für sie unverständlichen Ereignisses und dem Trauma, erfahren zu müssen, daß niemand ihnen glaubt.

Es wird Zeit, daß wir ihnen wenigstens unsere Aufmerksamkeit schenken. Um ihnen zu helfen und um selber vorbereitet zu sein. Je umfassender das Wissen um dieses Phänomen in die Öffentlichkeit dringt, je mehr Menschen, vor allem je mehr Ärzte, Psychologen und Psychotherapeuten damit bekannt werden, um so eher und um so rascher kann diesen Betroffenen geholfen werden. Kein Arzt, kein Wissenschaftler, niemand auf unserer Erde wird das Phänomen selbst stoppen können. Aber wir können jenen, die es am eigenen Leibe verspüren, helfen, sie therapeutisch unterstützen und begleiten, sie vorbereiten auf das, was ihnen in der Zukunft wieder geschehen kann und mit großer Wahrscheinlichkeit auch geschehen wird. Vor allem sollten wir sie nicht allein lassen in ihrer Ungewißheit und seelischen Qual.

Allerdings: Nicht alle von ihnen sehen in diesen Ereignissen etwas für sie Bedrohliches. Etliche unter den Betroffenen haben mir gegenüber auch immer wieder die positiven Aspekte einer solchen Begegnung hervorgehoben. Und in der Tat glaube ich, daß das »Entführungs«-Phänomen vielleicht beides repräsentiert: Solange wir es nicht verstehen, sehen wir häufig nur die negativen, die beängstigenden Auswirkungen. Haben wir es einmal verstanden oder – wie vielleicht einige dieser Entführten – intuitiv begriffen, werden sich uns auch die positiven Seiten erschließen. Ich möchte sogar sagen: Diese positiven Seiten werden letztlich über all das hinausreichen, was wir im Moment noch als Bedrohung betrachten mögen.

Dieses Buch ist ein Buch über eine fremde Intelligenz, über »die Anderen«. Es ist aber auch und vor allem ein Buch über uns selbst: über unsere Träume, unsere Hoffnungen und unsere Ängste. Denn beide sind untrennbar miteinander verbunden, seit ewigen Zeiten.

Die Menschen, die im Zentrum dieses Buches stehen, werden meist anonym bleiben. Ihre Namen sind geändert (und dann *kursiv* geschrieben), es sei denn, sie haben ausdrücklich den Wunsch gehabt, genannt zu werden. Ich selbst habe ihnen zur Anonymität geraten. Denn leider ist es in unserer Gesellschaft noch immer

12

so, daß Menschen mit »anormalen« Erfahrungen gegen
ihren Willen ins grelle Licht der Öffentlichkeit gezerrt
und lächerlich gemacht werden, daß man sie als
Galionsfiguren der eigenen Unzulänglichkeiten miß-
braucht oder sie direkt auf infamste Weise angreift. Das
kann aber nicht der Sinn einer solchen Publikation sein,
und deshalb erscheint es mir geraten, vorläufig den
Mantel der Anonymität über jene gebreitet zu halten,
deren persönliche Integrität durch eine öffentliche
Zurschaustellung gefährdet wäre. Ich kann jedoch ver-
sichern, daß all diese Menschen wirklich existieren, daß
keiner ihrer Berichte erfunden ist, sondern daß all dies
wahre Begebenheiten sind. Wahr zumindest in dem
Sinne, wie die Betroffenen sie selbst erlebt haben.

Wir werden auch versuchen zu ergründen, was hinter
diesem Phänomen steht. Aber ich möchte zu hoch
geschraubte Erwartungen dämpfen: Es gibt keine *wirkliche* Erklärung für all das, und jeder (auch die Betroffenen selbst) kann und wird eine letztlich ganz
persönliche Auffassung dazu entwickeln. Das ist nicht
nur legitim, das ist auch notwendig, denn das Phänomen ist so komplex, daß wir uns immer wieder neu der
Frage nach seinem Ursprung, seinen Wirkungen und
vor allem seinem *Sinn* stellen müssen.

Ich habe mit meiner »Mimikry-Hypothese«, wonach
eine fremde, vermutlich außerirdische Intelligenz sich
seit jeher unter verschiedenen Masken in unserer Welt
manifestiert, viel Zustimmung erfahren, aber auch
herbe Kritik einstecken müssen. Insbesondere die
Analogie, wonach diese Intelligenz so weit über uns
steht, daß sie in unsere Wirklichkeit eingreifen kann wie
wir in die virtuelle Realität des Cyberspace, hat eine für
mich selbst erstaunliche Polarität in der Diskussion

erzeugt. Einige nahmen sie begeistert an, andere lehnten sie ab (allerdings, wie mir scheint, mit eher stark emotional statt rational begründeten Angriffen).

Nun, wir werden sehen, ob sich diese Hypothese – und nur eine solche ist es! – weiter wird verifizieren lassen oder nicht. Aber ich habe den Eindruck, wir werden im Endeffekt gar nicht darum herum kommen, genau das anzunehmen: daß eine unglaublich hohe, unglaublich komplexe, mit verschiedenen Stufen und Ebenen der Realität verbundene Intelligenz in der Tat dazu in der Lage ist, in unsere Welt einzugreifen und die seltsamsten Phänomene zu erzeugen. Mehr noch: Wir werden versuchen, einen Blick hinter die Kulissen der Wirklichkeit zu werfen – und jene, die den Mut haben, mir dabei zu folgen, werden eine ganz erstaunliche Entdeckung machen. Die Entdeckung nämlich, daß *wir alle* ein integraler Teil dieses komplexen Szenarios sind, es immer waren und immer sein werden.

Denn die »Anderen« sind um uns. Wir können ihre Existenz leugnen, wir können so tun, als gehe uns all das nichts an. Aber so fest wir die Augen auch verschließen, in der Dunkelheit hinter den Lidern unseres Widerspruchs, in der Schwärze unserer Furcht vor dem, was wir nicht wahrhaben *wollen,* in dem Schatten all dessen, was wir gekonnt zu verdrängen gelernt haben, dort, ganz tief im Innersten unserer selbst, wissen wir, daß wir uns irren und daß »sie« da sind. Wir haben in unserer »aufgeklärten, rationalen Welt« versucht, sie auszurotten, sie zu vernichten, ihre Spuren zu tilgen. Es ist uns nicht gelungen – weil es uns nicht gelingen *kann.*

Die »Anderen« waren nie tot. Und heute sprechen sie lauter und deutlicher zu uns als jemals zuvor...

14

I

Himmelsmächte

Was geschieht dort oben...?

»Ich konnte nichts sagen, ich zitterte am
ganzen Körper. Ich fragte mich nur
immer wieder: Bin ich verrückt
geworden? Habe ich Halluzinationen?
Was – um Gottes willen – passiert hier?«

Peter Hausner
(entführt 1980)

Ein warmer Sommertag im August 1980. Der damals
dreiunddreißigjährige Fotograf *Peter Hausner* ist
mit dem Fahrrad unterwegs. Er radelt gerne, es ist sein
Hobby.
Peter Hausner ist auf dem Weg von Wien nach Linz.
Eine Zweitagestour. Der Weg geht auf der österreichischen Bundesstraße 1 nach Westen, entlang der Donau.
Eine romantische Strecke.
In Linz will *Peter Hausner* Freunde besuchen. Jetzt, am
frühen Nachmittag des zweiten Tages, ist sein Ziel
bereits merklich näher gerückt. Er hat sich entschlos-
sen, nicht mehr direkt auf der B 1 zu fahren, sondern
parallel laufende Straßen zu nutzen.
Die Sonne scheint ihm ins Gesicht. Aber für ihn ist diese
Tour nichts außergewöhnliches, nichts wirklich an-

strengendes. Er liebt es, in der Natur zu sein, mit seinem Rad das Land zu erobern.

Er schaut auf die Uhr. Noch zwei Stunden wird er bis Enns brauchen – und dann ist es nicht mehr weit bis zum Ziel. Eine Strecke, die gut zu schaffen ist. Normalerweise.

Wie viele Fahrradfahrer es tun, schaut auch *Peter Hausner* manchmal minutenlang nur auf den unmittelbaren Wegabschnitt vor sich. Scheinbar endlos rollt sich ihm das grauschwarze Asphaltband der Straße entgegen.

Aber dann geschieht plötzlich etwas, für das es keine Erklärung zu geben scheint, etwas, das so ungewöhnlich, so fremdartig, so wider jede Erfahrung ist, daß sich *Peter Hausner* wie vom Blitz getroffen fühlt: »Auf einmal beginnt sich mein Fahrrad zu heben. Zuerst geht das Vorderrad hoch, dann das Hinterrad. Ich dachte, ich spinne. Es war überhaupt kein Geräusch dabei zu hören. Einfach so, ohne jeden Übergang, von einer Sekunde zur anderen. Die Räder drehten sich noch, aber sie berührten den Boden nicht mehr. Und dann wurde ich hochgezogen, wie in einem Fahrstuhl. Aber in einem Fahrstuhl aus Luft.«

Der Mann ist starr vor Schreck. Er kann nicht begreifen, was da passiert. Rasch hat er die Höhe der Baumwipfel erreicht, blickt über die Felder zu seiner Rechten.

Und dann wagt er den Blick nach oben. Dort, über ihm, keine zehn oder 20 Meter mehr entfernt, schwebt eine riesige, leuchtende Kugel. Es besteht kein Zweifel: *Peter Hausner* wird direkt darauf zu gesogen.

Alles krampft sich in dem Mann zusammen. Er möchte schreien, aber er kann es nicht. Im Unterteil der Kugel bildet sich eine Öffnung: ein viereckiges, fast quadratisch erscheinendes Loch.

16

Weit unter ihm die Straße, die Welt, die er kennt, die gerade eben noch so unaufregend normal war. Und jetzt über ihm diese Kugel, der er immer näher kommt, die Öffnung, auf die er wie magnetisch zugetrieben wird. Alles geht überraschend schnell. *Peter Hausner* taucht durch den Einstieg hindurch, noch immer auf seinem Fahrrad sitzend. Er schwebt für einen kurzen Moment über der viereckigen Luke, dann schließt sich diese geräuschlos, und er wird zusammen mit seinem Rad einfach auf der zugeschobenen Klappe abgesetzt.

Der gläserne Sarg

Stille. Kein Laut. Der Mann hört nur seinen eigenen rasenden Atem. Und das Herz, das ihm wild pochend bis zum Halse schlägt.
Helles Licht um ihm. *Peter Hausner,* der bislang nur auf die geschlossene Luke unter sich gestarrt hatte, hebt die Augen und blickt zur Seite.
Und da stehen sie. Acht Wesen. Keine Menschen. Sie sind kleiner, vielleicht 1,20 Meter, 1,50 Meter groß. Und sie sind schmal. Ihre Haut ist glatt und grau, die Augen überproportional groß und tränenförmig nach oben gezogen. Sie stehen da und schauen ihn an. (Abb. 1)
»Ich konnte nichts sagen, ich zitterte am ganzen Körper. Ich fragte mich nur immer wieder: Bin ich verrückt geworden? Habe ich Halluzinationen? Was – um Gottes willen – passiert hier?«
Irgend etwas – eine Stimme, ein Ton, eine Melodie? – erklingt in seinem Kopf. *Peter Hausner* wird angewiesen, von seinem Fahrrad zu steigen und die Gestalten zu

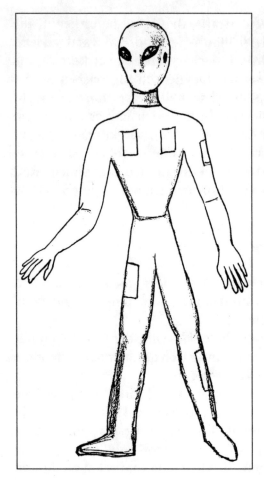

Abb. 1 Schlanke, etwa 1,50 Meter große Wesen sah der Wiener Fotograf Peter Hausner *während seiner Entführung im August 1980 (Skizze des Zeugen).*

begleiten: »Jeder Widerstand war vollkommen sinnlos. Es gab keinen Ausweg. Selbst wenn ich gewollt hätte, ich konnte einfach nicht anders. Ich stieg vom Rad und folgte ihnen.«

Die Stelle, an der man den Mann abgesetzt hatte, ist der Ausgangspunkt eines seltsamen, fast röhrenförmigen

Tunnels, der sich wie eine Spirale nach oben windet. »Ich hatte den Eindruck, daß wir uns an der Innenseite der Außenwand entlang nach oben bewegten. Ein ganz merkwürdiger Gang. Er war grau und irgendwie milchigglasig. Lichtquellen konnte ich nicht erkennen. Aber es war sehr hell.«

Peter Hausner schätzt, daß man ihn etwa um ein Dreiviertel des Kugelumfanges nach oben führte. »Ich glaube, daß rechts von mir Räume waren, aber ich konnte keine Türen erkennen. Alles war völlig glatt und fugenlos.«

Die acht Wesen um ihn schweigen. Keines von ihnen sagt auch nur ein Wort. Trotzdem hat *Peter Hausner* das Gefühl, als ob einer von ihnen beständig mit ihm in einer seltsamen Verbindung steht. Seine Anweisungen erscheinen wie Gedanken in seinem Kopf. Und er ist absolut machtlos dagegen.

»Dann war auf der rechten Seite eine Tür geöffnet. Ich sah sie, als wir langsam den Gang hinaufstiegen, und wußte, daß sie mich dorthin bringen würden. So war es auch.«

Es ist ein seltsamer Raum, den die ungleiche Gruppe betritt. Auch er ist hell, ohne daß irgendwelche Lichtquellen auszumachen sind. Vor allem aber: »Er erschien mir riesig, fast unendlich groß, jedenfalls viel größer, als er eigentlich sein sollte, wenn man es in Beziehung zu der Kugel setzt, die ich von außen gesehen hatte. Keine Ahnung, woran das lag. Vielleicht war es eine optische Täuschung, hervorgerufen durch das Licht und das Material der Wände. Ich weiß es nicht. Es wirkte jedenfalls absolut seltsam.«

Nur wenige Schritte vom Eingang entfernt, in diesem scheinbar unendlich großen Raum irgendwie asym-

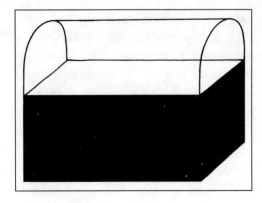

Abb. 2 Der »gläserne Sarg«, in den Peter Hausner sich legen mußte: ein schwarzer, kubischer Block, über den eine durchsichtige Halbröhre gefahren wurde (Skizze des Zeugen).

metrisch angeordnet, steht ein großer, schwarz schimmernder, kubischer Block. »Ich weiß nicht, wie ich das beschreiben soll. Dieses Material war irgendwie durchsichtig und andererseits auch nicht. Es wirkte schwarz, aber es schillerte in einem eigentümlichen Licht. Nur oben, auf der Oberseite, da war es hell.« (Abb. 2)
Peter Hausner wird angewiesen, sich auf den Block zu legen. »Ich bekam eine furchtbare Angst, ich wußte nicht, was die mit mir vorhatten, was das überhaupt für Leute waren. Natürlich war mir klar: Das sind keine Menschen. Auch wenn sie Ähnlichkeiten mit Menschen hatten. Aber woher kamen und was wollten sie von mir – ausgerechnet von mir?«
Der Mann legt sich auf den schwarzen Kubus. Er hat keine Möglichkeit, sich dagegen zu wehren.
Die schweigenden Gestalten postieren sich um ihn herum. Er liegt da und starrt zur Decke. Dann beginnt rechts neben ihm, vom Rand des Kubus, so etwas wie eine durchsichtige Wand hochzufahren. »Aber es war gar keine Wand. Es war wie eine gläserne Halbröhre. Sie fuhr rechts aus dem Block heraus, über mich drüber,

und links verband sie sich wieder mit dem Ding. Ich war hermetisch abgeriegelt und fühlte mich wie in einem Sarg aus Glas. Und mir wurde furchtbar heiß.«

Peter Hausner weiß, wovon er spricht. Als Mitglied der Freiwilligen Feuerwehr hat er so manchen Einsatz erlebt, hat in glühender Luft gestanden. »So kam es mir hier auch vor. Ich dachte, ich müßte wahnsinnig heiße Luft einatmen. Mir wurde fast schlecht, so heiß war es.«

Der Mann kann sich kaum bewegen. Nur seine Augen sind noch dazu fähig, hin- und herzuhuschen. Von beiden Seiten werden irgendwelche Geräte an den Block herangefahren. Die grauen Gestalten verbinden Teile davon, die wie Rohrleitungen oder mechanische Arme aussehen, mit der gebogenen durchsichtigen Halbröhre.

»Ich empfand keine Schmerzen, sieht man einmal von der wahnsinnigen Hitze ab. Sie taten mir nicht wirklich weh. Ich weiß auch nicht, was diese Geräte eigentlich sollten, denn ich empfand nichts dabei. Sie schlossen sie an diese Glaskuppel an – und das war's. Sie hantierten die ganze Zeit daran herum, aber mir ist nicht klar, was sie da eigentlich taten.«

Die ganze Prozedur auf dem seltsamen schwarzen Block kann nicht länger als zehn Minuten gedauert haben. Während dieser Zeit unterhält sich eine der Gestalten – *Peter Hausner* vermutet, daß es die gleiche war, von der er seine Anweisungen bekam – mit ihm. Die Gestalt stellt ihm seltsame Fragen, aber an die meisten kann sich *Peter Hausner* nicht mehr erinnern. Sie wollte z.B. wissen, warum er eine Goldplombe trage. »Und dann fragte er mich, warum wir Ultraviolettlicht nicht sehen können. Ich antwortete, daß wir doch keine Insekten seien, die auf so etwas spezialisiert sind. Ich glaube, er gab sich damit zufrieden, aber viel mehr weiß ich davon nicht mehr.«

»Wir werden Sie wiederfinden – überall, jederzeit«

Schließlich werden die Geräte wieder abgehängt und zurückgefahren, der Glastubus öffnet sich auf die gleiche Weise, wie er sich zuvor geschlossen hatte. *Peter Hausner* darf sich erheben.

»Sie führten mich auf dem Weg zurück, auf dem wir gekommen waren. Unten, an der Luke, stand noch immer mein Fahrrad. Man kann sich nicht vorstellen, wie glücklich ich war, als ich es dort stehen sah. Es war in diesem Moment doch mein einziger Bezugspunkt zur Realität. Das hier war alles irreal, absurd. Ich hätte mir nie vorstellen können, daß so etwas passiert – ich meine, *wirklich* passiert.«

Der Mann wird wieder auf sein Rad gesetzt, die Luke unter ihm öffnet sich. *Peter Hausner* kann sich erinnern, daß die Gestalt einen weiteren Satz in seinem Kopf formulierte: »Wenn wir Sie finden wollen, werden wir Sie finden.«

Und er fragte zurück: »Wo?«

»Überall. Jederzeit.«

Das Fahrrad wird von einer unsichtbaren Kraft über den Rand der Luke gehoben. Dann geht es hinab, in diesem imaginären Lift durch die Luft hinunter zum Boden. Unter sich sieht *Peter Hausner* die Straße, der er rasch näher kommt. Dann setzt er auf: zuerst das Hinterrad, kurz darauf das Vorderrad.

»Ich machte sofort eine Vollbremsung. Ich schlug die Hände vors Gesicht und konnte nicht begreifen, was geschehen war. Ich zitterte wie Espenlaub. Ich stand da minutenlang am Straßenrand und wußte nicht, wie mir geschah.«

Als *Peter Hausner* schließlich weiterfährt und in Enns eintrifft, hat er für die Strecke zwei Stunden länger gebraucht als gewöhnlich. »Es war gegen halb drei Uhr nachmittags, als ich das letzte Mal auf die Uhr geschaut hatte. Als ich in Enns ankam, war es aber schon nach halb sieben. Normalerweise hätte ich um halb fünf da sein müssen. An Bord dieses komischen Dings, da war ich vielleicht eine Viertelstunde. Ich begreife das nicht. Wo war ich den Rest der Zeit? Was ist mit mir geschehen?«

Letztlich eine Frage, die niemand jemals vollständig wird beantworten können. Aber auch eine Frage, die von so vielen gestellt wird, denen ähnliches widerfahren ist wie *Peter Hausner*.

Als ich ihn anläßlich einer großen UFO-Konferenz im November 1993 in Wien[2] traf, machte er auf mich den Eindruck eines Mannes, der noch heute unter dem damaligen Ereignis zu leiden hat. Ein Eindruck, der sicher nicht ganz falsch ist, denn das Erlebnis im August 1980 warf *Peter Hausner* völlig aus der Bahn. Lange Zeit wurde er mit sich und seiner Umwelt nicht mehr fertig, er verlor seinen Job, wurde arbeitslos. Eines bedingte das andere. Inzwischen hat er sich wieder ein wenig gefangen, hat eine neue Stelle (wenn auch in einer anderen beruflichen Sparte). Aber die Angst ist geblieben: die Angst davor, nicht zu wissen, was damals geschah – und die Angst, daß es jederzeit wieder geschehen könnte.

»Wenn wir Sie finden wollen, werden wir Sie finden. Überall. Jederzeit.« Worte, die wie eine Drohung klingen und von *Peter Hausner* auch genau so empfunden werden. Vermutlich ginge es jedem von uns nicht anders als ihm.

Die fehlenden zwei Stunden

Aber sein Erlebnis, so bedrückend es für ihn selbst auch gewesen sein mag, ist andererseits für den Forscher, der bemüht ist, Licht in das Dunkel solcher »Entführungen« zu bringen, ein wahrer »Glücksfall«. Aus dem einfachen Grund, weil sich *Peter Hausner* nicht nur an den unmittelbaren Anfang oder das unmittelbare Ende seines Erlebnisses erinnern kann, sondern weil es eine ganze Reihe zum Teil sehr detaillierter Elemente »dazwischen« gibt.

Auch er weiß offensichtlich nur noch von einem Teil des Gesamtgeschehens – etwa eine und eine Dreiviertelstunde fehlen ihm. Was mit ihm geschah, können wir nur ahnen. Vermutlich lag er auch während dieser Zeit auf dem schwarzen Block, ohne daß ihm der Ablauf wirklich bewußt geworden wäre. Aber völlig sicher ist dies nicht...

Dennoch: Wir haben hier eine bewußt erinnerte »Entführung«, die nicht nur zahlreiche »Entführungskonstanten« enthält, Elemente, die man aus anderen ähnlichen Berichten kennt, sondern auch davon abweichende Facetten. So ist zum Beispiel die Untersuchungsprozedur, wie *Hausner* sie beschreibt, meines Wissens bislang völlig unbekannt. In der Regel werden die Untersuchungen und Experimente direkt am Körper der »Entführten« vorgenommen – nicht unter einer durchsichtigen Halbröhre.

Aber das sollte man nicht als Hinweis darauf werten, daß die ganze Geschichte nicht stimmig ist. Die Forschungen hinsichtlich von »Entführungen«, die bislang weitestgehend in den USA durchgeführt wurden, zeigen zwar eine ganze Reihe immer wieder auftauchender Gemeinsamkeiten (z.B. das Hinaufschweben in das Objekt, das »Empfangskomitee«, das Durchschreiten oder Durchschweben gewundener Gänge, helle Räume ohne erkennbare Lichtquellen, die körperlichen Untersuchungen selbst, Kommunikation auf telepathischer Ebene usw.). Aber nicht bei allen Entführten müssen alle Konstanten vorhanden sein, sie müssen nicht in der gleichen Reihenfolge ablaufen, und es kommen immer wieder Komponenten hinzu, die vom üblichen Schema abweichen, ohne sich völlig davon zu trennen.

Als *Peter Hausner* 1980 sein für ihn elementares Erlebnis hatte, waren UFO-Entführungen bei uns noch kaum thematisiert. Es gab vereinzelte Berichte darüber hin und wieder in den Zeitungen – etwa in den siebziger Jahren das Pasgagoula-Ereignis (zwei Männer wurden am Pasgagoula-Fluß in Texas beim Angeln entführt) oder der Travis-Walton-Fall (der Holzfäller Travis Walton verschwand vor den Augen seiner Kollegen in einem UFO und tauchte erst Tage später wieder auf). Aber im allgemeinen gab es kaum eine Beschäftigung damit. Budd Hopkins Buch »Missing Time«[3], in dem das Thema erstmals in breiterem Rahmen erörtert, mehrere Fälle aufgezeigt und parallelisiert und vor allem zum ersten Mal immer wieder auftauchende Entführungskonstanten genannt wurden, erschien erst ein Jahr später, in der deutschen Übersetzung sogar erst zwei Jahre darauf.

Peter Hausner hatte zwar, wie er mir erzählte, 1977, also drei Jahre zuvor, den Steven-Spielberg-Film »Unheimliche Begegnung der dritten Art« im Kino gesehen, sich aber nie weiter für UFOs, Außerirdische oder auch nur Astronomie interessiert. Zudem zeigt der Film kein typisches Entführungsszenario. Er enthält wohl Elemente in dieser Richtung – z.B. die Verschleppung des kleinen Barry in ein UFO –, aber nichts daran erinnert an das Erlebnis, wie *Hausner* es hatte und viele andere haben. Vor allem wird in dem Spielberg-Film in keiner Weise auf die medizinischen oder sonstigen Untersuchungen eingegangen. Man kannte sie damals zwar bereits aus einzelnen Fällen, maß ihnen aber noch längst nicht die Bedeutung bei, die sie eigentlich innehatten.

Natürlich ist es ein beliebtes Argument der sogenannten »UFO-Skeptiker« (z.T. in kleinen Grüppchen organisierte Anti-UFO-Gläubige, deren Freizeitgestaltung sich im wesentlichen darauf beschränkt, mit allen mehr oder weniger nützlichen und allen mehr oder weniger zutreffenden Argumenten das UFO-Phänomen aus der Welt schaffen zu wollen), UFO-Entführungsberichte seien in Wirklichkeit nur bewußt oder unbewußt produzierte Kopien irgendwelcher Science-fiction-Filme oder Romane, die der Betroffene irgendwann einmal gesehen oder gelesen hat. Aber das ist in Wahrheit ein ziemlich billiges Argument. Wenn dem tatsächlich so wäre, bliebe zu fragen, warum dann bei »Entführungen« nicht beständig »ETs« aus Steven Spielbergs gleichnamigem Film erscheinen? Meines Wissens ist dies nicht ein einziges Mal geschehen. Oder warum sich nicht fortlaufend maskierte Gestalten vom »Darth-Vader«-Typ zeigen, der im »Krieg der Sterne« von

George Lukas als der obligatorische Bösewicht auftaucht? Warum gibt es keine Beschreibungen eines
landenden »Enterprise«-Äquivalents oder bei uns in
Deutschland eines »Raumschiffs Orion«? Warum
kommen nicht die »bösen Zylonen« aus »Kampfstern
Galaktika« oder wenigstens die »Ewoks vom Planeten
Endor«? Warum hat noch nicht ein einziger Entführter
an Bord eines solchen Schiffes Reißaus vor einem
teuflischen »Alien« genommen?

Ganz einfach: Weil diese simple Science-fiction-Hypo-
these (wenn es denn überhaupt eine ist) die komplexen
Vorgänge bei einer Entführung nicht erklären kann.
Vor allem kann sie nicht erklären, warum all die *anderen* Elemente der Science-fiction, die sich Autoren seit
Jahrzehnten in immer blühenderen Phantasien ausgedacht haben, bei den Entführungen *nicht* in Erscheinung treten.

Und häufig ist genau das Gegenteil von dem der Fall,
was UFO-Skeptiker behaupten. Die »Entführten«
sehen nicht irgendwann einen Science-fiction- oder
Entführungs-Film und erleben dann ihre eigene »Entführung«, sondern andersherum: Sie sehen einen Film,
der Elemente einer solchen Entführung zeigt, und erinnern sich daraufhin an eigene Erlebnisse, an Gedächt-
nisfragmente, die durch diese Konfrontation mit dem
Vergessenen aktiviert werden.

Der 52jährigen *Hanna Mühlfeld* aus Berlin zum
Beispiel ist genau so etwas passiert: »An einen Traum,
den ich vor mehr als 15 Jahren hatte, kann ich mich
genau erinnern: Ich war noch jung und ging die Straße
entlang bis zur Ecke (Cotheniusstraße/Ecke Thorner-
straße hier in Berlin). Dort war ein freier Platz vor der
Werner-Seelenbinder-Halle. Am dunklen Himmel sah

ich viele scheibenartige, mit vielen hellen Lichtern umgebene Objekte, etwa so hoch wie zweistöckige Häuser, schweben. Bei einem öffnete sich ein Spalt wie eine Schiebetür, und daraus fiel ein heller Lichtstrahl nach unten bis fast zum Boden. Oben sah ich in dem Licht eine Gestalt stehen. Ich war neugierig und wollte auf dem Strahl hinaufgehen, hatte auch keine Angst. Da wurde ich wach. Ich fand es schon eigenartig, so etwas zu träumen, denn ich habe mich zu dieser Zeit mit solchen Dingen weder beschäftigt noch darüber gelesen oder Filme gesehen. Erst viel später wurde mir dieser Traum wieder ins Gedächtnis gerufen, nach Jahren, als ich in der Fernsehserie ›Der Denver-Clan‹ eine Szene sah, in der eine junge Frau im Auto fuhr und eine Begegnung mit einem UFO hatte. Genau wie in meinem Traum öffnete sich das UFO, und es fiel ein Strahl in Richtung Erde, wobei das UFO auch fast in gleicher Höhe schwebte wie in meinem Traum. Als ich diese Szene sah, war ich doch sehr aufgeregt und mußte an meinen Traum denken, weil alles so verblüffend gleich war. Später habe ich mich einmal mit meiner erwachsenen Tochter darüber unterhalten, und sie sagte: ›Bist du sicher, daß es nur ein Traum war?‹«

Ich will gar nicht bestreiten, daß es einen Zusammenhang zwischen Science-fiction und dem UFO-Phänomen gibt. Nur besteht dieser Zusammenhang, wie wir noch sehen werden, auf einer ganz anderen, subtileren und psychologisch viel tieferen Ebene, als diese Skeptiker es sich in ihren kühnsten UFO-Negierungsphantasien vorstellen können.

Sternenzauber

Freilich muß nicht immer die Beobachtung eines UFOs mit einer Entführung einhergehen (obwohl dies offenbar häufiger geschieht, als wir lange Zeit glaubten), so wie umgekehrt nicht jede Entführung mit der vorangegangenen Sichtung eines UFOs gekoppelt sein muß. Beides sind Teilmengen eines umfassenderen Phänomens, die eine gemeinsame Schnittmenge besitzen (jene Fälle, in denen Entführungen und UFOs in einem Zusammenhang stehen, etwa im Fall des *Peter Hausner*).

Hier einige Beispiele für »normale« UFO-Sichtungen, Berichte, die mir zugesandt wurden, nachdem ich mein letztes Buch »Die Anderen« veröffentlicht hatte. Sie scheinen auf den ersten Blick – im Vergleich mit dem Entführungs-Phänomen – eher banal. Aber das eine und das andere gehört zusammen, und das eine wie das andere macht deutlich, daß wir augenscheinlich in einer Welt leben, die sich zuweilen ganz anders verhält, als wir es eigentlich erwarten würden.

Die Fränkische Schweiz nahe Pottenstein ist ein landschaftliches Kleinod. Ich kenne diese Gegend gut aus meiner Studienzeit, denn wir machten bereits im zweiten Semester eine Exkursion in diese Region, deren bizarre Schönheit jeden fesselt, der einmal durch ihre tiefen Täler gegangen und über die steilen Klippen geklettert ist.

Dort hatte *Armin Ziegler* aus dem westfälischen Lingen, damals im Alter von 15 Jahren, seine erste UFO-Begegnung: »Wir befanden uns in einem Jugendzeltlager der Pfadfinder. Wir waren am Tage eine große Strecke gewandert und nächtigten nun im Freien. Es war warm und sternenklar. Ich sah zunächst einige

Sternschnuppen und ›wandernde Sterne‹ – ich nehme an, es waren Satelliten.«

Aber dabei blieb es nicht: »Plötzlich war da ein Licht, etwa in Sternengröße, das sich anders verhielt. Die Flugbahnen waren es, die mich darauf aufmerksam werden ließen. Dieses Licht beschrieb zunächst eine gerade Strecke und kehrte dann auf dem selben Weg zu seinem Ausgangspunkt zurück. Danach folgten Wellenbahnen, Rechtecke, Quadrate, Kreise, Spiralformen oder auch ganz ungeordnete Flugbahnen, jedesmal mit dem Ergebnis, wieder an den Ausgangspunkt zurückzukehren. Nach der letzten Bewegung harrte das Licht einen Augenblick aus, um dann blitzartig zu verschwinden. Etwa zwei bis drei Wochen später las ich in der Zeitung, daß man ähnliches auch am nächtlichen Himmel über Japan beobachtet hatte.« (Abb. 3)

Diese nahezu unglaublichen Flugmanöver genauso wie das plötzliche Verschwinden des Objekts sind nichts ungewöhnliches – jedenfalls nicht in der Welt der UFOs. Während der großen UFO-Sichtungswelle 1990/1991 in Belgien wurden sogar mehrfach Militärflugzeuge gestartet, um den Versuch zu machen, die gemeldeten Flugkörper zu identifizieren oder sogar abzufangen. Wie sich denken läßt, ohne Erfolg.[4]

Wir besitzen zum Beispiel freigegebene Radarfotos einer solchen Verfolgungsjagd. Auf einer dieser Serien, aufgenommen von einem F-16-Jäger, erkennt man deutlich das vom Radar des Flugzeugs erfaßte Objekt. Es befand sich im Moment der ersten Aufnahme in einer Höhe von etwa 2100 Metern und bewegte sich mit 280 km pro Stunde nach Osten.

Innerhalb von nur einer Sekunde wurden die beiden folgenden Aufnahmen gemacht. Das Objekt ging in

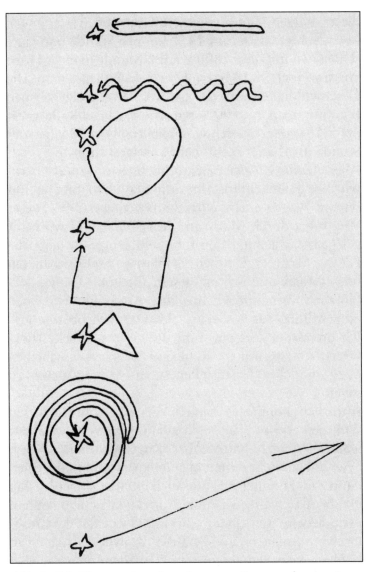

Abb. 3 Die Flugmanöver des seltsamen »Sterns«, den Armin Ziegler *beobachtete und skizzierte.*

dieser kurzen Zeit zunächst knapp 300 Meter tiefer, beschleunigte dabei auf 1450 km pro Stunde und jagte schließlich mit über 1800 km pro Stunde in einer Höhe von nur noch 900 Metern über dem Boden davon. Die Geschwindigkeitsanzeige ist auf dem freigegebenen Foto nur noch mit »000« registriert, da das Radargerät der F-16 größere Geschwindigkeiten als 1800 km in der Stunde überhaupt nicht mehr anzeigen kann.

Aber *Armin Ziegler* machte noch eine weitere merkwürdige Beobachtung. Im Sommer 1990 fuhr er mit seinem Wagen einen Wirtschaftsweg entlang: »Dieser Weg führt durch Mais- und Kornfelder und wird nur gelegentlich genutzt. Ich fuhr sehr langsam, hatte die Fenster heruntergekurbelt, denn es war sehr warm. Ich hörte Musik und war an diesem Tag guter Dinge.

Plötzlich vernahm ich aus den Augenwinkeln einen grellen Blitz, der aus dem Feld steil nach oben schoß. Ich bremste sofort und fuhr die gleiche Strecke rückwärts, um eventuelle Reflexionen von Glasscheiben oder ähnliches festzustellen, aber es war nichts zu sehen.«

Natürlich könnte es einfach ein Kugelblitz gewesen sein, den *Armin Ziegler* da zufällig im Vorüberfahren wahrgenommen hatte. Aber Kugelblitze bilden sich gewöhnlich nicht mitten in einem Maisfeld und steigen dann zum Himmel auf. Wie auch immer: Seit jenem Tag glaubt *Armin Ziegler,* einen Auftrag in sich zu spüren: »Ich arbeite seit Jahren in verschiedenen kerntechnischen Anlagen und glaube deswegen sagen zu können, kein Spinner zu sein. Trotzdem meine ich, so etwas wie einen Auftrag oder eine Botschaft in mir zu haben. Ich sitze zuweilen an meinem Schreibtisch und versuche eine Apparatur zu entwerfen, mit deren Hilfe ich versuchen möchte herauszufinden, ob es möglich wäre, an zwei Orten gleichzeitig zu sein. Vielleicht lächerlich – aber für mich sehr ernst.«

Auch dies ist nichts neues in der UFO-Forschung. Immer wieder beginnen Menschen, nachdem sie UFOs begegnet oder mit deren Insassen konfrontiert wurden, mit dem Entwurf seltsamer Maschinen, chemischer Formeln oder biotechnischer Aggregate. Meines Wissens ist keines dieser Geräte je gelaufen, hat sich keine dieser Formeln je als wirkungsvoll erwiesen. Ob es das Gerät des *Armin Ziegler* tun wird, müssen wir abwarten.

Die Lichtstäbe am Druidenhain

Ich habe in meinem letzten Buch »Die Anderen« den Fall des *Jürgen Rieder* genannt. Auch er hatte eine seltsame Begegnung in den Wäldern nahe des Bodensees. Auch er versucht seither verzweifelt, eine »Antigravitationsmaschine« zu bauen.

Aber der Fall *Rieder* ist noch in anderer Hinsicht von Interesse. Die Leser von »Die Anderen« werden sich daran erinnern, daß er Mitte der siebziger Jahre in den Wäldern nahe des Bodensees nachts riesige »Leuchtstäbe« auf sich zukommen sah, die sich dann als drei Meter große »Astronauten« in »Raketenstühlen« entpuppten. *Rieder* wurde für Minuten paralysiert, verspürte am ganzen Körper eine unglaubliche Hitze und glaubte verbrennen zu müssen. Die seltsamen Gestalten verschwanden ganz plötzlich, von einer Sekunde zur anderen, so, als habe man einfach das Licht ausgeknipst.

Einen nicht ganz so dramatischen, aber vielleicht doch vergleichbaren Fall schilderte mir der Nürnberger Informatiker *Horst Tiedemann*. An einem Sommerabend Mitte Juli 1988 waren seine Frau und er sowie ein bekanntes Paar (*Hanna Ottwich* und *Burkhard Meeser*) zwischen 21.30 Uhr und 21.45 Uhr im sogenannten »Druidenhain« nahe der kleinen fränkischen Ortschaft Wohlmannsgesees, etwa 40 km nördlich von Nürnberg, unterwegs. Die beiden Paare hatten sich zu diesem Zeitpunkt getrennt, jeder ging seinen eigenen Weg durch die um diese Tageszeit beginnende Dämmerung.

»Dabei haben meine Bekannten, verdeckt durch mehr oder weniger dicht stehenden Baumbestand, ebenfalls senkrecht stehende Lichtsäulen beobachtet, die sich im Wald hin- und herbewegten. Die Lichtstäbe waren grünlich phosphoreszierend, ähnlich den Zifferblättern mancher Uhren. Sie waren nicht rund und nicht eckig, eher eine Mischung zwischen einem Schwertblatt und Obelisken, aber sehr lang.«

Etwa vier bis sechs solcher »Leuchtstäbe« bewegten sich etwa einen Meter über dem Boden. Sie hatten einen klaren Umriß, und der jeweilige Hintergrund war heller als die Umgebung (er wurde wahrscheinlich durch die Stäbe erleuchtet). Sie waren bis zu etwa zwei Meter groß und gaben Geräusche von sich. *Hanna Ottwich* beschreibt sie als »vertraut, nicht fremd, singend, flirrend. Man hatte den Eindruck, als ob jedes Objekt ein ›eigenes Geräusch‹ verursachte, ein harmonisches Miteinander, das man gleichzeitig auch fühlen konnte – wie unter einer Hochspannungsleitung, allerdings mit einem helleren Ton, feiner und sehr gleichmäßig. Irgendwie fühlte ich mich davon amüsiert.«

34

Kurioserweise schienen den Beobachtern die Bäume, hinter denen sich die Stäbe auf immer gleicher Höhe hin- und herbewegten, im Moment des Passierens durchsichtig zu werden. Auch ihr erstes Auftreten war merkwürdig: Es war, als würden sie direkt aus dem Boden eines kleinen Hügels hervorkommen. Kein Wunder, daß *Hanna Ottwich* »einfach hinsehen mußte« und sich heute nicht mehr sicher ist, ob dies von »außen gesteuert« wurde oder einfach ihrer Neugier entsprach.

Noch während die beiden Zeugen versuchten, eine natürliche Erklärung für das sich vor ihnen abzeichnende Schauspiel zu finden, bewegten sich die Lichtstäbe nun plötzlich auf sie zu – genauso wie im Fall *Jürgen Rieder*. Anders als dieser geriet *Burkhard Meeser* jedoch in Panik, eine durchaus verständliche Reaktion. Er ergriff die Flucht und rannte zusammen mit seiner Begleiterin zurück zum Auto.

Der Informatiker *Horst Tiedemann* und seine Frau hatten die leuchtenden Stäbe nicht gesehen, aber Frau *Tiedemann* ist sicher, zumindest ein »grünes Phosphoreszieren an einigen Baumstämmen wahrgenommen« zu haben. Sie selbst hielt es für ein natürliches Phänomen, es könnte sich aber auch um den fernen Widerschein der Stäbe gehandelt haben.

Die Panik, in die *Burkhard Meeser* geraten war, steckte nun auch die anderen an. Er schrie: »Wir werden angegriffen!« und stürzte zum Auto. »Ich fuhr einfach los, ohne zu wissen, was geschehen war«, berichtet *Horst Tiedemann*.

Aber irgend etwas muß *Hanna Ottwich* und *Burkhard Meeser* zugestoßen sein, etwas, das sich schwerlich in die Kategorien unserer rationalen Welt einordnen läßt.

Wir wissen nicht, ob sich diese Leuchtstäbe bei Nürnberg als »raketenfahrende Astronauten« gezeigt hätten, wenn die beiden Zeugen stehengeblieben wären. Es ist auch vorstellbar, daß es sich um ein sogenanntes »solidlight«-Phänomen gehandelt hat. Man kennt von etlichen UFO-Begegnungen die Eigenschaft solcher Objekte, wie massive Stäbe erscheinende Säulen aus Licht ein- und wieder auszufahren. Die Physik, die dahinter steht, ist trotz experimenteller Ansätze, wie sie zum Beispiel die europäische Sektion der international arbeitenden großen UFO-Forschungsorganisation MUFON durchführt, noch völlig ungeklärt.

Kreisende Lichter

An unserem Himmel gibt es die seltsamsten Erscheinungen. Nicht alle sind »außer-« oder »überirdisch«. Kreisende Lichtscheiben am Himmel zum Beispiel, die in den vergangenen Jahren zunehmend als »UFOs« gemeldet werden, sind in der Regel nichts anderes als von sogenannten »Sky Trackern« erzeugte Lichtreflexionen. Sie werden von Laserstrahlen an die Wolkendecke projiziert – meist als Werbegag einer Discothek, als Hinweis auf eine Veranstaltung oder einfach aus »Spaß an der Freud«.

War es die Lichtscheibe eines solchen »Sky Trackers«, die Manfred Schon und seine Familie in der Nacht zum 9. Mai 1993 über Dudweiler im Saarland beobachteten? Ich glaube nicht, denn einige Details dieser Sichtung passen ganz und gar nicht in das Bild solcher »Lasermaschinen«: »Es war gegen 2.30 Uhr nachts, als mein Sohn nach Hause kam. Ich wurde wach und ging ans

Fenster. Da sah ich diese helle Scheibe, die über unserem Ort kreiste. Ich wußte im Augenblick nicht, wie mir geschah. Ich dachte: Was ist denn *das*? Ich weckte meine Frau, um sicherzugehen, daß ich nicht träumte oder halluzinierte. Mein Sohn und wir beide schauten diesem interessanten Schauspiel dann gespannt zu und fragten uns, was das wohl sein könnte.«

Während die helle Scheibe noch immer über ihnen kreist, diskutieren die drei über eine mögliche natürliche Erklärung: »Ich muß erwähnen«, berichtet mir Manfred Schon, »daß wir des öfteren den Himmel beobachten, wenn es brummt oder pfeift. Denn wir sind eine Familie, die sich mit Flugzeugmodellen beschäftigt. Um so erstaunlicher war es für uns, etwas fliegen zu sehen, das sich ohne jedes Geräusch fortbewegte – und das um 2.30 Uhr nachts.«

Aber die Scheibe kreist weiter über dem kleinen Ort: »Wir beobachteten das Objekt etwa eine halbe Stunde lang. Da es am vorherigen Tage geregnet hatte, war der Himmel noch teilweise bewölkt. Dadurch sah man die Scheibe einmal in ihren Umrissen verschwommen und dann wieder klar: verschwommen, wenn sie hinter den Wolken verschwand, klar, wenn sie daraus hervortauchte.«

Dies ist ein eindeutiger Hinweis darauf, daß wir es nicht mit der Laserstrahlprojektion eines »Sky Trackers« zu tun hatten. Denn dann wäre genau das Gegenteil beobachtet worden: Die Lichtscheibe wäre *vor* den Wolken deutlich zu sehen gewesen (denn nur dort hätte sich das Laserlicht reflektieren lassen) und am klaren Himmel überhaupt nicht.

»Selbstverständlich wollte ich wissen, woher die Lichtquelle kommt, die etwas Derartiges erzeugen kann. Ich ging also hinaus auf die Straße und in den Garten, aber es war nirgends etwas zu sehen.«

Obwohl Manfred Schon zu diesem Zeitpunkt noch nichts über »Sky Tracker« wußte, hatte er zunächst eine genau in diese Richtung abzielende Vermutung: »Ich dachte mir: Um eine solche Fläche an den Himmel zu projizieren, müßte der Lichtstrahl so gebündelt sein, daß man ihn unbedingt hätte sehen müssen [dies ist bei »Sky Trackern« in der Regel auch der Fall; Anm. J.F.]. Aber da war einfach nichts, worauf ich zurückgreifen konnte.«

Und nun kommt ein weiterer Effekt hinzu, der bei »Sky Trackern« gar nicht auftreten *kann*: Das Objekt strahlte nämlich wiederum einen Lichtstrahl aus sich selbst heraus ab!

»Besonders beobachteten wir den Lichtstrahl, der aus der Scheibe hervortrat. Er kam uns vor wie ein Scheinwerfer, denn dieser Strahl ging horizontal von dem Objekt aus. (Abb. 4) Nun wußten wir überhaupt nicht mehr, woran wir waren. Denn wie sollte man so etwas bewerkstelligen – zumal ich eigentlich ein Mensch bin, der nur das glaubt, was er sehen und greifen kann?«

Aber noch einmal wird die Familie in Dudweiler in Erstaunen versetzt: »Kurz, bevor die Scheibe verschwand, geschah folgendes: Der dunkle Himmel – und das war für uns wirklich überraschend – färbte sich plötzlich großflächig rot. Es begann hinter einer Wolke, denn man konnte jetzt die Umrisse der Wolke gut sehen. Das ganze war vergleichbar mit dem Effekt, wenn sich eine Wolke vor die Sonne schiebt. Auch die Scheibe war dahinter helleuchtend zu erkennen – nicht so groß wie in jenen Momenten, in denen sie sich auf

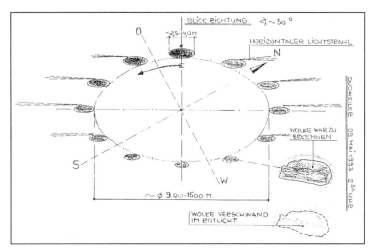

Abb. 4 *Manfred Schon und seine Familie beobachten am*
9. Mai 1993 eine über Dudweiler im Saarland kreisende Schei-
be, die horizontale Lichtstrahlen aussandte, sowie eine Wolke,
die in einem roten Licht verschwand (Skizze des Zeugen).

ihrer Kreisbewegung uns näherte (wir sahen das ganze
ja perspektivisch von schräg unten), aber doch deutlich
wahrnehmbar. Plötzlich wurde dann auch die Wolke
rot, und zwar so intensiv, daß sie sich förmlich in diesem Rot auflöste. Ich meine das wörtlich: Die Wolke,
die gerade noch am Himmel gestanden hatte, hatte sich
innerhalb von Sekunden in diesem roten Licht völlig
aufgelöst, war verschwunden. Wie ist das geschehen?
Wie *kann* so etwas geschehen? Dann – ohne jeden
Übergang – war alles vorbei. Es war, als hätte jemand
das Licht ausgeknipst.«
Ein »Sky Tracker«? Wohl kaum. Ich kenne keinen
»Sky Tracker«, der zu etwas Derartigem in der Lage
wäre.

39

»Sky Tracker« gibt es seit etwa zehn Jahren. Sie mögen seither in etlichen Fällen zu UFO-Meldungen Anlaß gegeben haben. Ganz sicher aber gab es sie noch nicht 1945, zum Ende des Zweiten Weltkrieges.

Damals war Helmut Damaschek, wie die meisten Männer seines Alters, Soldat: »Anfang April 1945 kam ich mit meiner Einheit von einem Einsatz in Remagen (Rheinbrücke), und wir sammelten uns in Rerik (Ostsee) bei der Flakartillerieschule I. Unsere Einheit bestand zu 95 % aus Peenemündern, deren Geräte und Unterkünfte durch die alliierte Luftwaffe 1944 vernichtet worden waren.

In der Nacht vom 19. zum 20. April stand ich mit anderen auf Wache, und wir beobachteten, von der Ostsee, etwa Richtung Skandinavien, kommend, eine rotierende Scheibe in etwa 3000 Meter Höhe. Diese Scheibe kam, an Höhe verlierend, genau auf uns zu. Fenster oder Motoren waren nicht zu erkennen, das Objekt hatte eine starke Leuchtkraft. Genau über unserer Kaserne wendete das Objekt in einem engen Bogen und flog wieder in Richtung Ostsee, an Höhe gewinnend, davon. Wir hatten einen solchen Flugkörper vorher nicht gesehen und glaubten an eine Neuentwicklung der Alliierten für Aufklärungszwecke. Nachdem ich später Bücher über sogenannte UFOs gelesen hatte, erinnerte ich mich wieder dieses Vorganges und sprach hierüber mit Freunden in den USA, die ähnliche Beobachtungen gemacht hatten.«

Keine »Sky Tracker« und, wie inzwischen sicher ist, auch keine Aufklärungsmaschinen der Amerikaner, Engländer oder Russen. Scheibenförmige militärische Flugkörper von starker Leuchtkraft, die zu den be-

schriebenen Manövern in der Lage sind, gab es damals
so wenig wie heute.

Mysteriöse Wolken

Ein im Grunde sehr ähnliches Erlebnis wie die Familie
Schon in Dudweiler muß *Eva-Maria Winter* im Jahr
1990 in Berlin gehabt haben – allerdings mit einigen
sehr seltsamen Varianten, die uns erneut vor die Frage
stellen, inwieweit nicht sogar solch »banale« UFO-
Beobachtungen mit unserem Innersten, unserer Seele,
gekoppelt sind.
»Es war nachmittags, der 16. Juli 1990. Ich schlief auf
unserem Balkon. Als ich aufwachte, sah ich eine weiße
Platte vor mir, ein Bild. Darauf erkannte ich eine weiße
Wolke und dahinter ein Licht. Diese Platte war einfach
einen Moment vor mir – und verschwand dann wieder.
Ich konnte es mir nicht erklären.«
Doch dann, in der folgenden Nacht, geschieht etwas
noch Mysteriöseres: »Ich wurde von Geräuschen
geweckt. Ich hatte Angst – aber nur für einen kurzen
Augenblick. Mir war, als hätte ich eine Männerstimme
gehört: ›Wenn du ein UFO sehen willst, dann komme
jetzt...‹.
Ich stand sofort auf, denn jetzt hatte ich keine Angst
mehr. Ich lief ins Wohnzimmer und hinaus zum Balkon.
Ziemlich hoch oben am Himmel sah ich einen bläulichen, sehr schmalen, länglichen Lichtstrahl. Die Uhr
zeigte in diesem Augenblick 2.34 Uhr. Später war an
einer anderen Stelle, viel niedriger, ein weiterer
schwacher Lichtstrahl zu sehen. Er zeigte auf die
schwach erleuchtete Stelle in der Wolke und wurde

später ebenfalls schwächer. Ich stand etwa eine halbe Stunde dort draußen und holte mir dann meine blaue Jacke. Als ich zurückkam, dauerte das seltsame ›Spiel‹ noch immer an. Um 3.04 Uhr stand dann eine dunkle Wolke in Höhe des gegenüberliegenden Wohnhauses, und plötzlich war da ein ganz heller Schein hinter dieser Wolke! Es war, als werde eine Lampe angeschaltet – ein gelbliches, warmes Licht. Es war genau das Bild, das ich am Nachmittag auf dieser merkwürdigen Platte gesehen hatte!

Dann wurde es schwächer, es wurde gewissermaßen stufenweise zurückgeschaltet. Und plötzlich war es ganz aus, weg! Ich dachte, es sei vorbei. Aber es blinkte noch ein paar Mal auf, als ob es Lichtsignale oder Morsezeichen gab. Ich hatte überhaupt keine Angst.«

»Sky Tracker«? Flugzeuge? Helikopter? Suchscheinwerfer? Alles nicht sehr wahrscheinlich. Aber der »Himmel über Berlin«, das wußte schon Wim Wenders in seinem Film über den Besuch eines Engels in der Millionenstadt, scheint prädestiniert zu sein für Phänomene der merkwürdigsten Art. Der Künstler Joachim Gelhaar hielt zum Beispiel eine Begegnung im Winter 1971 über der Berliner Avus (einer der vielbefahrenen Stadtautobahnen) in Acryl fest. Damals sah er ein helleuchtendes Objekt auf die Straße zukommen und sich wieder entfernen – kein Flugzeug, kein Hubschrauber, nichts, was er hätte identifizieren können. Was immer es war, Joachim Gelhaar setzte diese ihn tief bewegende Begegnung in einer kleinen Serie von Gemälden um, die im Bildteil dieses Buches erstmals präsentiert werden.

Begegnung der dritten Art

Die klassische »Begegnung der dritten Art« ist die Beobachtung eines gelandeten Objekts und seiner Insassen. Es gibt einige Fälle auch aus Deutschland – ich habe in meinem letzten Buch darüber berichtet.

Heinz Lenz aus Düsseldorf, heute 44 Jahre alt, hatte schon während seiner Kindheit merkwürdige Erlebnisse. Einmal sah er eine leuchtende, Strahlen aussendende Scheibe über seinem Bett, nachdem er sich innigst gewünscht hatte, Gott sehen zu wollen. Dies mag nichts anderes gewesen sein als eine rein psychische Projektion seines Unterbewußtseins. Aber bei dem Erlebnis, das seine Mutter 1970 hatte, ist dies wohl auszuschließen.

Die damals 62jährige *Elisabeth Lenz* war auf dem Weg zu Bekannten im nahen Mönchengladbach-Rheydt-Giesenkirchen: »Auf dem Weg dorthin durchquerte sie von der Bushaltestelle einen Feldweg mit kleinem Waldbestand. Plötzlich sah sie auf einer Lichtung ein ›Ding‹ stehen, das aussah wie ein ›hochgestellter tiefer Teller‹. Das ›Ding‹ stand auf ›dünnen Stelzen‹, eine Leiter führte ins Innere.« (Abb. 5)

Aber das war nicht alles, was *Elisabeth Lenz* beobachten konnte: »Um den Apparat herum hantierten eine Anzahl kleiner grüner Gestalten! Diese schienen beim Anblick meiner Mutter ebenso überrascht zu sein wie sie; Mutter beschrieb ihre Art als ›scheu‹. Auf jeden Fall bekam sie ein ›ungutes Gefühl‹ und lief erschrocken davon... Außer Atem kam sie bei der Gastfamilie an und erzählte von ihrer Begegnung. Man glaubte ihr nicht. Schließlich ließ sich der Hausherr, ein rüstiger Rentner, erweichen nachzusehen. Er fand nichts mehr von dem Objekt und den Insassen vor.«

*Abb. 5 Ein solches Objekt und mehrere kleine Wesen be-
obachtete Elisabeth Lenz 1970 in der Nähe von Mönchen-
gladbach (Skizze der Zeugin).*

Diese Beobachtung fand am hellichten Tage zwischen
zehn und elf Uhr vormittags statt. Sie wurde von einer
Frau gemacht, die sich »nie mit UFO-Spekulationen
befaßt hatte« und offenbar nicht wissen konnte, was sie
damit auslöste: »Die Meinung der Nachbarn war: ›Wir
mögen Tante *Elisabeth* sehr gerne, aber hier spinnt
sie.‹« Ihr Sohn *Heinz* war damals bei der Bundeswehr
und erfuhr erst Monate später von dem Vorfall: »Es
kostete mich einige Mühe, ihr Einzelheiten zu ent-
locken, zu stark war ihre Angst, auch ich könne an ihr
zweifeln.«
Heute ist *Elisabeth Lenz* 86 Jahre alt – aber an das
Erlebnis erinnert sie sich, als sei es erst gestern gewesen:
»Ich sah das Ding und blieb verwundert stehen, um es
mir anzusehen. Die Breite mag vielleicht fünf Meter
gewesen sein. Eines der vorwiegend grün aussehenden
Kerlchen stand davor und beobachtete mich. Dann
kamen noch drei andere, ebenso aussehend, aus dem
Ding heraus. Sie stiegen eine etwa ein Meter hohe Leiter

44

herab, vergleichbar dem Zugang zu einem Bauwagen. Sie unterhielten sich und musterten mich dabei. Da erst bemerkte ich, daß ich ja alleine war! Zwar fuhren vereinzelt Autos vorbei, aber die nahmen keine Notiz davon [das gelandete Objekt befand sich auf einer lichtungsartigen Einbuchtung im Wald, so daß vorbeikommende Autofahrer es vermutlich überhaupt nicht registrierten; Anm. J.F.]. Plötzlich erfaßte mich Panik, und ich lief davon, so schnell ich konnte. Später stand in der Zeitung, daß man dieses Ding auch über Holland gesehen hätte.«

Waren es die berühmten »kleinen grünen Männchen vom Mars«, die da fast unbeobachtet im Ruhrgebiet gelandet waren? Hatte *Elisabeth Lenz* Halluzinationen, als sie die Gestalten die schmale Treppe heruntersteigen sah? Oder welche Erklärung gibt es dafür?

So wie *Elisabeth Lenz* die »kleinen grünen Männchen« sah, sahen Tausende auf unserer Welt Gestalten der unterschiedlichsten Art: Riesen, abstrakte lebende Gebilde, kleine und kleinste Gnome, haarige Burschen, Bigfoots und Yetis, Ungeheuer aus den Gruselkabinetten eines Edgar Allen Poe und graue Männchen mit großen Köpfen und schwarzen Augen. *Der* Typus des Außerirdischen existiert genausowenig wie *der* Typus eines »extraterrestrischen Raumschiffs« – es gibt nur allenthalben die merkwürdigsten Gestalten, die sich auf unserer Welt zu tummeln scheinen. Und ihre Heimat ist wohl nur zum Teil irgendwo »da draußen«. Der andere Teil von ihnen stammt aus uns selbst, ist seit jeher ein Element unserer eigenen Seele.

Denn der inzwischen berühmte »kleine Graue« taucht ja erst in den letzten Jahren verstärkt auf. Es gab vergleichbare Beobachtungen zwar auch schon in den fünfziger und sechziger Jahren, aber einen regelrechten »Boom« erlebt er erst seit etwa 1980.

Warum? Der Grund ist offensichtlich: Damals erschien Budd Hopkins' Buch »Missing Time«, in dem der Autor (bewußt oder unbewußt, das vermag ich nicht zu entscheiden) Fälle auswählte, in denen *diese* Figur eine Rolle spielt. Damit und mit dem großen Erfolg dieses Buches war »endlich« ein einheitlicher Typus festgelegt – und fortan wurde nur er noch fast ausschließlich gesehen. Die kollektiven Vorstellungen der Menschen hatten sich auf diese Gestalt eines »Außerirdischen« festgelegt.

Allerdings vorwiegend in Amerika, wo das Thema weit populärer war als bei uns in Europa. Hier wurden auch weiterhin alle möglichen Figuren gesehen: von »kleinen grünen Männern« bis hin zu großen, schlanken, hellhäutigen und blonden Figuren, die vorwiegend in England ihre Bastion zu haben scheinen.

Natürlich ist die Erde weder in Nutzungszonen unterschiedlicher Fremdwesen aus dem All aufgeteilt (die uns, wenn wir richtig hinschauen, eigentlich gar nicht so fremd anmuten), noch sind all jene, die sie beobachten, verrückt oder im Besitz überreicher Erfindungsgabe. Der Grund ist ein ganz anderer: Es wird nur das gesehen, wovon *wir selbst glauben, es sollte gesehen werden!* Jene Intelligenz, die hinter dem Phänomen steht, paßt sich unseren jeweiligen Vorstellungen an. Das ist es, was ich als »Mimikry-Verhalten«, als »Mimikry-Hypothese« in die Diskussion um extraterrestrische Besuche auf unserer Erde eingeführt habe. Und an kaum einem anderen Beispiel läßt sich dieses Verhalten so deutlich aufzeigen wie im Wandel des äußeren Erscheinungsbildes der »Anderen«.

46

Ich möchte fast wetten, daß noch kaum jemand diese »Anderen« jemals wirklich zu Gesicht bekommen hat – von ganz wenigen Ausnahmen einmal abgesehen. Was uns gezeigt wird, ist ein Spiegelbild unserer selbst und ist die Maske, hinter der »sie« sich verbergen.

Und es wird Zeit, daß wir den Mut finden, wenigstens hinter die Ränder dieser Maske zu schauen. Denn dort erwartet uns nichts anderes als das größte Abenteuer, das man sich vorstellen kann: das Abenteuer des Seins, das Abenteuer des Lebens...

II

Sie kommen

Fremde aus dem Nirgendwo

> »Ich habe noch tagelang danach abends
> im Dunkeln gebetet: ›Bitte, nicht wieder
> so erschrecken, dann seid ihr nicht besser
> als die Menschen!‹ Dann, nach etwa vier
> Wochen, wich die Angst zurück. Obwohl
> ich abends, wenn ich schlafen gehe,
> immer noch denke: Wann kommen sie
> wieder und holen dich...?«
>
> *Anke Drewitz*
> (entführt 1993)

Es ist jetzt fast drei Jahre her, eine ganz seltsame Nacht, die ich nie vergessen werde.« Der junge Mann vor mir schaute mich forschend an. Ich kannte diesen Blick. Er scheint all jenen Menschen zu eigen zu sein, denen etwas auf der Seele brennt, die etwas loswerden möchten, die endlich einmal mit jemandem über das reden wollen, was sie – manchmal seit Jahren – wie einen unsichtbaren Ballast mit sich herumschleppen.
Harald Ortlieb ist ein Mann um die Dreißig. Der Ort unseres Treffens: Chemnitz. Ich hatte hier einen Vortrag gehalten, über UFOs, über die »Anderen«, hatte mit

49

den Zuhörern diskutiert und war gerade dabei, meine Unterlagen in die Tasche zu packen.

»Ich weiß es noch wie heute«, begann *Harald Ortlieb* zögernd. »Es war die Nacht zum 14. Februar 1991. Eine komische Nacht. Ich konnte nicht richtig einschlafen. Ich hatte mich ins Wohnzimmer gelegt, weil meine kleine Tochter nachts immer so laut ist und ich den Schlaf brauche. Es war eine völlig unerklärliche Unruhe, ich kannte das überhaupt nicht von mir.«

»Aber dann sind Sie doch eingeschlafen?«

»Ja, irgendwie gelang es mir mit Selbsthypnose – oder jedenfalls nenne ich das so. Wie lange ich wirklich geschlafen habe, weiß ich nicht. Lange kann es nicht gewesen sein, und es war auch eher wie ein Halbschlaf. Und dann wachte ich plötzlich wieder auf, genau um 23.50 Uhr.«

Jetzt sah *ich* ihn forschend an. Ich kannte solche Geschichten. Ich hatte sie oft gehört. Sie beginnen genau so: unspektakulär, normal, fast langweilig. Aber in dieser »Normalität« ist häufig der Keim dessen enthalten, was von einer Sekunde auf die andere den Rahmen des Gewohnten sprengen kann.

»Ich konnte die Konturen im Raum erkennen. Ich schaute zum Fenster. Dort war ein Kreis, ein Kreis aus Licht. Der Kreis bestand eigentlich aus zwei oder drei konzentrischen Ringen, die von so etwas wie einem Kreuz unterbrochen wurden. Und der Kreis rotierte nicht nur, er pulsierte etwa im Zwei-Sekunden-Takt. Ich hörte jetzt auch ein im gleichen Rhythmus pulsierendes Brummen. Ich würde schätzen, mit einer Frequenz von etwa 50 Herz.«

»Sie sind Techniker?« fragte ich.

Harald Ortlieb nickte. »Ja, und gerade deswegen war ich von diesem Vorgang so fasziniert. Obwohl dieses

50

Schauspiel doch eigentlich vollkommen realitätsfremd war. Und dann fühlte es sich plötzlich an, als ob ich irgendwo einsinke, oder besser *ver*sinke. Wie in einem Fahrstuhl. Es war ein angenehmes Gefühl, und es vollzog sich ebenfalls im gleichen Rhythmus wie das Pulsieren. Ich unternahm nichts dagegen.«

»Hatten Sie das Gefühl, nichts unternehmen zu *können,* oder *wollten* sie tatsächlich nichts unternehmen?«

»Vielleicht eine Mischung aus beidem. Jedenfalls schlug dieses Gefühl in eine Art Schwerelosigkeit um, und es ertönte ein leises Klicken, so wie bei einer elektrischen Entladung. Dadurch gewann wohl mein Wachbewußtsein wieder die Oberhand. Ich merkte auf einmal, in welch einer seltsamen Situation ich mich da befand: dieser pulsierende Kreis, das komische Geräusch, das Gefühl der Schwerelosigkeit.

Das Schlimmste aber war: Ich konnte mich nicht mehr bewegen. Ich konnte nicht einmal schreien. Der Lichtkreis war jetzt sehr groß geworden, er hing förmlich über mir. Aber er rotierte nicht mehr und richtete sich mehr und mehr nach diesem Plus- oder Kreuz-Zeichen aus. Ich zählte noch ein fünfmaliges Pulsieren, dann mußte ich die Augen schließen. Es war, als würde sich eine unsagbare Last auf meine Lider senken. Ich konnte sie nicht mehr offenhalten.«

Doch kurz, bevor *Harald* die Augenlider senkt, verändert sich das Phänomen: »Ich sah noch eine grelle, blaue Lichtsäule an meiner linken Seite erscheinen. Wie aus dem Nichts. Plötzlich war sie da. Und in meinem Kopf klang eine Stimme auf, ganz laut, ganz deutlich: ›Ortlieb, jetzt bist Du dran.‹ Ich konnte die Augen mit Mühe wieder öffnen. Der Kreis war verschwunden, aber die Lichtsäule stand nach wie vor neben mir.

Hellblau, fast weiß flimmernd, ein gespenstisches, blaues Licht im Zimmer.

Ich versuchte, mich zu wehren, strengte mich an – und dann, mit einem Mal, war alles vorbei. Alles funktionierte wieder, ich konnte mich bewegen und frei atmen. Das ganze *konnte* nur ein paar Minuten gedauert haben, höchstens. Aber als ich auf die Uhr schaute, war es ein Uhr und zehn Minuten. Tatsächlich mußten also fast eineinhalb Stunden vergangen sein.«

Was in diesen eineinhalb Stunden mit *Harald Ortlieb* passierte, wird vielleicht für immer ein Rätsel bleiben. Aber irgend etwas *ist* in dieser Nacht geschehen, und zumindest für ihn ist es ein Ereignis gewesen, das sein Leben für immer veränderte.

Was geschieht da?

Um uns herum ereignen sich seltsame Dinge. Nicht nur das: Sie ereignen sich viel häufiger, als wir glauben oder wahrhaben wollen. Seit der Veröffentlichung meines letzten Buches, nach Vorträgen, auf Konferenzen – immer wieder sprechen mich Menschen an, denen das scheinbar Unfaßbare widerfahren ist.

»Nach dem Lesen Ihres Buches ›Die Anderen‹ fühle ich mich aufgerufen, Ihnen zu schreiben, Ihnen ein Erlebnis zu schildern, um vielleicht eines Tages auch auf meine Fragen Antworten zu erhalten.« So beginnt der Brief von Maria Struwe aus Berlin. Sie ist Mutter dreier Kinder, eine fröhliche, lebensbejahende Frau. Ich erhielt ihren Brief im Mai 1993, kurz nachdem mein Buch auf dem Markt war. Es war das erste einer ganzen Reihe ähnlicher Schreiben, und fast alle werden sie mit Worten wie diesen eingeleitet.

Etwas greift in unser Leben ein. Etwas ist da, etwas, das Fragen hinterläßt, ungeklärte, vielleicht unklärbare Fragen. Wir sind noch weit davon entfernt, letztgültige Antworten zu geben. Aber eines sollten wir tun: jenen Menschen aufmerksam zuhören, für die die Begegnung mit dem Unglaublichen Realität geworden ist.

Für Maria Struwe ist sie Realität geworden. Und für viele andere ebenso. Ihre Geschichten mögen sich zuweilen lesen wie Elemente aus Schauerromanen, wie Science-fiction, wie Teile aus den Gruselgeschichten eines Edgar Allan Poe oder Bram Stoker. Mit einem Unterschied: Sie sind wahr, sie wurden erlebt – sie haben erlebt werden *müssen*. Denn die »Anderen« treten ohne Vorwarnung aus dem Schatten, aus jenem Bereich jenseits der dunklen Zone unserer Augenwinkel, in denen wir nur huschende Bewegungen und schemenhafte Gestalten wahrnehmen können. Dort halten sie sich verborgen, dort lauern sie, und sie treten in unser Blickfeld, wenn wir sie am wenigsten erwarten.

Diese Schattenbewohner haben den Vorteil auf ihrer Seite. Sie verfügen über Wege und Möglichkeiten, die Erinnerungen an sie weitgehend aus unserem Gedächtnis zu löschen. Nur manchmal, in »Flashbacks«, also in spontanen Rückerinnerungen, in Träumen oder tranceähnlichen Zuständen gleiten die verborgenen Erlebnisse wieder in das Wachbewußtsein zurück.

Nicht weit von Zürich, hinter dem Zug der Albisberge, lebt in einem kleinen, bäuerlich geprägten Ort der heute 48jährige Sportlehrer *Herbert Grubmann*. Schon als

Kind hatte er – zusammen mit seiner ganzen Familie – ein UFO beobachtet. Später, mit 15 oder 16 Jahren, schreckte er eines Nachts aus dem Schlaf und sah ein kupfergrün strahlendes Objekt an seinem Fenster vorbeigleiten. 1977 beobachteten er, seine Frau und seine Schwiegereltern eine orangefarbene Kugel, die sich bei Chur ein Tal entlangbewegte. Das gleiche Objekt sahen seine mittlerweile von ihm geschiedene Frau und er nochmals 1984.

Solche Serien von Sichtungen galten früher eher als Anzeichen für eine Unglaubwürdigkeit des Beobachters. Heute wissen wir, daß gerade bei Menschen, die »entführt« werden, sich wiederholende UFO-Sichtungen eher die Regel sind. Denn auch bei *Herbert Grubmann* scheint ein solches Erlebnis vorzuliegen.

Im Frühjahr 1982, als sich *Herbert Grubmann* gerade in der emotional stark bewegenden Phase der Scheidung befand, hatte er im Abstand von etwa einem Monat zweimal den gleichen, intensiven Traum: »Ich glaube, daß dies eine Rückerinnerung war – das Trauma der Scheidung löste in mir spontan die Erinnerung an ein anderes Trauma aus. Ich erwachte beide Male an der gleichen Stelle dieses Traumes, schweißgebadet, ich schrie und wußte im ersten Moment nicht, wo ich mich befand.«

Diese Träume führten ihn in eine Situation in seiner Kindheit zurück: «Ich stehe auf einem Autorastplatz. Es ist dunkel. Um mich ist es still. Unter meinen Füßen spüre ich Kies oder Schotter. Neben der Fläche des Parkplatzes ist Gras und niedrige Buschvegetation, sie reicht mir vielleicht bis zu den Knien.

Und dann passiert es: Aus dem dunklen Himmel strahlt plötzlich ein fächerförmiges Licht. Vier oder fünf dieser

Lichtfinger bewegen sich auf mich zu. Ich habe eine fürchterliche Angst, versuche mich in den Sträuchern zu verkriechen, aber ich kann nirgends Deckung finden. Und dann falle ich aufwärts. Ja, es war wie ein Fallen – in umgekehrter Richtung. Ich raste förmlich auf dieses Licht im Himmel zu und fühlte, wie irgend etwas mich umfing, vielleicht ein Netz. Das war die Stelle, an der ich beide Male voller Panik aufwachte. Meine Frau schlief damals draußen in der Stube, und ich rannte zu ihr, weckte sie und war völlig außer mir.«

Einsame Stellen irgendwo in weitgehend leeren Gegenden, nächtliche Lichter, die sich auf den Beobachter zubewegen, das Gefühl, nicht entrinnen zu können und schließlich »nach oben« gezogen zu werden, hin zu einem unbekannten Etwas – all dies sind Erlebnisse, wie sie viele Menschen hatten und wie sie in schon fast klassischer Weise den Beginn einer Entführung charakterisieren.

Aber es müssen nicht menschenleere Straßen, Wälder oder Bergregionen sein. Die »Anderen« kennen kein Tabu, für sie gelten keine Schranken. Sie kommen – und sie kommen einfach dorthin, wo wir uns am sichersten fühlen: in die Häuser, in denen wir wohnen, in die Zimmer, in denen wir schlafen...

Der Bedroom Visitor

Krystina Koschonsky ist eine junge, 20jährige Studentin aus Warschau. Zwischen 1988 und 1992 lebte sie mit ihren Eltern in Berlin und kehrte dann in ihre Heimatstadt zurück. Bereits als kleines Kind hatte sie ein eigenes Zimmer und schlief immer bei Dunkelheit, weil »meine Eltern mich das von klein auf so gelehrt hatten«.

Irgendwann damals muß es geschehen sein: »Ich kann mich erinnern, daß ich eines Nachts aufgewacht bin – ich weiß nicht mehr, wie alt ich war, aber ich war noch ein Kind. In der ganzen Wohnung war es dunkel, daran erinnere ich mich genau, und es war auch still, woraus ich schließe, daß es mitten in der Nacht gewesen sein mußte. Ich wachte auf, weil ich Schmerz verspürte.«

Das ist ein durchaus nicht ungewöhnliches Phänomen – auf den ersten Blick. Gerade Kinder (wir alle wissen das aus eigener Erfahrung) erwachen nachts häufig, weil sie Schmerzen haben, weil sie Angst haben, weil irgend etwas in ihre kleine Welt getreten ist, vor dem sie sich fürchten. Aber war es auch bei *Krystina* so?

»Ich öffnete die Augen und hatte das Gefühl, eine Gestalt neben meinem Bett stehen zu sehen, die meine Hand so fest hielt, daß es weh tat. Ich glaube, diese Gestalt war später verschwunden. Selbstverständlich könnte es ein Traum gewesen sein, aber die Schwere fühlte ich ganz deutlich, denn ich bin ja davon aufgewacht. Und es war mit Sicherheit weder mein Vater noch meine Mutter, denn es war bei uns nicht üblich, nachts im Kinderzimmer zu sitzen, sich dort überhaupt aufzuhalten, während ich schlief, noch dazu bei geschlossener Tür, und in völliger Dunkelheit erst recht nicht.«

Nur kurze Zeit später – *Krystina* kann sich heute nicht mehr daran erinnern, ob es die unmittelbar folgende oder ein paar Nächte später war – geschah erneut Seltsames: »Ich wachte wieder auf. Ich glaube gesehen zu haben, wie etwas, das wie ein dunkler Ball aussah, durch mein Zimmer rollte, alle nötigen Kurven vollziehend, und dann nach einer solchen Runde verschwand. Ich glaube, es gab ein Geräusch von sich, ähnlich dem Geräusch eines Motors. Wieder einige Zeit später denke ich noch einmal etwas gesehen zu haben. Es sah aus wie ein Paar gelber Augen, und es befand sich neben meinem Bett. Als Kind schlief ich zwar meistens bei zugezogenen Vorhängen, aber ich schließe nicht aus, daß es sich vielleicht um Mondschein gehandelt haben könnte. Ich erinnere mich, daß ich versuchte zu schreien und meine Eltern zu rufen, aber ich konnte nur flüstern.«

Was mir immer wieder auffällt, ist die Kritikfähigkeit, die die meisten dieser Menschen besitzen – auch *Krystina*. Sie behaupten nicht nur einfach stur und steif, etwas Seltsames gesehen und erlebt zu haben. Sie wägen sehr oft ab, versuchen natürliche Ursachen zu finden, etwas, das in den Rahmen des Alltäglichen paßt. Das Mondlicht zum Beispiel oder die Frage, ob es nicht doch ein Traum gewesen sein könnte. Und doch: Erzeugt das Mondlicht eine Angst, wie *Krystina* sie empfunden hat?

»Natürlich können es Träume gewesen sein, aber ich weiß noch, daß ich damals unglaubliche Angst hatte. Meine Eltern, denen ich davon erzählte, hielten nicht viel von meinen Berichten. Ich wurde einfach mit einem Bonbon ins Bett geschickt – für süße Träume.«

Was die Eltern damals wohl nicht ahnten: Für *Krystina* müssen diese Ereignisse so tiefgreifend gewesen sein, daß sie sich noch heute auswirken. »Während der ganzen Zeit, als ich diesen Brief schrieb, habe ich heulen müssen. Manchmal konnte ich die Buchstaben nicht mehr erkennen... Ich kann es nicht verstehen.«

Vieles ist nicht zu verstehen. Das, was *Krystina* erlebt hat, ist das klassische *Bedroom-Visitor-* oder »Schlafzimmer-Besucher«-Phänomen. Es ist in der Psychologie seit langem bekannt, aber man hat ihm nie eine besondere Bedeutung beigemessen. Man hielt es immer für eine psychische Projektion, ausgelöst im Dämmerzustand zwischen Schlafen und Wachen, nichts weiter als Gespenster unserer eigenen Seele.

Die kanadische Psychologin Dr. Patricia Cross von der Universität Ottawa beispielsweise schreibt: »Es gibt bei manchen Menschen eine Schlafphase, die von Angst begleitet wird. Man glaubt, wach zu sein, sich aber nicht bewegen zu können. Dann kommen die Träume vom Kontakt mit dem All, von Außerirdischen, die im Zimmer herumlaufen. Wer ab und zu so wild träumt, dessen Intelligenz ist ganz normal. Er ist weder Spinner noch Phantast.«[5]

Mag sein, vielleicht sind sie das wirklich, diese *Bedroom-Besucher:* nichts anderes als »wilde Träume«, die sich in Gestalt von fremdartigen Wesen verselbständigt haben, nachts durch unsere Zimmer geistern und sich mit süßen Bonbons beschwichtigen lassen. Aber irgendwie halten sich diese Figuren nicht so ganz an die Regeln, die man von psychischen Traumprojektionen eigentlich erwarten sollte.

Denn so, wie sich uns das Phänomen darstellt, ist es etwas, das sowohl auf einer physischen wie auf einer psychischen Ebene abläuft und wahrgenommen wird. Whitley Strieber, ein amerikanischer Schriftsteller, der seit frühester Jugend vom »Besucher-Erlebnis« heimgesucht wird, hat es so formuliert: »Diese Kombination von physischem Ereignis und psychologischem Inhalt erweckt den Anschein, als ob das Besucher-Erlebnis etwas ist, das *gleichzeitig* körperlich wie geistig erfahren wird. Es wäre möglich, daß dieses Phänomen erklärbar würde, wenn wir den menschlichen Geist besser verstünden. Es wäre auch möglich, daß es eine absichtliche List ist, die sich jemand ausgedacht hat, der versucht, etwas geheimzuhalten, das im Grunde von öffentlichem Interesse ist.«[6]

»Die Gestalt«, berichtet mir *Krystina,* »die ich neben meinem Bett gesehen zu haben glaube, war nicht groß; viel kleiner als ein erwachsener Mensch. Ich würde sie auf ungefähr einen bis 1,20 Meter schätzen. Ich konnte kein Gesicht sehen, nur eine dunkle Silhouette, und ich glaube auch, diese Gestalt hatte keinen Anzug, sondern eine Art Kutte an, denn ich denke, ich konnte ihre Beine nicht sehen. Diese Kutte verbarg auch völlig ihren Körperbau, aber ich würde ihn doch als massiv bezeichnen. Es konnte weder mein Vater noch meine Mutter gewesen sein, denn sie sind beide größer und schlanker.«

Wunden am Körper

Vielleicht hat sich *Krystina* all das nur eingebildet. Vielleicht. Aber keine Einbildung waren sicher die Wunden, die manchmal in etlichen Nächten hintereinander plötzlich an ihrem Körper auftauchten: »Ich erinnere mich, daß es eine Zeit gab, in der ich an meinem Körper morgens ganz kleine Wunden fand, die ich am vorangegangenen Tag mit Sicherheit nicht hatte und die auch nicht als Kratzwunden zu bezeichnen waren, die ich mir im Schlaf selbst beigebracht hatte. Sie sahen eher aus wie Verletzungen, die man sich von einer Rasierklinge zuziehen kann. Diese ›Schnittwunden‹ sahen am Morgen nie völlig verheilt aus, aber das zum Teil ausgetretene Blut war schon trocken.«

Krystina Koschonsky ist sich nicht sicher, ob das erstmalige Auftreten dieser Wunden mit der Zeit ihrer *Bedroom-Visitor*-Erlebnisse zusammenfällt – sie führte ja damals kein Tagebuch darüber. Letztmalig beobachtete sie diese Schnitte im Frühjahr 1993, also bereits nach ihrem Umzug von Berlin nach Warschau: »Sie waren am ganzen Körper zu sehen, vor allem aber an den Händen und Beinen. Ich habe mich darüber gewundert, weil man vor allem im Winter doch langärmelige und dicke Kleidung trägt, und es ist eigentlich recht schwer, sich solche Wunden selbst zuzuziehen. Außerdem bin ich mir sicher, daß ich sie am Tag davor nicht hatte.«

Seltsame Wunden, Markierungen und Narben sind seit jeher ein sehr bedeutendes Element in der Diskussion um die Realität solcher Erlebnisse. Sie tauchen bereits in den allerersten Fallbeschreibungen Mitte der sechziger Jahre auf und gelten heute unter UFO-Forschern als ein wichtiges Kriterium in bezug auf die Sicherheit der gemachten Aussagen.

Natürlich – wen würde es wundern? – wurden auch diese Markierungen und Wunden (die z.T. piktogrammähnliche Formen annehmen können) von UFO-Skeptikern in Zweifel gezogen. Sie halten sie für vergleichbar mit den Stigmatisierungen katholischer Heiliger, etwa den Kreuzwunden, wie sie der berühmte Pater Pio, Theresia von Konnersreuth und andere hatten. Wir wissen heute, daß solche »Wundmale« in Wahrheit einen psychosomatischen Ursprung haben: Gläubige Menschen geraten in religiöse Ekstasen, die über Monate und Jahre hinweg mit an- und abschwellender Intensität auftreten können, und sie steigern sich dabei so in ihre Rolle als »Nachfolger Christi«, daß sich bei ihnen tatsächlich blutende Wunden an Händen, Füßen und auf der Brust bilden können. Daß diese Wundmale wenig mit einem »religiösen Wunder« oder einer Auserwählung durch Gott zu tun haben, zeigt eine einfache Tatsache: Die Wundmale der katholischen Heiligen sind nämlich exakt jenen nachgebildet, die auf allen bekannten Gemälden der Kreuzigung dargestellt sind – verursacht durch Nägel, die durch die Handflächen geschlagen worden sein sollen.

Aufgrund anatomischer Versuche ist aber inzwischen deutlich geworden, daß eine Kreuzigung auf diese Weise vollkommen unmöglich ist. Das Gewicht des Körpers würde die Handfläche reißen lassen, der Gekreuzigte vom Kreuz herabstürzen. Jesus und alle anderen, an denen man diese römische Todesstrafe vollzog, wurden die Nägel durch das Handgelenk geschlagen, denn nur dort finden sie genügend Widerstand, um die Last des Körpers zu tragen.

Alle Stigmatisierten tragen ihre Handwunden jedoch in den Handflächen – ein unzweideutiger Hinweis darauf, daß dies nach dem Vorbild mittelalterlicher Darstellungen geschieht – und damit eine psychosomatische Ursache hat.

Die Wunden, Narben und Markierungen, die zahlreiche »Entführte« auf ihrem Körper tragen, sollen nun nach Auffassung der UFO-Skeptiker gleichfalls psychosomatischer Natur und damit den Wundmalen religiöser Ekstatiker vergleichbar sein. Ein Trugschluß *par excellence!* Anders als bei den religiös motivierten Stigmatisierten liegt bei den »Entführten« nämlich kein Grund vor, an das Entstehen solcher Narben oder

Wunden zu glauben. Der Mechanismus ist ein ganz anderer: Der »Entführte« – der zu diesem Zeitpunkt häufig nicht einmal etwas über sein Entführungserlebnis weiß! – entdeckt diese Markierungen eines Tages irgendwo auf seinem Körper. Er hat weder damit gerechnet noch daran geglaubt noch sich sonstwie gedanklich oder ekstatisch oder in einer wie auch immer gearteten Weise damit beschäftigt. Und trotzdem tauchen eines Tages völlig überraschenderweise diese Narben auf, zuweilen sogar sehr ähnlich denen anderer »Entführter«. Dies widerspricht allem, was wir von psychosomatischen Vorgängen wissen, und folglich *kann* es sich dabei nicht um ein derartiges Phänomen handeln.

Gestalten im Dunkeln

Unter ganz ähnlichen Angstzuständen wie *Krystina* leidet auch *Bettina Heise*. Sie ist im gleichen Alter wie die junge Warschauerin, lebt in Essen und studiert an der dortigen Universität Englisch und Spanisch.
Mit sieben Jahren wurde sie wegen eines angeborenen Herzfehlers operiert. »In den Jahren vor der Operation«, so erzählt sie mir, »ich weiß nicht, ob mit vier oder fünf Jahren, hatte ich große Probleme: Jede Nacht wachte ich schweißgebadet auf und schrie, als wollte mir jemand das Leben nehmen. Wenn ich mitten in der Nacht aufwachte, sah ich an meinem Bett die Umrisse einer Gestalt. Ich dachte zuerst, daß es jemand aus der Familie war, aber das war nicht möglich, denn die Gestalt mußte viel, viel kleiner als ein Erwachsener gewesen sein. Ich erinnere mich genau: Ich sah den

dunklen Umriß, erstarrte fast vor Angst und zog mir die Bettdecke über den Kopf, daß ich kaum atmen konnte. Ich machte mir einen Sehschlitz und lugte total verkrampft in die Richtung, wo ich den Umriß gesehen hatte. Er war noch da. Meine Eltern sagten mir, ich hätte immer davon gesprochen, nachts Gesichter gesehen zu haben, aber soviel ich auch nachdenke, ich kann mich nicht genau an das Gesicht erinnern.«

Die Angst vor der kleinen, dunklen Gestalt und den Gesichtern hatte ihre Konsequenzen: »Abends wollte ich nicht einschlafen und betete unter Geheule: ›Lieber Gott, bitte mache, daß ich nichts Böses träume!‹ Schon wenn ich mich ins Bett legte, zog ich die Decke über den Kopf und ließ nur ein Loch für die Nase frei. Was ich ebenfalls heute sehr komisch finde, ist die Tatsache, daß ich vor Masken und Puppen panische Angst hatte (und heute peinlicherweise noch habe). Ich konnte mir nie die *Muppet-Show* oder ähnliches ansehen, so wie andere Kinder (heute übrigens auch nicht, aber das gebe ich nicht gerne zu, weil ich ausgelacht werde).«

War es Sauerstoffmangel aufgrund des Herzfehlers, der bei der kleinen *Bettina* beängstigende Visionen aufkommen ließ, wie damals der Hausarzt vermutete? Aber warum sind diese »Visionen« dann identisch mit jenen der kleinen *Krystina* aus Warschau, die völlig gesund war? Und warum treten sie bei Erwachsenen in der gleichen Weise auf wie bei Kindern?

Das *Bedroom-Visitor*-Phänomen scheint nur der einleitende Teil eines weit umfassenderen Ereignisses zu sein. Menschen erwachen nachts aus ihrem Schlaf, weil sie die Präsenz einer fremden Persönlichkeit in ihrem Zimmer spüren. Sie öffnen die Augen, starren in panischem Entsetzen in die Dunkelheit – und erblicken tatsächlich ein oder mehrere Wesen. Eine furchtbare Angst ergreift sie. Fast sind sie nicht mehr fähig zu atmen, manchmal nicht einmal mehr dazu in der Lage, sich zu bewegen oder zu schreien. Nahezu immer ist unklar, *wie* der *Bedroom Visitor* sie wieder verlassen hat. Irgendwann scheinen die Betroffenen trotz dieser doch bedrohlichen Situation einfach eingeschlafen zu sein, und erst am nächsten Morgen, wenn sie erwachen, erinnern sie sich der merkwürdigen Ereignisse, werden sich wieder der Angst gewahr, die sie durchlitten haben. Einer Angst, die sie von nun an ihr ganzes Leben lang begleiten wird.

Durch die geschlossene Tür hindurch

Franziska Metz ist eine hübsche 33jährige Frau, verheiratet, Mutter zweier kleiner Jungen. Um 1984, etwa zwei Jahre, bevor sie ihren späteren Mann kennenlernte, lebte sie allein in einem kleinen Einzimmerappartement in einem Neubauviertel am Stadtrand von Würzburg.

»Es war eines der schrecklichsten Ereignisse meines Lebens. Ich lag im Bett und hatte schon geschlafen, wie lange, weiß ich nicht. Irgend etwas weckte mich, und ich bekam im gleichen Moment eine fürchterliche Angst.

Ich lag mit dem Kopf zum Fenster, die Wohnungstür im Rücken. Plötzlich spürte ich etwas wie einen Windhauch und fühlte, wie die Tür geöffnet wurde. Aber das war völlig unmöglich, denn ich hatte sowieso immer Angst vor Einbrechern und kontrollierte die Tür jeden Abend. Auch an diesem Tag.

Und trotzdem öffnete sie sich. Mein Herz schlug mir bis zum Halse. Ich hörte, wie sich Schritte meinem Bett

näherten. Trotz der Furcht, die mir den Hals zu-
schnürte, drehte ich mich mit einem Ruck um.«
Und tatsächlich – »jemand« hatte den abgeschlossenen
Raum betreten: »Da stand ein Mann. Nachträglich ist
es fast zum Lachen, aber er sah aus wie Humphrey
Bogart. Er trug so einen Mantel, wie er ihn trug, und
einen Hut, so wie in ›Casablanca‹. Dabei mag ich
Humphrey Bogart überhaupt nicht. Aber das Komischste war: Er hatte eine Sonnenbrille auf, obwohl es doch
mitten in der Nacht war. Ich konnte das alles deutlich
erkennen, denn im Zimmer war es durch die Laternen
draußen immer ziemlich hell. (Abb. 6)
Dieser Mann setzte sich auf mein Bett und hob die
Decke hoch. Ich war vor Entsetzen fast wie gelähmt. Ich
spüre noch heute die Kälte, die meinen Körper erfaßte.
Es war fast nicht zum Aushalten. Ich drehte mich
wieder zum Fenster zurück, ich wollte ihn einfach nicht
mehr sehen. Was dann geschah, weiß ich nicht mehr.
Seltsam, oder?«
Irgendwann muß dieser Mann, so mysteriös, wie er in
das Zimmer eingedrungen war, wieder verschwunden
sein. Als *Franziska* schließlich Mut schöpfte und sich
herumdrehte, war er nicht mehr im Raum. Sie kontrollierte nochmals die Tür. Sie war verschlossen, wie
immer. Nichts deutete auf den seltsamen Eindringling
hin. War es doch nur ein Traum gewesen?
»Ich habe mehrere Nächte danach nicht geschlafen«,
erzählt mir *Franziska,* und man spürt, wie sehr das
Ereignis sie noch heute beschäftigt. »Ich saß bei Licht
in meinem Bett, ganz zusammengekauert, und starrte
unentwegt auf die Tür. Ich hatte furchtbare Angst und
dachte immer nur: Nicht einschlafen, bloß nicht
einschlafen! Ich starrte zur Tür und wartete förmlich

Abb. 6a Eine klassische Bedroom-Visitor-Erfahrung machte Franziska Metz *um 1984 in ihrer Wohnung in Würzburg. Ein Wesen, das sie als mit Hut und Mantel bekleidet in Erinnerung hat, trat durch die geschlossene Tür ins Zimmer und stand vor ihrem Bett. Es trug trotz der Dunkelheit eine »Sonnenbrille« (Skizze der Zeugin).*

Abb. 6b Fremdartige Wesen mit Hut, langen Mänteln oder Umhängen und »Sonnenbrillen«, die möglicherweise die großen schwarzen Augen verdecken sollen, wurden auch in Amerika gesehen (Abbildung aus einem Fall vom August 1992 in Neptune, New Jersey).

darauf, daß er gleich wieder hereinkommt. Aber er kam nicht mehr, Gott sei Dank.«

Er kam nicht mehr – oder jedenfalls kann *Franziska Metz* sich nicht an einen weiteren »Besuch« erinnern. Aber an ihrem Bein findet sich eine markante runde Narbe (wie sie viele »Entführte« gerade an den Unterschenkeln besitzen), und erst am 24. Februar 1993 tauchte bei ihr »über Nacht« eine doppelpunktartige Wunde auf – für beides hat sie keine Erklärung. In der amerikanischen UFO-Literatur werden diese Doppelpunkt-Markierungen, die wie zwei nebeneinander gesetzte Einstiche wirken, als *Rattlesnake-Bites* bezeichnet. Natürlich sind es keine Klapperschlangen-bisse, aber dieser Begriff charakterisiert die auftreten-den Formationen recht eindrucksvoll. Ich halte es für bemerkenswert, daß solche Wunden sowohl in Ame-rika als auch bei uns auftreten. Dies ist sicherlich mehr als ein »bedeutungsloser Zufall«. Es zeigt viel mehr die Universalität dieser Ereignisse.

Der erste, der das *Bedroom-Visitor*-Phänomen über-haupt mit dem UFO-Komplex in einen Zusammenhang brachte, war meines Wissens der britische Journalist John Keel. Er zitiert in seinem 1971 erschienenen Buch »UFOs – Operation Trojan Horse«[7] den militanten amerikanischen Schwarzenführer »Malcolm X«, der in seiner »Autobiography« ein solches Erlebnis während eines Gefängnisaufenthalts schildert: »Als ich in meinem Bett lag, wurde mir plötzlich bewußt, daß da ein Mann neben mir in meinem Sessel saß. Er hatte, wie ich mich erinnere, einen dunklen Anzug an. Ich konnte ihn genausogut sehen wie irgend jemanden sonst. Er war nicht schwarz und er war nicht weiß. Seine Haut hatte eine leicht bräunliche Färbung, eher eine asia-tische Erscheinung, und er hatte öliges schwarzes Haar. Ich schaute ihm genau ins Gesicht. Er zeigte keine Furcht. Ich wußte, daß ich nicht träumte. Ich konnte ihn rassisch nicht einordnen – aber es war kein euro-päischer Typ. Ich habe keine Ahnung, wer er war. Er saß einfach nur da. Dann, so plötzlich, wie er gekom-men war, war er auch wieder verschwunden.«

Aber der *Bedroom*-Besucher muß sich nicht unbedingt in Gestalt eines Menschen zeigen. Häufig sind es – *Krystina* aus Warschau berichtete darüber – einfach nur ein Paar seltsamer, schrecklicher Augen, die in der Dunkelheit zu schweben scheinen.

Raum-Transformation

Anke Drewitz wohnt in einem kleinen Dorf in der Nähe Geras. Sie ist 46 Jahre alt, verheiratet und hat zwei erwachsene Söhne. Seit wenigen Jahren wird auch sie von dem seltsamen Phänomen heimgesucht:

»Das schlimmste für mich war das Erlebnis im Juli dieses Jahres [1993]. Es war etwa 4.30 Uhr, mein Mann war gerade zur Arbeit gefahren. Ich hatte meinen ersten Urlaubstag und freute mich, daß ich ausschlafen konnte.

Ich war mit meinem Mann so gegen 4.00 Uhr aufgestanden. Als ich auf der Toilette war und zum Fenster hinaussah, stand da so ein riesiger Stern – so haben wir ihn genannt. Vielleicht war es nur der Morgenstern, aber er war für unsere Begriffe sehr groß. Ich habe meinen Mann gerufen, und er fand ihn auch komisch. Mein Mann hatte es aber eilig, und so bin ich wieder ins Bett, und er ist zur Arbeit.«

Erfahrungsgemäß können seltsame Erlebnisse in den Räumen des eigenen Hauses durchaus mit der Beobachtung heller, zuweilen sich sogar bewegender Sterne (oder dessen, was man auf den ersten Blick dafür halten mag) eingeleitet werden. Die Betroffenen sehen unerklärliche Lichter am Himmel oder auch auf der Erde, sie hören seltsame Geräusche und haben die vage Vorahnung von etwas Schrecklichem, das auf sie zukommt:

»Ich hatte die Vorhänge im Schlafzimmer zugezogen, und so war es fast ganz dunkel im Zimmer. Ich versuchte wieder einzuschlafen, lag auf der Seite mit Blick zum Fenster. Plötzlich hatte ich das Gefühl, daß da jemand im Zimmer ist. Einbrecher, dachte ich.«

Aber gewöhnliche Einbrecher werden kaum jenes seltsame Gefühl erzeugt haben können, das *Anke Drewitz* verspürte: »Irgendwie füllte sich der Raum, ich hatte den Eindruck, daß die Luft knapp wurde. Ich kann das Gefühl nicht beschreiben. Ich dachte nur: Du hast doch alles abgeschlossen, sogar die Schlafzimmertür. Plötzlich hatte ich solche Angst und wollte mich herumdrehen, um die Nachttischlampe anzuschalten. Ich kam nur halb herum, und da sah ich in oder vor meinem Bett, mehr am Fußende, in geringer Höhe große schwarze Augen. (Abb. 7) Und in dem Moment konnte ich mich nicht mehr bewegen.«

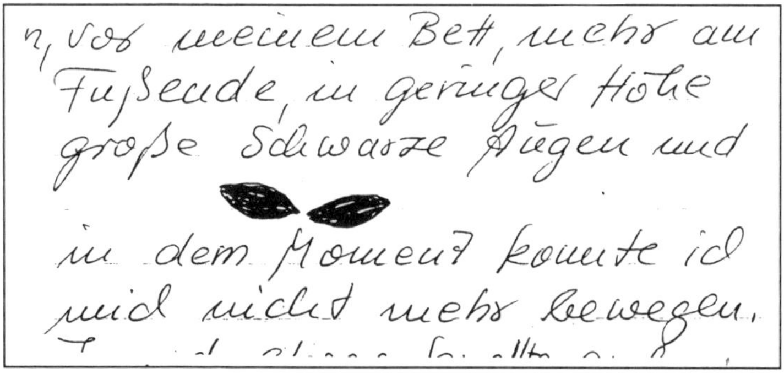

Abb. 7 *Die großen schwarzen Augen, in die* Anke Drewitz *im Juli 1993 in ihrem Zimmer blickte (aus einem Brief der Zeugin).*

Aber es bleibt nicht dabei: »Irgend etwas knallte auf meinen Arm und lief als ein Kribbeln zu den Füßen und hinauf bis zum Kopf. Ich habe meine Augen fest zugemacht und dachte nur immer wieder: ›Irgend etwas passiert jetzt!‹ In meinem ganzen Leben habe ich nicht so eine Angst gehabt. Mein Herz hat bis in den Kopf geklopft. Ich hatte – man kann es so nennen – Todesangst. Ich weiß nicht, wie lange, aber dann ging das

Kribbeln langsam weg, es ging aus meinem Körper nach oben weg, wie aus dem Körper in die Luft. Ich wagte noch immer nicht, mich zu bewegen. Ich habe gewartet und dann das Licht angemacht. Es war niemand im Zimmer, nur eine schreckliche Wärme. Ich habe das Fenster aufgemacht, es war inzwischen schon hell, und bin völlig erschöpft eingeschlafen.«

Auch dieses Erlebnis zeigte Nachwirkungen: »Gegen 9.00 Uhr bin ich dann aufgestanden und wußte sofort wieder, was vor wenigen Stunden passiert sein mußte. Ich habe mich dann den ganzen Tag in den Garten gesetzt und traute mich nicht ins Schlafzimmer. Ich war innerlich so aufgewühlt, oder besser gesagt: Mein Körper war so aufgeheizt, ich sah den ganzen Tag rot aus im Gesicht, was ich an mir nicht kenne. Ich kann es halt nicht richtig beschreiben.«

Noch vier Wochen nach diesem erschreckenden Erlebnis vermochte *Anke Drewitz* nicht allein in dem Raum zu schlafen. Sie zog zu den Schwiegereltern, wenn ihr Mann Spätschicht hatte: »Man kann mich für verrückt halten, ich könnte es niemandem verübeln. Aber ich habe noch tagelang danach abends im Dunkeln gebetet: ›Bitte, nicht wieder so erschrecken, dann seid ihr nicht besser als die Menschen!‹ Dann, nach etwa vier Wochen, wich die Angst zurück. Obwohl ich abends, wenn ich schlafen gehe, immer noch denke: Wann kommen sie wieder und holen dich...?«

Verhüllte Gestalten

Der Schweizer UFO-Forscher Luc Bürgin, Autor des Buches »Götterspuren – Der neue UFO-Report« (Herbig-Verlag), berichtete mir von einem von ihm recherchierten Fall aus dem Kanton Graubünden. Die Betroffene hatte nach Bürgins Informationen »bisher kaum etwas von UFOs gehört, geschweige denn von Entführungen«.

Am Samstag, den 18. Dezember 1993, war sie wie gewöhnlich gegen 23 Uhr zu Bett gegangen. Sie hatte noch bis etwa ein Uhr gelesen und war dann eingeschlafen: »Am frühen Sonntagmorgen, die Zeit weiß ich nicht genau, wurde ich von Rüttelbewegungen meines Bettes wach. Ich fühlte, daß ich nicht mehr allein im Zimmer war und wollte meine Nachttischlampe anzünden, konnte es aber nicht tun. Denn genau vor dieser Lampe am Kopfende des Bettes saß oder stand eine schwarzvermummte Gestalt. Auf dem Rücken liegend, Körper und Arme zugedeckt, regte und bewegte ich mich nicht. Mit großer Anstrengung, mein Mund schien irgendwie verzogen, sagte ich: ›Geh weg‹.«

Phänomene, die wir bereits kennen und die nahezu alle *Bedroom-Visitor*-Erlebnisse kennzeichnen. Und auch das folgende Geschehen wiederholt sich: »Ich verhielt mich ruhig, richtete meinen Blick dem Fenster zu, sah die Straßenlaternen und sehnte innigst den Tag herbei. Wie lange ich so dalag, ob ich noch einmal einschlief, ich weiß es nicht.«

Zeitlücken – Fragmente im Erinnerungsablauf, die zu fehlen scheinen. Denn plötzlich war eine zweite Gestalt an Stelle der ersten im Zimmer: »In der Zwischenzeit nahm ich noch eine schwarze Gestalt wahr, die aussah, als wäre sie mit schwarzen Bandagen umwickelt. Sie war dort an der gleichen Stelle wie die erste, sah mich ruhig an. Das klingt merkwürdig, denn ich konnte bei beiden keine Gesichter und keine Augen sehen. Nachträglich ist es eigenartig, daß ich so ruhig blieb und keine Panik in mir aufkam.

Ich sah wieder zum Fenster – oder immer noch. Da spürte ich auf einmal Bewegung im Raum, denn auch die Vorhänge bewegten sich leicht. Ich sah dies sehr deutlich, und anschließend hörte ich dreimal Angstschreie der Vögel.

Ich war erlöst. Ich zündete die Lampe an, stieg aus dem Bett, lief in die Küche, schaute auf die Uhr und stellte fest, daß es 6.30 Uhr war. Im Badezimmer blickte ich in den Spiegel, entdeckte aber keine Veränderung im Gesicht.« Und dann tat die Frau etwas, das viele andere, die *Bedroom Visitors* als ungebetene Gäste hatten, seltsamerweise auch tun: »Ich legte mich wieder ins Bett und schlief bis mittags.«

Ohne jede Chance

Daß diese merkwürdigen Besucher nicht nur einmal, sondern im Laufe des Lebens wieder und wieder auftauchen können, bestätigt Conny Paraschoudis aus Berlin. Auch sie ist verheiratet und Mutter zweier Kinder. Von frühester Kindheit an scheint sie Begegnungen mit jenem Teil unserer Welt gehabt zu haben, den wir gerne in die lichtlosen Tiefen der Nicht-Existenz versenken würden – und der gerade deshalb immer wieder von genau dort aufzutauchen scheint.

»Es muß«, berichtet sie mir, »um das Jahr 1982 gewesen sein, als ich merkte, daß viele Dinge, die ich immer nur für irgendwelche schlimmen Träume gehalten hatte, gar keine Träume waren. Von diesem Zeitpunkt an sind all diese Ereignisse für mich plötzlich sehr real geworden – und auch die Angst, die ich von nun an empfand.«

Es muß sich um ein seltsames »Wesen« gehandelt haben, das in dieser Nacht zu Conny Paraschoudis kam: »Ich wachte auf, ganz plötzlich und erschrocken, und setzte mich hin. Und dann sahen wir uns direkt in die Augen. Nach seinem Gesichtsausdruck zu urteilen war er wohl genauso überrascht wie ich. Als hätte ich ihn bei irgend etwas ertappt. Ich konnte kein Wort herausbekommen, ich wollte schreien, aber ich starrte ihn nur an. Ich wollte meinen Mann wecken, aber ich wußte nicht wie. Ich dachte: Wie kann er nur schlafen, wo hier so ein ›Monster‹ ist? Ich wußte einfach nicht, was überhaupt los ist. Er war etwa 1,10 Meter groß, so wie ein drei- oder vierjähriges Kind. Ich erinnere mich ganz genau daran – an seine großen runden Augen, die großen Ohren.«

Wie das Wesen wieder verschwand, weiß Conny Paraschoudis nicht mehr. Aber dieses Erlebnis ließ Erinnerungen an frühere Ereignisse wach werden: »Ich erinnerte mich damals daran, daß ich das ›Monster‹ – so nannte ich es einfach – schon lange kannte. Ich hatte schon als Kind immer genau diesen Kopf gemalt, mal mit Körper und mal ohne.«

Aber bei Conny Paraschoudis scheint es solche Ereignisse nicht nur in der Kindheit gegeben zu haben. Sie setzten sich von nun an fort: »Es muß ein paar Monate nach diesem Vorfall gewesen sein, also auch noch um 1982. Wieder schlief ich schon seit zwei bis drei Tagen sehr unruhig. Und wieder wurde ich ganz plötzlich wach – ich fuhr hoch, wie von einer Tarantel gestochen. Meine Augen müssen vor Schreck weit geöffnet gewesen sein.«

73

Man kann den Schreck und die Angst nachempfinden, die Conny Paraschoudis in diesem Moment überkommen haben müssen, denn:»... an meinem Fußende hockte oder kniete ein Mann, er schaute mich direkt an. Neben ihm stand noch einer. Beide waren gleich gekleidet. Meine Augen schauten zu dem einen und zu dem anderen. Ich dachte noch: Hoffentlich hören die nicht mein Herz klopfen und spüren meine Angst.«

Wieder ist Conny Paraschoudis in ihren Bewegungen wie gelähmt: »Ich wollte reden, aufstehen, ich wollte irgend etwas tun. Aber ich konnte nicht. Nur mein Verstand arbeitete noch, ich konnte noch denken. Aber mein Körper hörte nicht auf mich. Und dann sprach der Mann an meinem Fußende – aber er sprach nicht mit seinem Mund, nicht mit einer Stimme. Also, das war ganz komisch. Ich hörte ihn, als ob er direkt in meinem Kopf sprach. Und er sagte: ›Leg dich wieder hin!‹ Aber ich wollte nicht, nein, ich wollte nicht. Und er sagte nochmal: ›Leg dich wieder hin, Conny!‹ und ›Mach deine Augen zu!‹ Das war wie ein Befehl. Ich dachte: Was haben die nur mit mir vor? Mein Gott, was passiert da? Und das Komischste ist: Ich legte mich wirklich wieder hin, ich machte die Augen zu.«

Trotz der geschlossenen Augen registriert Conny Paraschoudis eine Helligkeit im Raum, die durch die Lider hindurchdringt. Wie lange dieser Zustand angedauert hat, weiß sie nicht mehr. Sie schätzt, daß etwa eine halbe Stunde vergangen war, als sie wagte, die Augen zu öffnen. »Ich kann kaum beschreiben, wie es mir danach erging. Ich wollte zu diesem Zeitpunkt nur raus, wegziehen. Und ich war furchtbar deprimiert.«

Aber es blieb nicht bei diesen Ereignissen im Jahr 1982. In jüngster Zeit scheinen sich die seltsamen Besucher auch für Connys Mann zu interessieren – und sie selber mußte die schmerzliche Erfahrung machen, dazuliegen und nichts für ihn tun zu können: »Erst jetzt, am 3. Dezember 1993, waren ›sie‹ wieder in unserem Schlafzimmer, nachts. Diesmal hatten ›sie‹ Interesse an meinem Mann. Ich spürte, wie mein Mann sich hin- und herbewegte. Dann hörte ich an den langsamen Schritten und dem Knistern auf dem Teppich, daß irgend jemand im Zimmer ist. Ich drehte mich nicht um, ich weiß nicht wieso. Irgend etwas hinderte mich daran. Kurze Zeit später schaute ich auf den Wecker. Es war 3.30 Uhr.«

Ein unheimliches Urlaubserlebnis

Wäre der Schlafzimmer-Besucher nur eine Gestalt unserer eigenen Phantasien, unserer eigenen Träume, wie die Psychologin Dr. Patricia Cross meint, dürfte sie jeweils nur von einer Person gesehen werden: von der, die diese Träume hat. Aber zuweilen können diese Wesen auch von Ehepartnern oder mit im Zimmer schlafenden Freunden wahrgenommen werden: Sie hören, wie Conny Paraschoudis, ihre Schritte, sie hören ihre Bewegungen, sie spüren ihre Präsenz.

Und es gibt Fälle, in denen beide Ehepartner die Besucher sehen. Es ist nicht sehr wahrscheinlich, daß sie zu gleicher Zeit die gleichen Alpträume (oder was immer das nach Patricia Cross sein sollen) haben; das wäre zumindest genauso erstaunlich wie das Besucher-Erlebnis selbst.

Ernst und *Jutta Hartwig* aus Goslar haben eine solche Erfahrung machen müssen. Eine Erfahrung, die darüber hinaus zeigt, daß das Phänomen der *Bedroom*

Visitors mit dem der UFOs in einem Zusammenhang steht.

Ende August und Anfang September 1992 machte das Ehepaar Urlaub auf der Mittelmeerinsel Zypern. In einer der letzten Augustnächte stand *Ernst Hartwig* in der Zeit zwischen 0.30 Uhr und 1 Uhr auf dem Balkon der gemieteten Appartementwohnung und schaute hinaus auf die dunkle See: »Ich entdeckte weit draußen auf dem Meer ein Licht. Mein erster Gedanke war, daß dort ein Fischer (wie im Mittelmeerraum üblich) mit Licht auf Fischfang gegangen war. Ich wurde jedoch eines Besseren belehrt, denn plötzlich bewegte sich dieses Licht mit hoher Geschwindigkeit auf mich zu und blieb etwa 400 Meter von mir abrupt stehen. Es schwebte über dem Meer. Das Flugobjekt war absolut geräuschlos, ich schätze seinen Durchmesser auf etwa acht bis zehn Meter. An der Unterseite leuchtete es orange. Nach ungefähr einer Minute bewegte es sich wieder und schwebte langsam davon. Als es nur noch schwach zu sehen war, blitzte es noch einmal kurz auf und war verschwunden. In der nächsten Nacht, etwa um drei Uhr, wachte ich auf und sah die Nachttischlampe neben dem Bett meiner Frau aufblinken. Ohne mir weitere Gedanken zu machen, schlief ich jedoch wieder ein.«

Angesichts des folgenden Ereignisses gewinnt man den Eindruck, als habe dieses UFO-Manöver einer »Erkundung« gedient, deren Zielobjekt das Ehepaar *Hartwig* war. Denn in der Nacht vom 13. auf den 14. September geschah es:

»In dieser Nacht hatte ich einen ungewöhnlichen Traum. Ich habe eigentlich sehr selten Träume, die ich am nächsten Tag noch exakt nachvollziehen kann. Aber in dieser Nacht war alles ganz anders.«

Zunächst träumte *Ernst Hartwig* etwas völlig Normales, Unaufregendes: »Ich sah eine Bauzeichnung mit klaren Bestimmungen und ein ideal eingerichtetes Haus. Dort, in diesem Haus, sah ich jemanden in einem Sessel sitzen, jedoch nur von hinten.«

Dann ändert sich das Geschehen – *Ernst Hartwig* wird aus seinem Traum gerissen: »An dieser Stelle (ich hatte das Gefühl, daß mich jemand durch diesen Traum ablenken wollte) wurde mein Traum unterbrochen. Ich hörte meine Frau neben mir stöhnen und total verängstigt meinen Namen rufen. Ich sah zu ihrer Bettseite hinüber, und mir fiel auf, daß etwas über ihrem Bett lag. Ich vermutete zuerst, sie würde ihre Beine hochstrecken.«

Ernst Hartwig erkennt, daß irgend etwas Ungewöhnliches, etwas Unheimliches ins Zimmer eingedrungen ist und seine Frau bedroht. Er will ihr helfen, aber »ich konnte mich nicht bewegen. Ich konzentrierte mich und warf mich mit aller Kraft herum. In diesem Augenblick sah ich eine Gestalt neben meinem Bett stehen. Sie war sehr schlank und mit einem Umhang bekleidet, ähnlich wie eine Mönchskutte; in der Mitte gerafft und mit einer Kapuze. Die Arme lagen eng am Körper an. Im Raum war es unerträglich heiß.«

Die Gestalt war etwa 1,20 bis 1,40 Meter groß. Alles, woran sich *Ernst Hartwig* erinnern kann, ist, daß er schließlich: »Jetzt reicht es aber!« hervorstieß. Im gleichen Augenblick war die Gestalt verschwunden, im Zimmer wurde es wieder kühl.

Und seine Frau *Jutta*, die gestöhnt und ihn um Hilfe gerufen hatte? Auch sie erinnert sich an das unheimliche nächtliche Erlebnis: »Um 3.30 Uhr erwachte ich und suchte die Toilette auf. Danach habe ich noch ein

Glas Wasser getrunken und bin wieder zu Bett gegangen. Ich fühlte mich sehr unruhig und konnte einfach nicht wieder einschlafen.«

Diese innere Unruhe scheint ein Vorzeichen für das gewesen zu sein, was kurz darauf geschah: »Plötzlich hatte ich das Gefühl, als ob ein warmer Strom durch meinen Körper fließt, von den Zehenspitzen ausgehend bis hinauf zum Kopf. Als dieser ›Energiestrom‹ meinen Kopf erreichte, sah ich plötzlich drei Körper auf mich zukommen – sie trugen Kutten mit Kapuzen. Die Gesichter konnte ich nicht erkennen. Mich ergriff Panik, und ich rief nach meinem Mann, bewegen konnte ich mich in diesem Augenblick nicht. Er hörte mich rufen und fragte, was denn los sei. Für einen kurzen Augenblick kehrte für mich wieder Ruhe ein. Ich drehte mich zu meinem Mann hin, um Schutz zu suchen, und zog die Bettdecke über das Gesicht und versuchte wieder einzuschlafen.«

Aber noch ist das Ereignis für *Jutta Hartwig* nicht beendet: »Ich hatte ständig das Gefühl, beobachtet zu werden. Auf einmal berührte irgend etwas mein Bein. Ich rückte noch näher an meinen Mann heran, als ich plötzlich einen langen, dünnen Arm mit zwei Fingern auf mich zukommen sah. In diesem Augenblick hörte ich meinen Mann sagen: ›Nun reicht es aber!‹, und der ganze Spuk war damit vorbei. Dieses Ereignis läßt uns einfach nicht mehr los. Ständig denken wir an die Nacht. War da noch mehr...?«

Vermutlich. Es ist auffällig, daß sowohl *Jutta* als auch ihr Mann die kleinen, mit Kutten bekleideten Wesen sahen – aber doch eine etwas andere Schilderung des Ablaufes geben. Ganz offensichtlich erlebten sie einzelne Elemente des Ereignisses in unterschiedlichen

Phasen bewußt, während sie in anderen Momenten in jenem seltsamen Zustand verharrten, bei dem keine Bewegung oder sogar keine bewußte Wahrnehmung möglich ist. Wir kennen dieses Phänomen von vielen *Bedroom-Visitor*-Erlebnissen und daran anschließenden »Entführungen«.

Einzelne Gedächtnisinhalte scheinen bei beiden in unterschiedlicher Weise gelöscht zu sein. Erst am Ende des Erlebnisses setzt eine kontinuierliche, parallelisierbare Erinnerung wieder ein. Ob sich die Fremden allerdings durch die drohenden Worte von *Ernst Hartwig* haben vertreiben lassen, sei dahingestellt. Vermutlich endete das Erlebnis zu diesem Zeitpunkt ohnehin, der Mann gewann die Kontrolle über sich zurück und stieß die Worte hervor. Ob und was in den »Lücken« davor geschah, entzieht sich vorläufig unserer Kenntnis.

Eines aber macht gerade dieses Erlebnis deutlich: die unbestreitbare *Realität* solcher Vorgänge. Würde es sich nur um Träume handeln – *Ernst* und *Jutta Hartwig* hätten ein bislang völlig unbekanntes Phänomen erlebt, nämlich die simultane Traumerfahrung identischer Gestalten und Abläufe. Und dies widerspräche allem, was wir heute aus der Traumforschung über die nächtlichen Abenteuer unseres Bewußtseins wissen.

»Berggeister« und »Engel«

Das Erlebnis des eindringenden *Bedroom Visitor* ist uralt und tritt in jedem Teil der Erde auf. Natürlich wurden sowohl im Mittelalter als auch in anderen Regionen unserer Welt solche Besuche immer im Kontext der jeweiligen soziokulturellen oder auch religiösen Entwicklung, des jeweils aktuellen Kenntnisstandes und der eigenen Mythologien betrachtet. Aus dem Sächsischen stammt eine Sage über einen Bergmann, in der sich viele Elemente des Phänomens wiederfinden:

»Ein Bergmann, der bei einem Maurer wohnte, stand eines Morgens ganz trübselig und verstimmt auf, indem er zu seinem Hausherrn äußerte, es bange ihm vor dem ›Berggehen‹, da ihm ein Unfall bevorstehe. Der Maurer fragte, woher er dies vermute. ›Ich wachte heut nacht‹, erzählte der Bergknappe, ›plötzlich ganz ohne Ursache auf, ohne wieder einschlafen zu können. Während ich so ganz munter dalag, stand auf einmal die weiße Gestalt des Berggeistes vor mir und sah mich mit unverwandtem Blicke an, indem sie den Finger wie warnend emporhob. Ich konnte dies beim Dämmerlicht der Mondnacht deutlich unterscheiden. Dann war's mir, als hörte ich die Worte: Gib acht!, und die Gestalt verschwand.‹«[8]

Die Elemente ähneln sich, auch wenn die Gestalt hier als »Berggeist« interpretiert wurde. Die südafrikanische UFO-Forscherin Cynthia Hint befaßte sich mit dem Fall einer jungen Frau islamischen Glaubens aus ihrem Land, die – obwohl in einem ganz anderen kulturellen Erbe verwurzelt – letztlich doch das gleiche Erlebnis hatte: »Es war ein traumähnliches Stadium, und ich konnte Leute neben mir stehen fühlen, und sie berührten mich im Gesicht oder küßten mich auf die Stirn oder taten irgend etwas mit meinem Mund. Ich hätte schreien, mich verteidigen, fluchen und kämpfen sollen – aber ich brachte keinen Ton heraus, noch konnte ich meine Glieder bewegen. Ich war zu fertig,

80

um einzuschlafen, und zu erschrocken, um wachzubleiben.«

Und dann kommt ein weiteres Element hinzu, das uns später wieder begegnen wird: »Ich wurde vergewaltigt, ganz schnell. Ich konnte es fühlen, aber ich konnte niemanden sehen.«[9]

Andere haben das Gefühl, es überhaupt nicht mit menschlichen Wesen im eigentlichen Sinne zu tun zu haben. Einer der vielen Fälle, die die große internationale UFO-Organisation MUFON zusammentrug, ereignete sich im September 1989 in Toms River im US-Staat New Jersey.[10] Der 39jährige John O'Connell erwachte mitten in der Nacht und »sah ein Wesen, genau neben mir. Es machte schnelle, insektenähnliche Bewegungen. Es war schlank und grau und hatte insektoide Züge. Auf mich machte es den Eindruck einer alten Lady. Es berührte mich mit seinen Händen und küßte mich auf die Brust. Es fühlte sich warm an, aber es war, als ob es Latexhandschuhe trug.«

Häufig wurde und wird das Phänomen im Zusammenhang mit Geister- oder Verstorbenenerscheinungen gesehen. Inwieweit es hier Übereinstimmungen, Parallelen und Zusammenhänge gibt, werden wir noch sehen. Eine ganz klassische *Bedroom-Visitor*-Geschichte fand ich in einem Buch über Engel.[11] Die Autorin Sophy Burnham beschreibt darin ein eigenes Erlebnis. Sie war damals gerade mit ihrem Mann nach New York gezogen und wohnte in einem schönen, großen neuen Appartement in Brooklyn.

Etwa eine Woche nach dem Umzug sitzt Sophy Burnham in einem kleinen Raum hinter dem Schlafzimmer und arbeitet an der Nähmaschine. Es ist gegen zehn Uhr abends: »Ich war zufrieden und ohne Angst und konzentrierte mich auf dieses Kleidchen, als ich mit einem Mal das seltsame, unbestimmte Gefühl hatte, daß noch jemand im Zimmer war!« Anders als bei den meisten *Bedroom-Visitor*-Erlebnissen befindet sich Sophy Burnham also nicht im Schlaf oder in einem halbschlafähnlichen Zustand, als sie die Präsenz des Fremden spürt. Sie ist bei vollem Wachbewußtsein.

»Ich schaute auf und sah einen Mann in der Tür stehen.« Aber es ist eine seltsame Art der Wahrnehmung, die Sophy Burnham an sich selbst registriert: »Der Mann war da und auch wieder nicht da... Ich legte die Hände vors Gesicht und stützte mich mit dem Ellbogen auf die Maschine. ›Jetzt bin ich übergeschnappt‹, dachte ich, ›ich drehe durch. Ich bin zu lange allein gewesen.‹«

Sophy Burnham treten Tränen in die Augen: »Die ganze Zeit über wußte ich, daß er an der Tür stand, und dann trat er ins Zimmer. Ich zitterte vor Angst. Mir wurde heiß, und meine Stirn bedeckte sich mit Schweißtropfen.«

Der Mann tritt hinter die geschockte Frau. Sie spürt seine Hand auf ihrem Rücken, ein furchtbares Gefühl: »Dann legte er eine Hand auf meine Schulter. Ich wußte, daß er mich beruhigen wollte, aber ich konnte nur die vier Finger seiner rechten Hand vorn und den Daumen hinten auf meiner Schulter spüren. Seine Hand war eiskalt. Sie klebte an meiner Haut wie Trockeneis. Mir war glühend heiß, bis auf die Stelle, wo mich seine Hand berührte. Es war schrecklich. Dann verließ er den Raum, ging wie ein gewöhnlicher Mensch.«

Aber für Sophy Burnham ist das seltsame, furchterregende Erlebnis damit noch nicht zu Ende. Sie ist

82

zunächst erleichtert, »... bis mir plötzlich einfiel, daß er gegangen war, um nach den Kindern zu schauen! Ich eilte hinter ihm her, durchs Schlafzimmer und auf den Flur. Dort hielt ich inne.«

Seltsamerweise vermag Sophy Burnham nun keinen Schritt weiter zu machen. Unschlüssig steht sie vor der Tür, irgend etwas hält sie erfolgreich davon ab, die Klinke hinunterzudrücken. »Er war in ihrem Schlafzimmer – und ich wußte es –, aber ich konnte nicht hineingehen. Weshalb nicht?«

Es mag unverständlich erscheinen, aber Sophy Burnham kehrt einfach wieder in ihr Zimmer zurück. Ihr fehlt die Kraft, irgend etwas Entscheidendes zu tun. Sie ringt mit den Händen, läuft im Raum auf und ab, sich immer der Gegenwart des Fremden bewußt, der im Zimmer ihrer Kinder weilt. Aber sie vermag nicht einzugreifen.

Und dann geschieht etwas, das, wie wir aus der UFO-Forschung der letzten Jahre wissen, geradezu charakteristisch ist für Fälle dieser Art: Sophy Burnham unterliegt einem Zeitverlust: »An diesem Punkt ist eine Lücke in meiner Erinnerung. Ich weiß nicht, wie lange er bei den Kindern geblieben war. Minuten? Sekunden?«

Plötzlich jedenfalls erscheint die Gestalt wieder in ihrem Raum. Sie taucht einfach in einem der Sessel auf und beobachtet die Frau. Und die ist nun endlich dazu in der Lage, den seltsamen Mann anzusprechen: Sie fragt ihn, was er hier will, fleht ihn an, daß er ihr und ihren Kindern nichts tun soll. Doch der Mann bleibt stumm, sagt kein Wort.

»Als ich geendet hatte, stand er auf, ging an mir vorbei und verließ das Schlafzimmer durch die Tür. Er schritt die Treppe hinab, ohne die Stufen zu berühren, durch-

Abb. 8 Bedroom-Visitor *in der Gestalt des typischen »kleinen Grauen«. Die Eindringlinge vermögen offensichtlich durch geschlossene Türen und Fenster ebenso wie durch massives Mauerwerk, Decken und Böden hindurch die Räume der Betroffenen zu betreten.*

querte die Küche und ging durch die verschlossene Hintertür hinaus. Ich war erschüttert.«

Weltweite Gemeinsamkeiten

Das *Bedroom-Visitor*-Phänomen besitzt einige interessante Konstanten: Der oder die seltsamen Besucher tauchen plötzlich auf. Ist der Betroffene wach oder zumindest in einem halbwachen Zustand, spürt er meist schon zuvor seine oder ihre Präsenz. Die Besucher dringen in das Zimmer ein, ohne daß geschlossene Fenster und Türen sie davon abhalten können. Sie sind einfach da, scheinbar aus dem Nichts. (Abb. 8) Gegenwehr jeglicher Art wird im Keim erstickt, offensichtlich ist selbst die Beobachtung des Besuchers nicht erwünscht. Geschieht dies doch, wird der Betroffene wieder in den Zustand des Schlafes zurückgebracht: durch telepathische Befehle oder durch einen anderen Vorgang, der die Erinnerung an das weitere Geschehen raubt. Zuweilen fühlen die Betroffenen Berührungen, die seltsame Körperreaktionen auslösen, wobei von dem Eindringling eine eisige Kälte auszugehen scheint. Der Person selbst wird es furchtbar heiß. Auch das Zimmer scheint von einer unerklärlichen Wärme erfaßt zu sein, der Raum ist von etwas Schwerem, Bedrückendem erfüllt.

Die Gestalt des *Bedroom Visitor* kann wechseln: Mal wird er als normaler Mann (wenn auch mit ungewöhnlicher Kleidung und Utensilien ausgestattet), mal als zwergenhafte Gestalt, als insektoides Wesen oder auch nur als ein Paar großer Augen wahrgenommen. Die Wirkungsweise ist immer die gleiche.

Die Besucher scheinen auch nicht nur ein einziges Mal aufzutauchen, sondern im Laufe des Lebens immer wieder. Sie sind im Grunde seit Jahrhunderten bekannt und treten in allen Kulturen und allen Ländern in ähnlicher Form auf – es muß sich folglich um ein räumlich und zeitlich erstaunlich gleichbleibendes und verbreitetes Phänomen handeln. Damit verbunden können so seltsame Vorgänge wie »Vergewaltigungen« ohne einen Vergewaltiger oder Zeitverlustfälle sein.

Die *Bedroom Visitors* verschwinden auf die gleiche Weise wie sie gekommen sind. Irgendwann sind sie einfach nicht mehr da. Der Betroffene ist zu diesem Zeitpunkt – trotz des erschreckenden Erlebnisses! – einfach wieder eingeschlafen. Wenn es ihm gelingt, in einem seltsamen, hypnoiden Zustand zu verbleiben, einem Stadium zwischen Wachen und Schlafen, auch dann wagt er es erst lange Zeit danach, die Augen wieder zu öffnen. Die Gestalt ist dann verschwunden, die »normale« Situation wiederhergestellt. Was zurückbleibt, ist die Angst. Die Angst, etwas Unerklärliches erlebt zu haben. Und die Angst, es wieder und wieder erleben zu müssen.

Denn das Phänomen des *Bedroom-Visitor* ist nur ein Teil eines viel umfassenderen Geschehens. Es ist das, was vielen im Gedächtnis verbleibt: der Anfang oder das Ende eines unglaublich komplexen, unglaublich vielgestaltigen Ereignisses. Früher nannte man es einfach »UFO-Entführung«. Aber der Begriff scheint mir zu knapp gefaßt. Das UFO-Phänomen ist nur ein Teilaspekt des ganzen, wenn auch ein sehr wesentlicher. Denn es sind nicht einfach nur Verschleppungen in ein Raumschiff von Zeta Reticuli, es sind nicht einfach nur Untersuchungen einer Astronautencrew vom Sirius, die mehr über die Biologie des Menschen erfahren will. Es ist weit mehr als nur das.

Wenn die »Anderen« in unsere Zimmer treten, dann öffnen sie uns einen Weg: den Weg in eine andere Welt. In eine phantastische Welt, so bizarr und unglaublich filigran, daß wir sie, wenn wir sie betreten, als absolut fremd bezeichnen würden. Aber dieser erste Eindruck täuscht. Denn die Welt, die sich da auftut, ist uns allen bekannt. Von Anfang an ...

III

Die andere Seite der Nacht

An Bord ... oder wo auch immer

»Dann drehte sich der, der auf der
rechten Seite stand, zu mir um. Ich hatte
den Eindruck, als ob er gemerkt habe,
daß ich bei Bewußtsein war. Ich schaute
in sein Gesicht. Fremdartig. So ganz
anders als alles, was wir gewohnt sind.
Es war ein durchdringender Blick, ich
habe so etwas noch nicht erlebt. Er
schien bis in mein Innerstes zu reichen.«

Jens Heller
(entführt 1993)

In den sechziger und siebziger Jahren, als die ersten
Entführungsfälle publik wurden, stellte sich das
Szenario als relativ einfach dar: Menschen wurden
irgendwo auf einer einsamen Landstraße gekidnappt.
Man stoppte ihr Auto, ließ sie aussteigen, führte sie in
ein gelandetes »Raumschiff«, untersuchte sie und
brachte sie wieder in ihr Auto zurück. Diese Menschen
waren, so glaubte man damals, »zur falschen Zeit am
falschen Ort«, wie es der amerikanische Historiker
Prof. David Jacobs ausdrückt.
Wir wissen heute, daß es nicht so einfach ist. All die
Informationen, die wir bislang von dem gesamten Vor-

gang haben, deuten auf eine wesentlich komplexere Struktur hin: »Entführungen« geschehen nicht nur einmal, sie geschehen mehrmals. Sie beginnen in der frühesten Kindheit und ziehen sich über das Leben hinweg bis zum Tod des Betroffenen. Sie treten nicht unbedingt regelmäßig auf, sondern eher in »Clustern«, in Häufungen. Jahrelang bleibt der Betroffene von solchen Begegnungen verschont, dann brechen sie wieder wie eine Flut über ihn herein. Das kann soweit gehen, daß sie oder er manchmal wochenlang jede Nacht ein solches Erlebnis hat. (Was dies für die psychische genauso wie physische Konstitution des jeweiligen »Opfers« bedeutet, vermögen Außenstehende sich vermutlich nur schwer vorzustellen.) »Entführungen« sind schließlich häufig an Familien gebunden: Wenn ein Mann oder eine Frau entführt wurde, so ist es sehr gut möglich, daß auch die Mutter oder der Vater und deren Mütter oder Väter ihr Schicksal teilen – und daß die Kinder in gleicher Weise in das gesamte Geschehen miteinbezogen werden.[12]

Ein weiteres Merkmal hat sich unterdessen herauskristallisiert: Die meisten dieser »Entführungen« finden in der Nacht statt. Der Betroffene liegt im Bett und schläft, wenn das Ereignis beginnt und die Fremden den Raum betreten. In den häufigsten Fällen wird er nicht einmal bemerken, daß »etwas« mit ihm passiert. Hat er schließlich doch Erinnerungen zurückbehalten, wird er sie in der Regel als einen höchst ungewöhnlichen Traum einordnen, einen Traum, der in einer merkwürdigen Weise äußerst real war.

Eine solche Vorgehensweise von Seiten der »Anderen« hat natürlich noch einen weiteren Vorteil, der auf der Hand liegt: Es gibt dafür in der Regel keine Zeugen. Die

Gefahr einer Beobachtung ist auf ein Minimum gesenkt, und Partner oder Freunde, die im gleichen Zimmer schlafen, werden »ausgeschaltet«. In einer noch völlig ungeklärten Weise sind die Fremden dazu in der Lage, einen potentiellen Zeugen in einen tiefen Schlafzustand zu versetzen. Selbst Rütteln und Rufen hat keine Wirkung. Conny Paraschoudis aus Berlin mußte diese leidvolle Erfahrung machen: bei sich selbst und bei ihrem Mann. Als im Jahr 1982 plötzlich ein seltsames kleines Wesen an ihrem Bett stand, setzte sie sich erschrocken auf: »Ich konnte kein Wort herausbekommen, ich wollte schreien, aber ich starrte ihn nur an. Ich wollte meinen Mann wecken, aber ich wußte nicht wie. Ich dachte: Wie kann er nur schlafen, wo hier so ein ›Monster‹ ist?«

Und umgekehrt vermochte auch sie ihrem Mann nicht zu helfen, als sich die Wesen im Dezember 1993 auf ihn konzentrierten: »Ich spürte, wie mein Mann sich hin- und herbewegte. Dann hörte ich an den langsamen Schritten und dem Knistern auf dem Teppich, daß irgend jemand im Zimmer ist. Ich drehte mich nicht um, ich weiß nicht wieso. Irgend etwas hinderte mich daran.«

Zu keiner Gegenwehr fähig

Das erste Mal, daß die Forschung von derartigen Fähigkeiten der »Anderen« erfuhr, war meines Wissens im Betty-Andreasson-Fall. Betty Andreasson-Luca ist eine der bekanntesten »Entführten« in den USA. Wie in vielen anderen Fällen auch, begannen die Ereignisse bei ihr in frühester Kindheit und setzen sich bis heute fort. Ein sehr komplexer, vielschichtiger Fall, der uns auf den Seiten dieses Buches noch mehrfach begegnen wird.

Die erste bewußte Erinnerung an eine »Entführung« hatte Betty Andreasson-Luca im Jahr 1967. (Dies war auch gleichzeitig das Ereignis, das die bislang umfangreichste Untersuchung eines »Entführungs«-Falles überhaupt einleitete.[13-15]) Damals bewohnte sie zusammen mit ihrer Familie und ihren Eltern ein Haus in Ashburnham im US-Bundesstaat Massachusetts.

Am Abend des 25. Januar 1967 hielt sich Betty gerade in der Küche auf, Kinder und Eltern sahen im Wohnzimmer fern (ihr erster Mann James lag zu dieser Zeit im Krankenhaus). Um kurz nach halb acht begannen plötzlich die Lichter im Haus zu flackern und erloschen dann ganz. Von draußen drang ein intensives orangerotes Licht herein. Bettys Vater, Waino Aho, ging zum Fenster der Speisekammer, um eine bessere Sicht nach draußen zu haben. Was er sah, verschlug ihm die Sprache: »Diese Wesen, die ich durch das Fenster von Bettys Haus sah, waren genau wie Halloween-Monster. Ich dachte, sie hätten sich irgend so eine Mondmenschenmaske aufgesetzt. Es war komisch, wie sie hintereinander hersprangen – genau wie Grashüpfer. Als sie mich sahen, blieben sie stehen... Der an der Spitze sah mich an, und ich fühlte mich irgendwie merkwürdig. Das ist alles, was ich weiß.«

An diesem Punkt setzt die Erinnerung von Waino Aho aus. Die Wesen betraten das Wohnzimmer durch die geschlossene Tür hindurch, materialisierten sich förmlich in den Raum hinein, einer nach dem anderen. Als einzige besitzt Bettys älteste Tochter eine vage Erinnerung: Sie hatte so etwas wie »große Babys« gesehen, die plötzlich im Raum waren.

Sie alle wurden – bis auf Betty Andreasson selbst – in einen schlafähnlichen Zustand versetzt, während man

90

die Frau mitnahm, medizinische Untersuchungen an ihr durchführte und sie visionsähnliche Szenen erleben ließ. »Danach«, schreibt der Hauptuntersucher dieses Falls, Raymond Fowler, »wurde sie nach Hause zurückgebracht, wo sie ihre scheintote Familie von einem Außerirdischen bewacht fand. Die ganze Familie wurde unter einer Art geistiger Kontrolle zu Bett gebracht, bevor die Außerirdischen das Haus verließen.«

Die Situation ändert sich

Wir haben damit drei wichtige Elemente einer solchen »Entführung«, die in den letzten Jahren immer deutlicher geworden sind, nämlich:
- die Mehrzahl aller »Entführungen« findet nachts statt;
- daraus resultiert, daß die »Entführten« sich des Vorganges in der Regel nicht bewußt werden (können) und das Ereignis allenfalls als intensiven, realitätsnahen »Traum« klassifizieren;
- potentielle Zeugen (etwa Ehepartner) werden in einen tiefen Schlafzustand versetzt, der jede Interaktion mit dem Ereignis ausschließt.

Aus all dem ergibt sich, daß der Zusammenhang mit dem UFO-Phänomen häufig überhaupt nicht erkannt wird bzw. erkannt werden *kann*. Die meisten Menschen verbinden mit »UFO« nichts anderes als »leuchtende Scheiben am Himmel«, eben die berühmten »fliegenden Untertassen«. Daß das Phänomen weit darüber hinaus reicht, wird ihnen weder bewußt, noch würden sie von sich aus diese Verbindung sehen. Selbst wenn der Betroffene also verhältnismäßig deutliche Erinnerungen an das Ereignis hat, fehlt ihm in der Regel der Bezugsrahmen. Er kann das, was er da erlebt hat und immer wieder erlebt, nicht einordnen, denn normalerweise sieht er weder ein »UFO« noch sonst etwas, das für ihn eine Identifizierung mit diesem Phänomen erlauben würde.

Dies erklärt schließlich auch, warum es hier bei uns in Mitteleuropa bislang kaum veröffentlichte Fälle dieser Art gab. Die Menschen, die eine »Entführung« erlebt hatten, vermochten sie nicht einzuordnen, ihnen fehlte die Verbindung zum Begriff »UFO«. Und ihnen fehlten genauso kompetente Ansprechpartner. An wen sollten sie sich wenden? Wer nahm sie ernst? Wer glaubte ihnen, daß da in manchen Nächten Unglaubliches mit ihnen geschah? Mit anderen Worten: Wir haben es vermutlich mit einem weitaus größeren Potential an »Entführten« zu tun, als wir bislang annahmen oder auch nur ahnten.

Ich kann hier nur aus meiner eigenen, fraglos subjektiven Erfahrung sprechen, aber es scheinen vier Ereignisse des vergangenen Jahres gewesen zu sein, die diese Situation zu ändern begannen, nämlich:

● der auf RTL zum Jahreswechsel 1992/1993 ausgestrahlte Fernsehfilm »In der Gewalt der Außerirdischen«, ein zweiteiliges Dokudrama, das auf Elementen von Budd Hopkins' Buch »Eindringlinge«[16] beruht und das Entführungsszenario auf spannende Weise in all seiner komplexen Variationsbreite darstellte;

● eine Folge der von Rainer Holbe moderierten Serie »Phantastische Phänomene«, die sich mit UFO-Entführungen beschäftigte und zum ersten Mal zwei Betroffene aus Deutschland zu Wort kommen ließ;

● der im ZDF im Mai gezeigte Dokumentarfilm »Begegnung der vierten Art« des Münchener Filmemachers Christian Bauer, der das Phänomen in bislang ungewohnt sachlicher und einfühlsamer Weise darstellte, Entführungsfälle aus den USA präsentierte und Untersucher dieser Fälle zu Wort kommen ließ;

• schließlich denke ich, daß auch mein Buch »Die Anderen« einen gewissen Anteil daran hatte, denn die meisten Zuschriften, die ich bekam, nahmen sowohl auf dieses Buch als auch auf eine dieser drei Sendungen Bezug.

Ich bin sicher: Je mehr das Problem in der Öffentlichkeit thematisiert wird, um so schneller wird der »Berg« jener anwachsen, die nach langen Jahren des vergeblichen Suchens endlich die richtige Verbindung gefunden haben. Um so wichtiger ist es, daß die Öffentlichkeit und damit auch jene Wissenschaftler, Mediziner und Psychologen, die für diese Phänomene eigentlich zuständig wären, informiert und darauf vorbereitet sind.

Zeitregression

Wir haben es im Grunde mit zwei Möglichkeiten von Erinnerungen an »Entführungen« zu tun: zum einen mit im Wachzustand wahrgenommenen und auch entsprechend eingeordneten Erlebnissen (zum Beispiel im Fall des Wiener Fotografen *Peter Hausner*), zum anderen mit Ereignissen, die sich nachts abspielen und daher zunächst als »Träume« interpretiert werden. In der Regel sind es jedoch Mischformen: Jene, die sich an seltsame intensive »Träume« erinnern, haben gleichzeitig auch Erinnerungen an nicht minder seltsame Vorgänge im Wachzustand: UFO-Beobachtungen, Poltergeist-Phänomene, *Bedroom-Visitors,* unerklärliche Narben auf ihrem Körper oder sogar, wie wir noch sehen werden, ungewöhnliche Schwangerschaften.

Die meisten »Entführungs-Träume« – und das hebt sie von gewöhnlichen nächtlichen Streifzügen in unbekannte Phantasiewelten ab – zeigen eine erstaunliche Übereinstimmung mit bewußt erinnerten Erlebnissen dieser Art, und zwar auch bei Menschen, die zuvor in keiner Weise mit diesem Phänomen konfrontiert worden sind, z.B. kleinen Kindern. Diese Möglichkeit einer eindeutigen Parallelisierung macht deutlich, daß es sich eben *nicht* um »gewöhnliche« Träume handelt, sondern um in Wirklichkeit sehr bizarre Erlebnisse, die nicht weniger »real« waren als die bewußt erinnerten und nur deswegen als »Träume« klassifiziert wurden, weil sie in der Nacht geschahen.

Eine Methode, eine größtmögliche Annäherung an die Wahrheit zu finden und entscheiden zu können, ob es sich bei einem solchen »Traum« nur um ein normales, allnächtliches Geschehen oder um eine wirkliche »Entführung« handelt, ist die regressive Hypnose. Erfahrene Psychotherapeuten wenden diese Methode heute generell bei verschiedenen psychischen Problemen an, indem sie verdeckte oder verdrängte Erinnerungen aufspüren. Sinn der Therapie ist es, den Patienten bewußt damit zu konfrontieren und ihm auf diese Weise die Integration des meist traumatischen Erlebnisses in seine Alltagswelt und damit seine bewußte Bewältigung zu ermöglichen.

Regressive Hypnose ist in bezug auf die Rückgewinnung verschütteter »Entführungs«-Erinnerungen zum Teil stark kritisiert worden. Sicher ist, daß eine derartige Methode kein »Allheilmittel« ist, daß ein unerfahrener

Rückführer Fehler machen (z.B. Suggestivfragen stellen) und der Hypnotisierte bzw. sich in einem tiefen Entspannungs- oder Trancezustand befindende Proband daraufhin zu Konfabulationen neigen kann.

Vorsicht ist also geboten. Dennoch gibt es gute Gründe, warum eine Hypnoseregression in bezug auf »Entführungen« angeraten erscheint. Nach den Worten des Psychologen Prof. John Mack von der Harvard-Universität hat sich »Hypnose in bezug auf die Wiederherstellung von Gedächtnisverlusten als ein ausgezeichnetes Werkzeug erwiesen. Es sollte klargestellt werden, daß wir keinen Hinweis darauf haben, daß Entführte ihre Erinnerungen hinsichtlich ihres Erlebnisses unter Hypnose signifikant verändern.«[17]

Als Beispiel sei hier ein typisches Hypnosesitzungsprotokoll wiedergegeben, das zum einen die Technik zeigt, mit der solche Regressionen ablaufen, zum anderen deutlich macht, wie sehr »Entführungs-Erlebnisse« in das Umfeld des Traumes, der nächtlichen Ruhe und des *Bedroom-Visitor*-Phänomens eingebunden sind. Es handelt sich um einen Ausschnitt aus der Regression eines belgischen Unternehmers, dem solche Ereignisse widerfahren sind.[18] Das Protokoll beginnt in dem Moment, als der Mann bereits ein tiefes Stadium der Hypnose erreicht hat:

Psychotherapeut: »Wo befinden Sie sich?«

Rückgeführter: »Ich bin in meinem Schlafzimmer. Meine Frau liegt neben mir.«

P: »Wissen Sie, wie spät es ist?«

R: »Ich glaube, ich habe vor kurzem unsere Uhr schlagen gehört. Sie schlug zwei Uhr.«

P: »Warum sind Sie wach?«

R: »Ich weiß nicht, aber irgend etwas beobachtet mich.«

P: »Was beobachtet Sie?«

R: »Ich glaube, ich spinne. Nein!« (R schreit) – »Nein!« (R versucht aufzuspringen)

P: »Beruhigen Sie sich, Sie sind in Sicherheit. Erzählen Sie mir, was Sie sehen.«

R: »Dort, neben meinem Bett, steht, glaube ich, der Teufel.«

P: »Beschreiben Sie die Gestalt!«

R: »Ich will nicht hinsehen. Das Ding sieht mich an, mit riesigen Augen.«

P: »Sagt es etwas zu Ihnen?«

R: »Nein. (kleine Pause) Doch – aber ich weiß nicht wie.« (kleine Pause, scheint aufmerksam zuzuhören) »Es spricht in meinem Kopf.«

P: »Können Sie das wiederholen?«

R: »Ja – es sagt, ich solle mich beruhigen. Ich werde mit ihm mitkommen.«

P: »Liegen Sie immer noch im Bett?«

R: »Ja, aber ich kann mich nicht mehr bewegen.«

P: »Sehen Sie die Gestalt noch?«

R: »Nein!« (schreit laut, liegt aber ruhig auf dem Sofa)

P: »Was ist?«

R: »Das ganze Zimmer ist total hell – aber meine Frau wacht nicht auf.«

P: »Und was machen Sie gerade?«

R: »Ich schwebe.«

P: »Was?«

R: »Ja, ich schwebe im Garten.«

P: »Sind Sie nicht mehr im Schlafzimmer?«

R: »Nein – im Garten.«

P: »Wie schweben Sie?«

R: (schreit wieder)

P: »Was passiert jetzt?«

96

R: »Ich bin in einem hellen Raum und liege auf dem Rücken.«

P: »Liegen Sie in einem Bett?«

R: »Nein, auf einem Tisch. Und ich bin in ein warmes Licht getaucht. Und überall sind diese Gestalten.«

P: »Können Sie die Gestalten beschreiben?«

R: »Kleiner als ich. Und mit riesigen dunklen Augen.«

P: »Was machen sie jetzt?«

R: »Sie sprechen wieder mit mir in meinem Kopf.«

P: »Was sagen sie?«

R: »Daß ich mich beruhigen solle – es sei alles gut.« (kleine Pause) – »Nein – nein...« (schreit und versucht wieder aufzustehen)

P: »Was geschieht mit Ihnen?«

R: »Sie haben mich in die Nase gestochen. Es tut unwahrscheinlich weh. Aber diese Wesen sagen, daß ich nichts mehr spüren würde.«

P: »Können Sie die Geräte beschreiben?«

R: »Sieht aus wie eine lange Nadel.«

P: »Bluten Sie?«

R: »Nein.« (kleine Pause) »Das Licht – das Licht tut gut.«

P: »Gehen wir ein Stück in der Zeit voran. Was passiert jetzt?«

R: »Ich bin in meinem Schlafzimmer.«

P: »Wo?«

R: »Im Schlafzimmer und betrachte mich im Spiegel.«

P: »Und die Wesen?«

R: »Sind weg. Aber ich habe sie noch im Kopf.«

P: »Was heißt im Kopf?«

R: »Sie sagen, daß ich alles vergessen werde. Aber sie werden mich wieder besuchen.«

P: »Was sehen Sie im Spiegel?«

R: »Nur noch ein bläuliches Licht draußen im Garten.«

P: »Was geschieht jetzt?«

R: »Ich liege wieder im Bett, und ich glaube, die Uhr schlägt.«

P: »Können Sie mir sagen, wie oft sie geschlagen hat?«

R: »Ja, es ist vier Uhr.«

P: »Und Ihre Frau?«

R: »Das glaube ich nicht. Das glaube ich nicht.«

P: »Was ist geschehen?«

R: »Sie schläft einfach, als ob sie überhaupt nichts mitbekommen hätte. Aber es war doch so hell.«

P: »Sie werden jetzt ganz langsam aufwachen – ich zähle bis drei. Eins – zwei – drei. Sie fühlen sich gut und entspannt. Sie öffnen jetzt die Augen.«

R öffnet die Augen.

Die Hypnose gibt uns also ausgezeichnete Möglichkeiten an die Hand, Informationen über vergessene, bewußt vergessen gemachte oder verdrängte Erlebnisse zu erhalten und Ereignisse nachzuvollziehen. Wir werden später noch sehen, daß man durch diese Methode in der Tat äußerst interessante Ereignisse rekonstruieren kann.

Die Überwindung der Schwelle

Für viele der »Entführten« ist die nun erstmals vorgenommene Beschäftigung mit dem Thema – sei es durch die genannten Filme, sei es durch Bücher oder Vorträge – wie das Herunterreißen einer bislang unsichtbaren Schranke. Einmal mit ihrer häufig verdrängten Vergangenheit konfrontiert, flutet eine Welle von Erinnerungen in ihr Bewußtsein zurück.

»Jetzt, wo ich mich so intensiv damit beschäftige«, schreibt mir Conny Paraschoudis aus Berlin, »läuft vieles wie ein Film ab. Als wenn diese Tür sich geöffnet hat. Sie sollten einiges von dem erfahren, was sich hinter dieser Tür befindet.«

Auch dem 30jährigen Industriekaufmann *Jens Heller*, wohnhaft in einem kleinen Ort in der Nähe von Essen, geht es ähnlich. Immer, wenn wir miteinander gesprochen hatten, überkam ihn ein Gefühl, als sei eine erneute Barriere durchbrochen worden: »Dann bin ich manchmal in meiner Wohnung hin- und hergelaufen, ein beklemmendes Gefühl in der Brust. Erlebnisse strömten auf mich ein. Stück für Stück kam die Erinnerung zurück.«

Erinnerungen an Abläufe, an Geschehen, an Ereignisse, die bislang verdrängt, als »Träume« abgetan, als irreal betrachtet worden waren, Ereignisse, von denen wir uns kaum eine Vorstellung machen können: bizarr, fremdartig, erschreckend und doch auf eine ganz seltsame Weise irgendwie vertraut.

»Es war Ende August 1993, eine Nacht, die ich nie vergessen werde.« *Jens Hellers* Stimme klingt ein wenig aufgeregt, als er mir am 29. Oktober des vergangenen Jahres erstmals von seinen Erinnerungen berichtet. Ich hatte ihn angerufen, nachdem er mir einen kurzen Brief geschickt hatte: »Es fällt mir sehr schwer, Ihnen zu schreiben. Erst nach einiger Überwindung ist es mir gelungen, diesen Brief überhaupt zu Papier zu bringen. Irgendwie spielt mein ganzer Körper verrückt, wenn ich darüber schreiben möchte – dabei verspreche ich mir eher Hilfe. Und wenn die Erinnerungen nicht so realistisch wären und ich nicht Spuren an meinem Körper hätte, würde ich alles selbst als Einbildung bezeichnen.«

Diese wenigen Sätze spiegeln sehr genau wider, was viele »Entführte« spüren: die Hemmung, mit ihrer Geschichte »nach draußen« zu gehen, sich anderen mitzuteilen, für sie zunächst Fremde an ihrem seltsamen Erlebnis teilhaben zu lassen. Dahinter mag mehr stecken als einfach nur die Angst, sich zu blamieren. Wir wissen aus vielen Entführungsfällen, daß den Betroffenen von den »Anderen« so etwas wie posthypnotische Befehle ins Unterbewußtsein implantiert worden sind: zum einen um das Erlebnis weitestgehend zu vergessen, zum anderen, um Hemmschwellen einzubauen, die nicht nur die eigene Beschäftigung damit, sondern auch die Mitteilung an die Außenwelt verhindern sollen. Versucht der Betroffene dies doch, stößt er auf einen ihm selbst unverständlichen inneren Widerstand, der bis hin zu körperlichen Schmerzen führen kann. Häufig ist es nur mit Hilfe der Hypnose möglich, diese Sperre zu zertrümmern und dem Fluß der Ereignisse seinen Weg zu bahnen.

Auf dem Tisch

Sehr ähnlich erging es *Jens Heller*. Er hatte anfänglich deutliche Schwierigkeiten, das, was er erlebt hatte, darzustellen. Seine Worte kamen stockend, immer wieder hielt er inne, um die richtigen Formulierungen ringend. Da war etwas, tief verankert in seinem Bewußtsein, daß ihn daran zu hindern suchte, mitzuteilen, was ihn bewegte.

»Was geschah denn damals, Ende August?« fragte ich schließlich. »Woran erinnern Sie sich?«

»Es war wirklich ganz, ganz seltsam. Es fing eigentlich alles damit an, daß in der Nacht das Telefon klingelte.

Ich wachte auf, war ganz erschrocken, hob ab – aber es war niemand dran.«

»Na ja, vielleicht irgendein Scherzbold. Es soll ja solch verrückte Typen geben.«

»Mag sein. Wie auch immer. Ich ging wieder zu Bett und schlief ein. Etwas unruhig, aber schließlich war ich weg.«

»Aber dann passierte doch etwas?«

»Ja. Ich habe jetzt wochenlang darüber nachgedacht und mir immer einzureden versucht: Das ist nicht wahr, das kann nicht sein. Aber ich weiß jetzt – es ist wahr, es ist geschehen. Es ist mit *mir* geschehen. In dieser Nacht, damals, Ende August.«

Jens Heller erwachte erneut gegen 23.20 Uhr. »Ich atmete heftig. Mit einem Ruck saß ich im Bett. Ich zitterte am ganzen Körper, mein Herz schlug wie verrückt. Alles an mir pulsierte. Ich weckte *Bettina*. Sie sah, wie ich zitterte, wie mir der Schweiß von der Stirn rann.«

Jens Heller war nicht grundlos hochgeschreckt. Kurz, bevor er mit rasendem Atem seine Lebensgefährtin wachrüttelte, hatte er etwas Seltsames gesehen: »Im Raum stand jemand. Ich weiß es genau. Jemand war da. Möglich, daß ich nur geträumt hatte, aber ich glaube nicht. Ich sah die dunkle Silhouette ganz deutlich.«

Wer immer in dem Raum gewesen war – jetzt ist er verschwunden. Nirgends findet sich eine Spur von dem Eindringling. *Jens Heller* und seine Freundin *Bettina* beruhigen sich und fallen in einen tiefen Schlaf zurück.

»Aber am nächsten Morgen, kurz nach dem Aufwachen – ich hatte gerade die Beine aus dem Bett gestreckt und wollte aufstehen – passierte es. Die Erinnerung brach über mich herein. Es geschah in Sekundenschnelle. Plötzlich war alles wieder da – wie ein Film, den man am Abend zuvor im Fernsehen gesehen hatte, aber ein Film, in dem man selbst mitspielt.«

Das, woran sich *Jens Heller* erinnerte, ist eine inzwischen geradezu »klassische« Szene. Nicht aus einem Fernsehstück, sondern aus den seltsamen Ereignissen, die wir völlig unzureichenderweise einfach nur »UFO-Entführung« oder »Begegnungen der vierten Art« nennen können.

»Ich lag. Vielleicht auf einem Tisch, auf einem Kasten – ich weiß es nicht. Vor meinen Augen, da war alles rot. Wie rote Schlieren. Alles so surrealistisch. Und dann liefen diese Schlieren langsam auseinander – ich konnte besser sehen.«

Jens Heller vermutet, daß es sich bei den Schlieren um Blut gehandelt haben könnte, um Blut, das über seine Augen rann. Ein Parallelfall ist mir aus der Literatur nicht bekannt, allerdings beschreibt Betty Andreasson-Luca, wie ihr einmal ein Auge bzw. der Augapfel aus der Augenhöhle genommen und dahinter ein kristallförmiges Implantat eingesetzt wurde.[14] Es ist nicht auszuschließen, daß hier ähnliches geschehen ist und *Jens Hellers* Erinnerungen in dem Moment einsetzen, als man ihm das Auge wieder in die Höhle zurückgedrückt hatte.

»Rechts und links von mir standen zwei Gestalten, zwei Wesen. Sie waren nicht groß und trugen Umhänge mit Kapuzen. Sie hatten auch nicht diese riesigen Köpfe, die man manchmal auf Abbildungen sieht. Aber große Augen. Das fiel mir sofort auf: große schwarze Augen.«

Für mich sind gerade diese Unterschiede bedeutsam. Sie zeigen, daß eine solche Geschichte eben *keine* simple Kopie irgendwelcher inzwischen veröffentlichter Berichte ist. Dann würde sie sich an diese Vorlage halten, würde sie nachahmen, um »glaubwürdig« zu erscheinen.

Augen – Blicke

»Wie lange ich das bewußt wahrnahm – ich weiß es nicht. Jedenfalls sagte ich mir immer wieder: Vergiß das nicht! Bloß nicht vergessen!«
Es scheint, als habe diese Suggestion gewirkt, zumindest für die kurze Zeit, die *Jens Heller* im Gedächtnis behielt: »Dann drehte sich der, der auf der rechten Seite stand, zu mir um. Ich hatte den Eindruck, er hat gemerkt, daß ich bei Bewußtsein war. Ich schaute in sein Gesicht. Fremdartig. So ganz anders als alles, was wir gewohnt sind. Es war ein durchdringender Blick, ich habe so etwas noch nicht erlebt. Er schien bis in mein Innerstes zu reichen.«
Etwas sehr ähnliches beschreibt Whitley Strieber, der den Blicken der Fremden wieder und wieder ausgesetzt war: »Ich habe aus diesen Erlebnissen die Überzeugung gewonnen: Selbst wenn es keine Dämonen gäbe, sie könnten gut welche sein. Denn diese Kerle sind von Dämonen nicht zu unterscheiden. Sie zu sehen, in ihre Augen zu schauen, ist, als ob man ein Nichts ist – für immer. Es verletzt dich, es nimmt dir etwas. Für immer. Darum weißt du, daß es existiert. Und es macht dich zu einem Nichts.«[19]
Dies ist ein Effekt, der zwar schon seit längerem aus der Literatur bekannt ist, eigentlich aber erst durch die systematische Arbeit von Prof. David Jacobs[17] in seiner Bedeutung erkannt wurde. Jacobs nennt diese Prozedur »Mindscan«, das Abtasten des Gedächtnisses mit Hilfe

des Blickes. Mehr noch: Mit ihren Augen und der Kraft, die dahintersteht, vermögen die Fremden eine völlige Herrschaft über den Betroffenen auszuüben.

Jacobs zitiert mehrere solcher Fälle. *Karen Morgan,* heute 45 Jahre alt, beschrieb unter Hypnose ihre Empfindungen während einer Entführung im Jahr 1958, als sie neun Jahre alt war:

»Ich schaue in diese Augen. Ich kann nicht glauben, daß ich in Augen schaue, die soooo groß sind... Wenn man in diese Augen schaut, vergeht man. Man vergeht einfach.«

»Wie meinen Sie das?«

»Ich kann an nichts mehr anderes als an diese Augen denken. Es ist, als ob mich diese Augen übermannen. Wie machen sie das? Sie gehen in dich, ihre Augen gehen in dich. Du kannst nicht aufhören, sie anzuschauen. Selbst wenn du es möchtest, kannst du nicht wegschauen. Du bist in sie eingeschlossen, und in irgendeiner Weise dringen sie in dich hinein...«

»Sind Ihre Augen offen oder geschlossen?«

»Meine Augen sind geöffnet, aber mein Bewußtsein hat mich irgendwie verlassen. Ich habe keinen Willen mehr. Ich habe keinen Willen. Ich bin aufgesogen, und ich kann nicht dagegen ankämpfen.«

Vergleichbares muß mit *Jens Heller* geschehen sein. Auch ihn schaute das Wesen auf seiner rechten Seite an – *Jens* versank förmlich in den großen schwarzen Augen; und dann setzt seine Erinnerung aus.

Das Ganze hat, wie er glaubt, nicht länger als etwa eine Minute gedauert. Aber es war nicht die letzte Erinnerung, die er von dieser Nacht mitnahm. *Jens Heller* kam ein zweites Mal zu Bewußtsein.

»Ich blickte in ein Gesicht – es war das Gesicht einer Echse. Und es war weiblich. Ich habe keine Ahnung, woher ich das weiß, aber das war der Eindruck, den ich hatte: eine riesige, weibliche Echse. Und dann spürte ich so etwas wie einen Stromimpuls, irgendeine Energie breitete sich wellenförmig in mir aus. Es war kein unangenehmes Gefühl – aber dann weiß ich nichts mehr.«

Eine solche Beschreibung wird auf den ersten Blick schockieren – vielleicht aber auch nur amüsieren. Die Wahrnehmung der »kleinen Grauen« mag für viele Leser ja gerade noch im Bereich des Akzeptablen liegen. Aber die Beobachtung einer weiblichen »Echse«, die Energieströme in die Körper der Entführten fließen läßt...?

Tatsächlich wurden solche »Wesen« auch von anderen »Entführten« beobachtet – bislang sind allerdings nur wenige Fälle bekannt. Der Psychologe und MUFON-Mitarbeiter Dr. John Carpenter faßt in einer Arbeit[20] die verschiedenen Merkmale dieser Art zusammen: ihre Vertreter sind in der Regel zwischen 1,80 und 2,10 Meter groß, sie besitzen ein eidechsenartiges Äußeres, sind grünlich bis bräunlich gefärbt, haben vierfingrige Klauen, erscheinen wie eine Mischung zwischen einer Echse und einem Menschen, die Augen besitzen eine katzenähnliche, golden gefärbte Pupille, sie verhalten sich eher brutal und unsensibel und eine Kommunikation mit ihnen ist noch niemals beschrieben worden.

Obwohl *Jens Heller* nur einen sehr kurzen Moment Zeit hatte, das Wesen zu sehen, scheinen seine Eindrücke in Übereinstimmung mit diesen Charakteristika zu stehen. Ich halte es für extrem unwahrscheinlich, daß *Jens Heller* jemals irgendwo darüber gelesen und die Beschreibung dann einfach nachempfunden hat. Die wenigen Publikationen in dem eigentlich inzwischen fast vollständig vom »kleinen Grauen« dominierten amerikanischen Schrifttum darüber sind im Grunde nur Spezialisten zugänglich – und in der bislang veröffentlichten populärwissenschaftlichen deutschen Literatur gibt es meines Wissens noch überhaupt keine Hinweise darauf.

Als *Jens Heller* an jenem bewußten Morgen aufwachte und die Erinnerung in sein Gedächtnis zurückflutete, entdeckte er noch etwas: Er hatte zwei kleine Wunden an der Unterseite seines Penis. »Das waren zwei kleine, klaffende Schnitte. Ausgerechnet dort. Die Narben sind bis heute geblieben.«

Der von *Jens Heller* konsultierte Arzt bestätigte, daß es sich um vernarbte Schnittwunden handelt. Wie der Mann sie sich zugezogen haben konnte, dazu wußte auch er nichts zu sagen.

Wieder und immer wieder

Jens Heller ist sich unterdessen sicher, daß dieser nächtliche Horrortrip weder der erste noch der letzte in seinem Leben war. Im Gegenteil: Er ist fest davon überzeugt, daß die »Anderen« wieder und wieder in sein Leben getreten sind – und es noch immer tun.

Als Kind von etwa fünf oder sechs Jahren, so erinnert er sich, sei er dem seltsamen echsenförmigen Wesen schon einmal begegnet. Er lebte damals zusammen mit seinen Eltern und Geschwistern in einem Sechsfamilienhaus. »Was ich noch weiß, ist, daß da dieses komische Wesen war: groß, braun, Reptilienhaut. Es brachte mich aus der Wohnung nach oben auf den Speicher. Was es dort mit mir machte – keine Ahnung. Und dann führte es mich auch wieder zurück. Wie lange ich fort war, was da eigentlich geschah, weiß ich nicht mehr.«

Sicher ist für *Jens Heller,* daß derartige Besuche auch damals kein Einzelfall waren: »Ich sah sie oft nachts an meinem Bett stehen. Ich hatte furchtbare Angst. Und einmal sagte mein Bruder am nächsten Morgen: ›Was sind das eigentlich für dunkle Schatten, die immer an deinem Bett sind? Ich fürchte mich vor ihnen.‹«

Auch andere Mitglieder der Familie scheinen in das seltsame Szenario eingebunden. *Jens'* heute 68jährige Mutter hat noch immer Angst vor unheimlichen Lichtern, von denen sie glaubt, sie »werden mich holen«. Und *Linda,* die kleine, vierjährige Tochter seiner Lebensgefährtin, sieht nachts manchmal »Engelchen und Monster« durch ihr Zimmer huschen. (Abb. 9) Das wäre im Normalfall nichts ungewöhnliches, denn die Phantasie ist in diesem Alter, wie wir wissen, noch sehr ausgeprägt. Wer von uns hat als Kind *nicht* alle möglichen Geister, Gespenster und Monster gesehen? Nur seltsamerweise ist das immer genau dann der Fall, wenn *Jens Heller* am nächsten Morgen schweißgebadet erwacht.

In der Nacht zum 7. Februar 1994 zum Beispiel scheinen zwei orangefarbene Gestalten mit weißen Gewändern in ihrem Zimmer gewesen zu sein. In einem zweiten Bett schlief eine Freundin, die kleine *Alexandra,* und die Wesen wollten von Linda wissen, wer dieses Mädchen sei. Und noch etwas sah *Linda:* »Ihr beide, Mami und *Jens,* habt an der Wand gelehnt. Ihr hattet die Augen offen, aber ihr habt euch nicht bewegt.«

Jens Heller ist sich sicher: »Ich weiß jetzt, worüber ich lange Zeit grübelte. Sie waren wieder da. Sie haben mich wieder geholt. Manchmal ist nach einer solchen

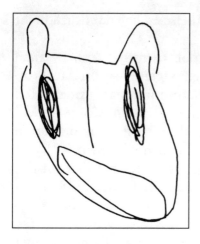

Nacht mein Bettzeug pitschnaß – man kann es auswringen. Und ein seltsamer Geruch ist da: wie nach Erbrochenem, manchmal auch wie nach Essig und Schwefel. Selbst wenn man das T-Shirt wäscht, bleibt der Geruch bestehen. An solchen Tagen bin ich fix und fertig – ich komme mir vor, als hätte ich die ganze Nacht Schwerstarbeit geleistet.«

Noch ein seltsamer, von anderen Entführungen aber durchaus bekannter Effekt kommt hinzu: »An den Abenden vor diesen Nächten wird *Bettina* immer furchtbar schläfrig. Sie sinkt ins Bett und ist weg, obwohl das sonst überhaupt nicht ihre Art ist. Dann weiß ich: Heute Nacht wird es wieder geschehen.«

Die bewußte Erinnerung an die zwei Gestalten, an das Blut, das über seine Augen lief, und das Echsenwesen, das seltsame Energien durch seinen Körper strömen ließ, scheint nur ein Fragment aus einer ganzen Serie von Entführungen gewesen zu sein: »Damals, im August – ich glaube, da kamen sie fast jede Nacht. Es war furchtbar. Ich weiß nichts Genaues, ich habe nur dieses vage Gefühl. Aber warum so oft, warum ständig?« Eine Frage, die niemand beantworten kann – und zudem ein Detail, das bislang kaum bekannt war. Prof. David Jacobs schreibt dazu: »Entführungen treten manchmal in ›Clustern‹ auf. Sie mögen zunehmen, wenn das Kind aufwächst, durch die Pubertät hindurch anhalten und plötzlich stoppen. Es mag dann geraume Zeit ohne eine Entführung vergehen, aber schließlich beginnen sie erneut – sehr intensiv. Zuweilen kann ein Entführter sogar fast jede Nacht ein solches Erlebnis haben, über ein oder zwei Wochen hinweg.«[17]

Ein Phänomen von großer Komplexität

Aber die Ereignisse um *Jens Heller* sind noch bizarrer. Als wir Ende Dezember miteinander sprachen, war er vollkommen verwirrt: »Es ist etwas geschehen – ich zweifle bald an meinem Verstand. Ich begreife das alles nicht. Es ist so unglaublich, so skurril. Also – ich wache auf, oder besser, ich komme zu mir. Ich stehe neben meinem Telefon, sehe es ganz deutlich vor mir, bin im Begriff, jemanden anzurufen. Wen, weiß ich nicht, aber ich hatte wieder diese furchtbare Angst. Und dann drehe ich mich zur Seite und erkenne warum. Da steht jemand. Es ist fast lächerlich, aber diese Gestalt sah aus wie eine Krankenschwester. Nur war sie bestimmt über zwei Meter groß. Ich bin schon 1,83 Meter, und sie war deutlich größer als ich. Und das Unglaublichste war: Aus ihrem linken Ohr trat ein Schlauch aus und führte zu etwas, das wie ein Tropf aussah, wie man ihn in Krankenhäusern so hat. Sie sprach mit einem zweiten

Wesen, das links hinter mir stand und das ich nicht sah. Dann schaute sie mich an – und von da an habe ich keine Erinnerung mehr.«

Ich bin sicher, jeder Psychologe, dem das Wissen um die Komplexität des »Entführungs«-Phänomens fehlt, würde hier paranoide Wahnvorstellungen diagnostizieren und entsprechend therapieren. Bei dieser Gelegenheit: Ich möchte nicht wissen, wieviele Menschen sich bei uns und überall auf der Welt in psychiatrischer Behandlung befinden, vielleicht sogar in Nervenheilanstalten eingeliefert worden sind, weil die behandelnden Ärzte weder etwas von »Entführungen« noch von den skurrilen Elementen, die diese Ereignisse begleiten können, wissen oder auch nur ahnen. Wie viele als schizophren, paranoid und seelisch labil geltende »Patienten« mögen mit Psychopharmaka behandelt werden, seit Jahren unter ärztlicher Aufsicht stehen und in der Gesellschaft als weitgehend ausgegliedert gelten, in Wirklichkeit aber weder krank noch verrückt sein – sondern einfach »nur« Begegnungen dieser Art haben? Keine Behandlung, kein Medikament vermag die Ereignisse zu stoppen, und alles, was wir machen können, ist wieder und wieder darauf hinzuweisen, daß als Paranoia diagnostizierte Verhaltensmuster nicht unbedingt auf Wahnvorstellungen beruhen müssen, sondern konkrete, wenn auch sehr ungewöhnliche Gründe haben können.

Immerhin – und das gibt Anlaß zur Hoffnung – scheint ein Prozeß in Gang gesetzt worden zu sein: Ärzte und Psychologen beginnen, sich mit dem Thema auseinanderzusetzen, es ernst zu nehmen, die Möglichkeit als solche nicht von vornherein auszuschließen. Prof. John Mack, Psychologie-Lehrstuhlinhaber an der berühmten Harvard-Universität, befindet sich hier sicher in einer

Vorreiterrolle. Er schreibt: »Ich behandle Entführte nicht als Patienten im gewöhnlichen Sinne. Sie sind – von einigen Ausnahmen abgesehen – eher normale und gesunde Leute, die erschreckende und mysteriöse Erlebnisse gehabt haben. Einige mögliche Entführte haben sich bei mir gemeldet, weil ich ein Psychiater bin, der bereit ist, dieses Phänomen ernst zu nehmen.«[21]

Aber auch bei uns ist dieser Wandel erkennbar. So schreibt beispielsweise Dr. Hans-Martin Zöllner: »Mir wird, je länger ich mich damit beschäftige, immer klarer, daß es sich bei all diesen Entführungsberichten um nichts Einfaches, sondern um etwas sehr Komplexes handelt – wobei Extraterrestrisches, Parapsychologisches, Regressives und Progressives, individuell und kollektiv Unbewußtes, Transzendentes und vieles andere mehr zusammenspielen.«[22] Dr. Zöllner hält die Beweislast für die Realität von Entführungen für inzwischen »so erdrückend (mit der Kongruenz vieler Detailschilderungen), daß nur Ignoranten oder Menschen, die ein anderweitiges Interesse daran haben, das nicht publik machen zu wollen, von Erfindungen reden können«.

Dr. Zöllner ist nicht irgendwer. Er ist leitender Psychologe der Psychiatrischen Universitätsklinik in Zürich, und sein Urteil sollte Gewicht haben. Trotzdem werden die meisten Psychologen nach wie vor die Anschauung vertreten, es handle sich eher um ein pathologisches Phänomen. Diese Auffassung ist in gewisser Weise verständlich. Sie entspricht fast konsequenterweise einer Haltung, die durch die unsachgemäße, überzogene, ins Sensationelle getriebene, zum Teil auch völlig falsche Berichterstattung und erstaunlich undifferenzierte Interpretation der Massenmedien erzeugt wird. Auf eine Anfrage nach Ärzten, die Hypnoseregressionen bei Betroffenen durchführen könnten, erhielt Dr. Zöllner von einem bekannten Schweizer Psychotherapeuten beispielsweise zur Antwort: »Leider kann ich Ihnen auf Ihre spezielle Frage nach Rückführungsspezialisten für UFO-Entführte keine Antwort geben, da unsere Gesellschaft sich auf die Erforschung und Anwendung naturwissenschaftlich gesicherter Phänomene beschränken muß, um nicht ihr spezifisches Profil innerhalb der medizinischen und psychologischen Wissenschaften zu verlieren.«[23]

Ein Satz, der zweierlei deutlich macht: zum einen die völlige Uninformiertheit eines Großteils der psychotherapeutischen Ärzteschaft dem Phänomen gegenüber und zum anderen die Arroganz, mit der derartiges von einigen unter ihnen betrachtet wird. Selbst *wenn* es sich bei all dem tatsächlich »nur« um ein rein psychologisches oder psychopathologisches Geschehen handelte (was fraglos interessant genug wäre), sollten doch *gerade* die dafür zuständigen Ärzte aus ihrem Pflichtverständnis heraus zur Hilfe bereit sein. Unabhängig davon, ob das Phänomen als solches »wissenschaftlich anerkannt« ist oder nicht. Oder gilt der *Eid des Hippokrates* neuerdings nur noch für jene Menschen, deren Krankheitsbilder auf »naturwissenschaftlich gesicherten Phänomenen« beruhen und deren Leiden anerkannt und damit medizinisch sanktioniert sind? Dann wären wahrhaft all jene zu bedauern, die nicht auf eine solch »hehre« Patenschaft zurückgreifen können – ganz gleich, ob ihre Beschwerden etwas mit »UFO-Entführungen« zu tun haben oder nicht.

Deckerinnerungen

Aber was ist nun von der »Krankenschwester« des *Jens Heller* zu halten? Vielleicht doch nur Einbildung? Oder das Fragment eines Traumes, den er für Realität hält? Weder das eine noch das andere. Das Symptom ist nämlich durchaus bekannt. Das, was *Jens Heller* für eine »Krankenschwester« hielt, ist offenbar nichts anderes als ein sogenanntes *Screen Memory,* eine Deckerinnerung. Solche Deckerinnerungen tauchen bei UFO-Entführungen sehr häufig auf. Als erster erkannte sie Budd Hopkins. In seinem Buch »Von UFOs entführt«[3] konnte er zeigen, daß beispielsweise Tiere eine große Rolle dabei spielen können. Manche Entführte vermochten sich nur noch an seltsame Tiere mit großen Augen zu erinnern, die sie irgendwo hingeführt hatten. Whitley Strieber[24,25] etwa sah häufig eine Eule – oder glaubte lange Zeit, sie gesehen zu haben. Erst als ihm die Zusammenhänge klar wurden, erst als er unter Hypnose in die entsprechende Situation zurückgeführt wurde, zerbrach diese Deckerinnerung und gab das darunterliegende Wissen frei.

Auch die »Krankenschwester« scheint nichts anderes als genau das gewesen zu sein: ein *Screen Memory,* ein künstlich aufgebautes Bild, das den Zugang zum eigentlichen Geschehen verwehrt. Es ist schwer zu sagen, wer diese Barriere errichtet: Sind es, wie etliche UFO-Forscher vermuten, die Fremden – oder ist es, wie ich glaube, unser eigenes Unterbewußtsein? Daß unser Unterbewußtsein dazu in der Lage ist, wissen wir aus vielen Fällen der klinischen Psychologie: Deckerinnerungen treten gewöhnlich immer dann auf, wenn der Betroffene unter einem Trauma leidet, das er anders nicht bewältigen kann (etwa bei sexuellem Kinds-missbrauch). Es ist ein Selbstschutz, der es ihr oder ihm ermöglicht, ohne die bewußte Erinnerung an das Geschehene weiterzuleben.

In der Natur der *Screen Memories* liegt es natürlich auch, daß viele »Entführte« die Ereignisse irgendwann vollkommen vergessen, weil sie ihnen keine Bedeutung mehr zumessen oder sie als Kindheits- oder Jugend-phantasien betrachten, von denen sie als Erwachsene nichts mehr wissen wollen. Die Anzahl jener Menschen, bei denen derartiges geschehen ist, dürfte sehr hoch sein. Nur manchmal, wenn sie durch einen Zufall mit dem Thema konfrontiert werden, erkennen sie plötz-lich, daß »ich so etwas ja auch einmal erlebt habe«.

Die 1932 geborene *Marie Franz* wuchs in einer kleinen, ländlichen Gemeinde im Sudetenland auf. Ihre offen-sichtlichen *Screen Memories* sind an das Leben dort angepaßt und zeigen deutlich die interne Struktur, die auch bei anderen »Entführten« erkennbar ist. Und – natürlich! – sind es auch hier im wesentlichen Tiere und bekannte Gestalten der kindlichen Märchenwelt, die in einer seltsamen Verzerrung im Gedächtnis behalten wurden.

Marie Franz war durch einen meiner Vorträge, den ich im November 1993 in Dresden hielt, an diese Dinge erinnert worden. Sie hatte sie fast völlig vergessen oder verdrängt: »Im Alter zwischen sechs und sieben Jahren träumte ich von drei Zwergen. Sie sahen wie Struw-welpeter aus, hatten lange Krallenfingernägel, aber Kappen auf. Sie wollten mich kratzen, und so bin ich davongelaufen. In meinem Traum bin ich in die Tonne mit dem Sauerteig gekrochen und habe den Deckel darübergestülpt. Gut, ich habe immer gedacht, dies sei nur ein Traum gewesen. Aber das komische ist, daß mich meine Mutter am nächsten Morgen tatsächlich schlafend in dieser Sauerteigtonne entdeckte.«

Im Alter von etwa 13 Jahren sah *Marie Franz* dann »drei Hühner mit menschlichen Gesichtern, die mich beständig hacken wollten«. Als im Mai 1945 tschechische Partisanen ins Dorf kamen und drei von ihnen auch in das Haus von *Marie* eindrangen, vermischt sich die Erinnerung an dieses traumatische Geschehen offensichtlich mit einem anderen: »Einer von ihnen schlug mir eine Gasmaske auf den Kopf. Komischerweise hatten alle drei die Gesichter von Hühnern, die ich schon einmal gesehen hatte.« Anfang der siebziger Jahre kommt es zu einer möglicherweise erneuten Aufarbeitung dieses Traumas, jetzt allerdings mit Sciencefiction-Elementen angereichert: *Marie Franz* träumt von drei »Mutanten aus dem Andromeda-Nebel«, die sie mitnehmen wollen. »Ich warf die Nachttischlampe nach ihnen – und die lag am nächsten Morgen tatsächlich kaputt neben der Wand.«

Es ist auffällig, daß es jedes Mal *drei* Wesen sind, die *Marie Franz* im wahrsten Sinne des Wortes zu Leibe rücken wollen. Solche Konstanten entspringen nicht der Traumphantasie, sondern sind auf reale, traumatische Erfahrungen zurückzuführen. Es ist im Moment nicht nachweisbar, daß sich hinter den *Screen Memories* von *Marie* wirkliche »Entführungen« verbergen, aber wir können dies auch nicht ausschließen. Ich nannte diesen Fall, um darauf aufmerksam zu machen, daß zahlreiche Menschen solche Erinnerungen mit sich herumzuschleppen scheinen, aus dem Tagesbewußtsein verdrängt und vergessen, aber latent unter der Oberfläche lauernd. Wie viele von uns mögen *wirklich* betroffen sein?

Die Operation

»Heute fällt es mir schwer, genaue Angaben darüber zu machen, wann zum ersten Mal fremde Wesen in meinem Zimmer auftauchten«, berichtet der 30jährige Student *Bernd Jentsch* aus Berlin. Er erinnert sich an eine ganze Reihe intensiver, aber sehr unheimlicher »Träume«. Das erste Mal wurde er damit im Alter zwischen acht und zehn Jahren konfrontiert:
»Eines Morgens wachte ich mit leichten Schmerzen in der rechten Bauchseite, knapp oberhalb der Hüfte, auf. Ich hatte klare Erinnerungen an eine Operation, die in der vergangenen Nacht an mir vorgenommen worden war. Bis heute stehen mir die Bilder dieses Traumes so deutlich vor Augen wie an jenem Morgen, an dem ich verwundert erwachte.«
Bernd wußte zu diesem Zeitpunkt nichts über irgendwelche »Außerirdischen«, die nachts in die Zimmer der Menschen treten, nichts über fremde Wesen, die medizinische Operationen an ihren Opfern vornehmen, nichts über »die Anderen«: »In dem Traum sah ich mich erwachen und nach oben schauen. Ich lag flach auf dem Rücken und blickte in die von Mundschutzmasken verdeckten Gesichter einiger Ärzte.«
Nach *Bernds* Einschätzung handelte es sich um normalgroße Erwachsene, zwei waren seinem Empfinden nach Frauen. Die Gestalten waren in grüne Chirurgenkittel gekleidet und trugen gleichfarbige Kappen auf dem Kopf: »In Höhe der Augen war zwischen dem Mundschutz und der Kappe nur ein schmaler Schlitz. Die Augen konnte ich nicht erkennen, nur das Licht wurde als Reflex zurückgeworfen, so daß es den Anschein hatte, als hätten sie große schwarze Augen.

Trotzdem würde ich sie auch heute noch einfach als
›Ärzte‹ bezeichnen, so wie ich sie auch damals schon
von Abbildungen her kannte.«

Bernd Jentsch war nie zuvor operiert worden, es kann
sich bei seinem »Traum« also nicht um die Aufarbeitung einer irgendwann selbst erfahrenen Situation
gehandelt haben. Trotzdem glaubt *Bernd* heute, daß es
sich bei diesen und weiteren Erlebnissen, die er mit den
»Anderen« hatte, um keine realen, wirklichen Ereignisse handelt. Er vermutet eher besonders intensive
Träume, die auf kollektive Motive des menschlichen
Unbewußten zurückgehen, Träume, die ihn zwar sehr
beeindruckten, die aber nichtsdestotrotz eben Träume
waren.

Ich halte es für bemerkenswert, daß »Entführte« auch
diese Einstellung vertreten. Sie zeigt nämlich, daß diese
Menschen nicht einfach nur an »irgend etwas Verrück-
tes« glauben *wollen*, sondern daß sie ganz im Gegenteil
kritisch abwägen und versuchen, diese Erfahrungen in
ihr Weltbild zu integrieren. Und das kann auch auf
diese sehr rationale Weise geschehen.

Was die Interpretation *Bernds* betrifft, so hat er damit
vermutlich nicht einmal unrecht. Denn das »Entführungs«-Phänomen orientiert sich – ich wies bereits darauf hin – tatsächlich an unseren kollektiven Vorstellungen und Phantasien. Als *Bernd* seine »Entführung« und
»Operation« erlebte, war der Typus des »kleinen
Grauen« noch weitgehend unbekannt, und ich bin sicher,
Bernd hatte damals weder etwas von ihm noch von sonstigen »UFO-Insassen« gehört. Er sah das, wovon er
wußte: »Ärzte« in einem OP-Raum, die ihn operierten.

»Wie diese Szene genau beleuchtet wurde, ist mir nie
klargeworden. Das Licht schien von hinter meinem

Kopf zu kommen, beleuchtete die Personen aber nie gut genug, um weitere Details als die beschriebenen zu erkennen. Eine Person – nach den sich unter dem Kittel abzeichnenden Körperformen eine der Frauen – wandte sich mir zu und blickte mich an. Währenddessen hob die direkt hinter ihr stehende Person, bei der es sich um einen Mann zu handeln schien, ein pistolenförmiges Gerät. Dieses Gerät bestand aus einer Art ›Lauf‹, der sich vorne birnenförmig erweiterte und nach hinten in einen Zylinder auslief. Am hinteren Ende befand sich der Griff, den ich nur mit dem Griff einer Pistole vergleichen kann. Ähnlich einer Pistole wurde dieses Gerät auch gehalten und bedient. Mit dem Gerät fuhr mir die Person über die rechte Bauchseite. Was die anderen Personen zu dieser Zeit taten, kann ich nicht sagen. Sie verhielten sich still und waren vielleicht damit beschäftigt, mich festzuhalten. Ich habe jedenfalls noch heute die Erinnerung an sanfte Berührungen an den Armen, den Beinen und dem Leib.«

Trotzdem empfand *Bernd* in dieser Situation keinerlei Angst. Er glaubte wirklich, eine »Blinddarmoperation« zu erleben, und freute sich darüber, daß diese so schmerzfrei ablief: »Als ich am Morgen aufwachte, war ich fest davon überzeugt, operiert worden zu sein. Der leicht stechende Schmerz in meiner rechten Seite, der noch über die nächsten Tage anhielt, war nur eine Bestätigung meiner Überzeugung. Allerdings erzählte ich nie jemandem etwas von meiner nächtlichen ›Operation‹, nicht einmal meinen Eltern. Warum, weiß ich nicht.«

Das »Nicht-Erzählen-Können« ist jener bekannte Effekt nach »Entführungen«, den wir bereits kennengelernt haben. Viele Betroffene weigern sich aus einem inneren Zwang heraus, über das Erlebnis zu sprechen. Irgend etwas in ihrem Inneren hindert sie daran, sich anderen mitzuteilen, und so schleppen sie ihr Trauma manchmal jahrelang mit sich herum, bevor sie irgendwann den Mut finden, sich einem Freund oder dem Ehepartner anzuvertrauen. Doch selbst bei Hypnoseregression treffen die Therapeuten zuweilen auf regelrechte »Sperren«, die nur unter größten Qualen für den Betroffenen zu durchbrechen sind. Ganz augenscheinlich handelt es sich um suggestiv vermittelte Befehle, von den Fremden posthypnotisch im Unterbewußtsein implantiert, um eine Weitervermittlung von Informationen nach Möglichkeit zu unterbinden. Bei *Bernd Jentsch* scheint genau das passiert zu sein.

Die Entführung der Eltern

Wie sehr die persönlichen Vorstellungen des »Entführten« bei solchen Ereignissen eine Rolle spielen, wie sehr sich die »Entführer« (oder sagen wir besser: »das Phänomen«) den Phantasien der Betroffenen anpaßt, wie sehr diese Phantasien mit *Screen Memories* verbunden und mit dem, was der »Entführte« schließlich in Gedächtnis behält, verknüpft sind, zeigt ein anderes Erlebnis aus *Bernds* Kindheit. Er erlebte offensichtlich die »Entführung« seiner Eltern mit.

»Ein weiterer seltsamer Traum, der zeitlich mit Sicherheit auf die ›Operation‹ folgte, löste bei mir kurzfristig Angst aus. An einem Morgen erinnerte ich mich daran, daß ich in der Nacht durch fürchterlichen Lärm in unserer Wohnung aufgewacht war. Unter der Türschwelle hindurch geisterten helle Lichter, und es schienen sich mehrere Personen in unserer Wohnung aufzuhalten.«

Schließlich überwindet *Bernd* – wie er glaubt, in seinem »Traum« – die Angst und öffnet die Tür. Das Szenario, das sich ihm zeigt, ist geradezu typisch für eine »Entführung«, sieht man einmal von der Bekleidung der Gestalten ab (die natürlich der Vorstellung des Jungen entspricht): »Ich öffnete die Zimmertür und mußte zusehen, wie meine tief schlafenden Eltern von einer für mich unübersehbar großen Gruppe von Personen, die ich wegen ihrer militärischen Bekleidung (mit Stahlhelm, Khaki-Uniformen und Koppel) sofort als ›Soldaten‹ erkannte, aus ihrem Schlafzimmer getragen wurden. Die Wohnungstür war offen, und man schleppte sie in den dunklen Flur hinaus. Ich stand einfach da und betrachtete die Szene, erfüllt von der Angst, daß meine Eltern entführt wurden.«

Das nächste, woran sich *Bernd* erinnern kann, ist, daß er wieder im Bett ist: »Plötzlich saß ich aufrecht im Bett, als wäre ich gerade erst erwacht. Noch immer befürchtete ich, daß meine Eltern nicht mehr in der Wohnung seien. Nun war aber alles wieder normal. Ich stand auf und schlich mich zum Schlafzimmer meiner Eltern, um nachzusehen, ob sie noch da seien. Sie lagen friedlich schlafend in ihren Betten.«

An diesem Bericht ist zweierlei bemerkenswert. Zum einen erlebte *Bernd* offensichtlich einen »Zeitsprung«: Er schlich sich an die Tür, öffnete diese, sah zu seinem Erschrecken die Soldaten – und findet sich unmittelbar darauf in seinem Bett wieder. Alles ist ruhig, die Eltern schlafen wieder in ihrem Zimmer. Wieviel Zeit dazwischen vergangen ist, ist schwer abzuschätzen, möglicherweise waren es Stunden.

Ein weiterer Punkt fällt auf. Wenn es sich tatsächlich um einen »Traum« gehandelt hätte, in dem irgendwelche Soldaten *Bernds* Eltern entführen – hätte dieser Traum dann nicht miteinschließen *müssen,* daß die Eltern sich wehrten? Das wäre eine vollkommen logische, auf alle Kenntnisse *Bernds* und seine Erwartungen Bezug nehmende Handlung gewesen. Daß die Eltern sich nicht wehrten, daß sie ganz im Gegenteil offensichtlich in einem schlafähnlichen Zustand verharrten, widerspricht diesen Erwartungen und Kenntnissen fundamental. *Bernd* konnte damals nichts über die Mechanismen einer »Entführung« durch fremde Intelligenzen wissen, sie waren ja selbst den Forschern um 1974 herum noch kaum bekannt. Wenn er trotzdem eine solche Szene beschreibt, müssen wir dies als deutlichen Hinweis auf die Realität dieses Geschehens deuten – und auf seinen Zusammenhang mit dem »Entführungs-Ereignis«, wie wir es heute kennen.

1991 geschah zum bislang letzten Mal etwas Seltsames, das *Bernd* bis zum heutigen Tage beschäftigt und nicht mehr losläßt: »Das für mich aufwühlendste Erlebnis hatte ich am Morgen des 16. Dezember. Ich erwachte mit einem leichten Sonnenbrand an der linken Hand und in der linken Gesichtshälfte. Alle Versuche, diesen Sonnenbrand auf die Verwendung von Schreibtischlampen oder den Computerbildschirm zurückzuführen, blieben erfolglos. Obwohl eine gewisse Wahrscheinlichkeit bestand, daß die Verbrennung von einer Lampe herrührte, die links von mir auf meinem Schreibtisch steht, wäre dies doch das erste Mal in 22 Jahren gewesen, daß so etwas passiert ist.«

Der »kleine Graue« neben dem Bett

Obwohl *Bernd Jentsch* seinen eigenen Erlebnissen und »Träumen« sehr skeptisch gegenübersteht und sie nicht als »Realität« betrachtet, ließ er im Frühjahr 1992 eine Hypnoseregression durchführen: »Was meinen ersten Kindheitstraum betrifft, ergab sich so etwas wie eine ›Rahmenhandlung‹ zu der ›Operation‹, an die ich mich erinnern konnte. Zunächst erlebte ich mein Erwachen in meinem Bett. An der linken Seite des Bettes stand ein Wesen, das in etwa so groß war wie ich (als Neun- oder Zehnjähriger). Es hatte einen großen Kopf, der zum Kinn hin spitz zulief. Dominierend waren die schwarzen, feuchten Augen, in denen sich Lichter spiegelten. Seltsamerweise war die Szene beleuchtet, aber nicht vom Deckenlicht, das zu dieser Zeit die einzige Lichtquelle in meinem Zimmer war. Über die Nase kann ich nichts sagen, der Mund war schmal und klein. Das Wesen gewann keine so deutlichen Konturen, daß ich es eingehender beschreiben könnte. Ich schaute in dieses Gesicht, das mein Blickfeld einnahm. Ich empfand keinerlei Angst. Ich spürte eine große Freundlichkeit.«
Hier taucht nun zum allerersten Mal der Typus des »kleinen Grauen« auf: als klassischer *Bedroom Visitor*. Es ist aber durchaus nicht verblüffend, daß *Bernd* ihn erst jetzt, im Jahr 1992, unter Hypnose »sieht« – zu einer Zeit, als er sich längst mit seinen Erlebnissen auseinandergesetzt hat und (amerikanische) »Entführungs«-Literatur in jeder Buchhandlung zu haben ist. Dies zeigt uns deutlich, wie stark diese Bilder von unseren Vorstellungen und Erwartungen, von unseren Phantasien und Kenntnissen abhängen, wie sehr reale Ereignisse und das Unterbewußtsein des »Entführten«,

wie tiefgründig die »Anderen« und unsere Seele miteinander verbunden sind.

Nachdem das kleine Wesen an *Bernds* Bett erschienen war, begann die eigentliche »Entführung«: »Schließlich nahm mich das Wesen bei der Hand, und wir schwebten plötzlich über dem Innenhof unserer Wohnanlage und strebten auf ein am Himmel über uns schwebendes ovales Objekt zu, aus dessen Luke ein Licht schien. Schlagartig wechselte dann die Szenerie, und ich befand mich in einem Gang, der nach rechts gekrümmt war. Ob ich diesen Gang in Begleitung oder allein lief, kann ich nicht sagen. So kam ich zu einer Tür, auf der von mir aus gesehen rechten Seite. Sie war offen. In dem Raum, den ich nun betrat, war in der Mitte ein Tisch, der einem Operationstisch ähnelte. Weitere Einrichtungsgegenstände kann ich nicht beschreiben, obwohl es solche gab. Danach folgte die ›Operation‹, an die ich mich erinnere.«

Bernd Jentsch wurde auch zu jener Situation zurückgeführt, in der er am 16. Dezember 1991 erwachte und den »Sonnenbrand« in der linken Gesichtshälfte und an der Hand entdeckt hatte. *Bernd* hatte sich an überhaupt keinen Traum erinnern können, aber als er jetzt unter Hypnose in diese Nacht zurücktauchte, »sah ich sofort wieder eines der kleinen Wesen, das schon meinen Kindheitstraum ergänzt hatte. Es brachte mich – wie, weiß ich nicht – zu dem ovalen ›Ding‹, das nun in einem mir gut bekannten Waldstück stand. Das Wesen führte mich wenige Schritte zu dem Objekt, und wir standen davor. Plötzlich erstrahlte von der Tür her ein helles und heißes Licht. Das Wesen und ein anderes, das noch dazukam, entschuldigten sich bei mir. Sie waren richtig verzweifelt. Daraufhin war ich wieder zu Hause.«

Hier ergibt sich also eine erneute Gedächtnislücke, die offenbar auch durch die Hypnose nicht gefüllt werden konnte. Aber die Erinnerung zeigt doch die erstaunliche Verwobenheit interner, d.h. psychischer Abläufe, Gedanken und Phantasien mit externen, d.h. physischen Ereignissen und ihren Rückwirkungen auf den »Entführten« (in diesem Fall der unerklärliche »Sonnenbrand«). Das Erlebnis der »Entführung« ist ein nahezu unauflösbares Knäuel aus den verschiedensten Elementen, so wirr miteinander verbunden, daß man die einzelnen Fäden kaum noch voneinander trennen kann. »Wirkliche« Ereignisse von außerhalb, kollektives und persönliches Unbewußtes, Vorstellungen aus der aktuellen Gegenwart und der mythischen Vergangenheit, all dies geht mit »Träumen«, Erinnerungsfetzen und *Screen Memories* eine solch verwirrende Einheit ein, daß viele, die sich nur oberflächlich oder mit vorgefaßten Meinungen dem Thema nähern, all das einer krankhaften oder zumindest irregeleiteten Psyche des jeweils Betroffenen zuschieben möchten.

Aber kann man es sich wirklich so einfach machen...?

Der Hirsch im Wald

Um klassische *Screen Memories* dürfte es sich auch bei den Erinnerungen von Conny Paraschoudis aus Berlin handeln: »Schon als Kind hatte ich merkwürdige Träume – oder was ich immer dafür gehalten habe: Ich erinnere mich, im Wald gewesen zu sein. Aber ich weiß nicht, wie ich dort hin kam. Da war ein Hirsch, mir fiel sofort das Geweih auf, das er auf dem Kopf trug. Er stand zur Seite, aber sein Kopf war zu mir gerichtet. Der

Hirsch sprach zu mir, doch sein Mund bewegte sich nicht. Aber ich verstand, was er sagte: ›Komm mit, hab keine Angst‹.«

Conny Paraschoudis, damals noch ein kleines Mädchen, folgte dem Tier: »Er geht vor, ich hinterher. Nach rechts – durch den Wald. Dort ist ein ›Objekt‹. Damals hatte ich gedacht, es sei ein ›Wohnwagen‹. Heute weiß ich, daß kein Wohnwagen so aussehen kann.«

Aber es ist nicht nur das Objekt, zu dem der Hirsch sie geführt hat. Statt des Hirsches tauchen nun nämlich ganz andere Gestalten auf: »Der Hirsch geht fort. Dafür stehen jetzt einige ›Kinder‹ um mich herum. Alle sahen gleich aus, sie hatten meine Größe. Und keine Haare. Aber ich hatte keine Angst. Sie nahmen mich an der Hand, und wir gingen in dieses ›Objekt‹ hinein.«

Was an Bord des Objekts geschah, auch daran hat Conny Paraschoudis noch deutliche Erinnerungen: »Dort war ein ›Mann‹, ein alter ›Mann‹. Der saß dort und zeigte mir Bilder, kleine quadratische Fotos. Bei einigen sollte ich etwas dazu sagen, was mir dazu einfiele. Ich erinnere mich an ein Bild – es war Getreide darauf zu sehen.«

Eine nahezu identische Begebenheit berichtet Budd Hopkins in »Von UFOs entführt«.[3] *Virginia Horton* war 1950 mit ihren Eltern zu einem Ausflug in die Wälder nahe Frankfurts gefahren (ihr Vater war hier als Soldat stationiert). Während sich die Familie zu einem Picknick niedergelassen hatte, stromerte die siebenjährige *Virginia* im Wald umher – und traf auf einen »wunderschönen Hirsch«. Der Hirsch blickte sie aus großen, dunklen Augen an und leitete sie zu einem grellen Licht, das sich für *Virginia* beim Näherkommen als »Raumschiff« entpuppte: »Jetzt vernehme ich eine

Stimme, die mir zuflüstert: ›*Virginia! Virginia!*‹ Es hört sich an, als ob diese Stimme in meinem Kopf spräche... Vor mir ist ein breiter, gleißend heller Lichtschein. Jetzt gehe ich hinauf – ich weiß nicht, ob es eine Treppe ist oder eine Art Lift.« An Bord wird sie von kleinen Wesen erwartet, »und dann war da noch derjenige, der sich später in einen Hirsch verwandelte. Er wirkte jünger als die anderen, nicht viel älter als ich. Vielleicht täusche ich mich, aber ich hatte irgendwie das Gefühl, daß diese jüngere Person ein Mädchen war wie ich selbst.«

Bei einer Entführung ein Jahr zuvor auf dem Bauernhof ihres Großvaters traf auch *Virginia* auf einen »Mann«, der sich selbst als »sehr alt« bezeichnete und ihr »Bilder« zeigte: Fotos von Tieren, die sie beschreiben und charakterisieren mußte. Und so, wie *Virginia Horton* damals mit einem entsetzlichen Nasenbluten aus dem Wald zurückkehrte (ihr ganzes Kleid war blutverschmiert, eine Szene, die der Vater mit einer Super-8-Kamera festhielt) und nach der Begegnung auf dem Bauernhof mit einer Schnittwunde am Bein zu sich kam, berichtet auch Conny Paraschoudis von derartigen ungewöhnlichen Verletzungen nach dem Erlebnis mit dem Hirsch:

»Irgendetwas hat mir wehgetan. ›Sie‹ haben irgend etwas von mir genommen. Ich bin ›ihnen‹ nicht böse. Irgendwann bin ich dann wieder im Wald gewesen, der Hirsch hat mir den Weg gezeigt. Am Morgen hatte ich eine Wunde, mein Nachthemd war blutig. Es fehlte ein Stück Gewebe an dieser Stelle.«

Ich kann mir vorstellen, daß UFO-Skeptiker über diese Geschichte herfallen werden: Das sei doch nichts anderes als eine Übernahme der *Virginia-Horton*-Geschichte, eine Kopie, eine von Conny Paraschoudis vermutlich bewußt manipulierte Lügengeschichte.

Aber nach *dieser* Logik müßten wir jede Zeugenaussage bezweifeln, die wesentliche Teile einer vorangegangenen Beobachtung enthält – ungeachtet der Tatsache, daß dies auf dem ganz einfachen Sachverhalt beruhen könnte, daß zweimal das gleiche (oder zumindest sehr Ähnliches) beobachtet wurde. Um ein Beispiel aus dem juristischen Bereich zu nennen: Wir wären dann gezwungen, jede vor Gericht gegebene Beschreibung irgendeines Verbrechens abzulehnen, sobald sich in den Zeugenaussagen Elemente zeigen, die auch von anderen Delikten bekannt sind. Fraglos könnten wir kaum etwas Dümmeres tun als das.

Zudem sind es eben nur *Ähnlichkeiten* und keine absolut identischen Abläufe, die Conny Paraschoudis beschreibt: Sie begegnete dem alten Mann an Bord des Schiffes im Wald – *Virginia Horton* begegnete ihm bei einer Entführung auf der Farm ihres Großvaters. Conny Paraschoudis wurde schon vor dem Objekt von den kleinen Wesen empfangen – *Virginia Horton* erst innerhalb. Bei *Virginia* »verwandelte« sich eines dieser Wesen in den Hirsch, bei Conny »verschwand« er einfach. *Virginia* hatte an diesem Tag starkes Nasenbluten (es rührte von der Einsetzung eines Implantats her, das ihr damals durch die Nase ins Gehirn eingeführt wurde), Conny hingegen eine Wunde, die ihr Nachthemd mit Blut beschmutzte. Hinzu kommt ein weiterer wichtiger Faktor: Während das Ereignis bei *Virginia Horton* am Tage stattfand, ereignete es sich bei Conny Paraschoudis in der Nacht; d.h. die Erinnerung an den Wald, den Hirsch, die Kinder stellt *in seiner Kombination* ein *Screen Memory* dar – bei *Virginia Horton* war es allein der Hirsch.

Conny Paraschoudis hat mir gegenüber mehrmals versichert, daß sie das Buch von Budd Hopkins nicht kennt. Ich glaube ihr – es gibt keinen Grund, etwas anderes zu vermuten. Wir sollten damit aufhören, Menschen zu verdächtigen, beständig die Unwahrheit zu sagen: weil es uns selbst nicht paßt, weil wir anderer Meinung sind, weil das, was sie berichten, nicht unserem eigenen Bild von der Welt entspricht. Was immer diese Menschen erlebt haben, war zumindest für sie selbst Wirklichkeit – wir haben kein Recht, ihnen diese Wirklichkeit zu nehmen.

Wir brauchen nicht daran zu *glauben,* daß diese Dinge mit ihnen geschehen sind, nichts und niemand zwingt uns dazu. Aber eines sollten wir nicht tun: ihnen grundlos aberkennen, was für alle anderen gilt – das Recht, als »unschuldig« betrachtet zu werden, so lange, bis das Gegenteil nachgewiesen ist. »UFO-Entführte« sind nicht *expressis verbis* Lügner und Betrüger, nur weil sie ungewöhnliche Geschichten erzählen. Sie haben ungewöhnliche Dinge erlebt – und es ist unsere Pflicht, diesen Dingen auf den Grund zu gehen: kritisch aber vorurteilslos, wachsam aber ohne Häme.

IV

An den Ufern der Erkenntnis

Erlebnisse und Hypothesen

>»Ich war in einer Halle, in einem
Gebäude oder Objekt. Auch da war kein
Himmel, alles war in farblose Farben
getaucht. Aber es war hell, von
irgendwoher kam Licht, ich weiß nicht,
von wo. Ich schaue mich beim Laufen in
dieser Halle um. Ich denke noch: ›Sieht
aus wie eine Wartehalle!‹ Alle Personen,
Frauen und Männer, sitzen dort.
Teilnahmslos. Sie wirkten auf mich, als
schliefen sie – mit offenen Augen.«
>
> Conny Paraschoudis
> (entführt 1991)

Im Juli 1992 schickt die 55jährige Berlinerin Christel
Müller-Boronsky einen Brief an den Journalisten und
Moderator der Sendung »Phantastische Phänomene«,
Rainer Holbe. In einer Folge hatte er sich mit UFOs
beschäftigt und war auch auf das Entführungs-Phänomen eingegangen.[26] Christel Müller-Boronsky damals:
»Es kann 1991 gewesen sein oder Ende 1990. Ich habe
geträumt, daß ich von einigen Lebewesen in ein Raumschiff gebracht wurde. Es können aber nur Minuten bis
etwa eine halbe Stunde gewesen sein.

Als ich wach wurde, dachte ich zuerst, ich habe das alles nur geträumt. Aber jetzt bin ich der Meinung, daß es doch kein Traum war. Ich habe danach noch gedacht: ›Wie wäre es, wenn sie dich untersuchen, und du mußt rechtzeitig bei der Arbeit sein? Ich würde ja zu spät erscheinen.‹ Komisch, aber so dachte ich noch. Angst habe ich überhaupt nicht empfunden, auch erschien es mir nicht ungewöhnlich, daß ich untersucht wurde.«

Christel Müller-Boronsky hatte zu diesem Zeitpunkt keinerlei deutliche Erinnerungen mehr daran, »wie die Lebewesen aussahen. Nur gefühlt habe ich, daß es Lebewesen sein müssen, ich habe sie auch reden gehört – aber über was, ist mir nicht mehr in Erinnerung!«

Die Untersuchung fand in einem großen »OP-Raum« statt, der auf sie einen eher kalten, abweisenden Eindruck machte. Trotzdem glaubte sie noch zu wissen: »Wehgetan haben sie mir nicht, es war alles wie in einem Traum. Ich habe es nicht einmal als außergewöhnlich empfunden. Nur darüber reden konnte ich später nicht, es hätte mir ohnehin niemand geglaubt. Ich dachte ja auch zuerst, es wäre nur ein Traum, denn ich lag ja am Morgen in meinem Bett, und es war alles wie immer. Mehr kann ich dazu nicht sagen, denn mehr ist meiner Meinung nach auch nicht geschehen.«

Im Januar 1993 besuchte ich Christel Müller-Boronsky in Berlin. Zu diesem Zeitpunkt hatten bereits Mitglieder der großen UFO-Forschungsgruppe MUFON-CES Kontakt zu ihr aufgenommen und mit der Untersuchung begonnen. Sie vermittelten auch eine Hypnoserückführung bei einem Arzt in Österreich. Die dabei wieder zutage getretenen Erinnerungen bestätigten jene, die Christel Müller-Boronsky noch bewußt im Gedächtnis hatte bewahren können. Und genauso

wie bei *Jens Heller* zeigte sich, daß auch sie »Strom-«
oder »Energieimpulse« bekommen hatte, die kribbelnd
ihren Körper durchliefen und ein äußerst angenehmes
Empfinden auslösten.

Beweise gibt es nicht

Trotzdem zeigt dieser Fall wie jeder andere die interne
Problematik von »UFO-Entführungen« auf: Sie sind
nur schwer beweisbar, jedenfalls mit den heute zur Ver-
fügung stehenden Daten. Letztlich läßt sich immer
abstreiten, daß dieser oder jener ein solches Erlebnis
hatte: Man kann so tun, als gäbe es das gesamte
Phänomen nicht (zweifellos die simpelste und zugleich
ungefährlichste Methode für das eigene »Seelenheil«).
Oder man kann glauben, all diese Menschen lögen und
seien geistig nicht ganz auf der Höhe (eine wenig
begründbare Auffassung nach all den Tests, die mit
»Entführten« bislang gemacht wurden – aber es gibt ja
auch immer noch Menschen, die glauben, die Erde sei
eine Scheibe). Oder man kann versuchen, auf alle möglichen und unmöglichen Weisen eine »natürliche«
Erklärung heranzuziehen (dies wird von den »UFO-
Skeptikern« auch seit Jahren versucht, zum Teil mit
sehr belustigendem »Erfolg«).
Warum ist es so schwierig, Beweise für »UFO-Entführungen« zu finden? Die Antwort darauf ist relativ
einfach: Weil es sich um Ereignisse handelt, die am
Rande dessen angesiedelt sind, was wir als »Realität«
betrachten. Ich bin sogar der Auffassung, daß sich diese
Erlebnisse in Räume erstrecken, die zum größten Teil
bereits *jenseits* dessen liegen, was für uns als Wirklich-

keit gilt. Das Entführungs-Phänomen ist – wie Dr. Hans-Martin Zöllner es beschreibt – ein für uns noch schwer entwirrbares Konglomerat aus verschiedensten Elementen. Hier fließen »extraterrestrische«, parapsychologische, tiefenpsychologische, unbewußte und kollektiv-unbewußte Aspekte zusammen. Hier verbindet sich die Welt der Psyche mit der der Physis, das, was wir als real bezeichnen mit dem, was uns irreal erscheint.

Das Fenster in eine andere Welt

Mögliche »UFO-Landespuren« tauchen im Zusammenhang mit »Entführungen« immer wieder auf. Budd Hopkins konnte beispielsweise im Fall der Kathie Davis[16] eine solche Spur nachweisen: Hinter dem Haus ihres Vaters befand sich über mehrere Jahre hinweg ein kreisrunder Fleck, auf dem nichts mehr gedieh. Bodenuntersuchungen zeigten, daß die Erde im entsprechenden Bereich sehr trocken und verdichtet war. Eine mögliche Ursache könnte eine kurzzeitige Beanspruchung durch extreme Hitze gewesen sein. Etwas sehr ähnliches scheint auch im sogenannten »Marienerscheinungsfall« von Eisenberg im österreichischen Burgenland vorzuliegen. Die dortige kreuzförmige Struktur – entstanden nach einer UFO-/ Marienerscheinung – zeigt die gleichen Symptome. (Ich habe dies zusammen mit meinem Bruder in unserem Buch »Himmelszeichen«[27] ausführlich dargelegt.)
Auch *Thomas Weigand* spricht von einer solchen Struktur im Garten hinter seinem Haus, die Anfang der achtziger Jahre sichtbar gewesen sein soll. Leider existiert sie heute nicht mehr, so daß keine entsprechenden Untersuchungen vorgenommen werden können:

Der Bewuchs ist dort wieder normal, irgendwelche Anomalien sind nicht feststellbar.

Der 28jährige *Thomas Weigand* wohnt in einem kleinen Ort in der Nähe Frankfurts. Schon als Kind hatte er seltsame Erlebnisse, die sich bis heute fortsetzen. Diese Erlebnisse waren zum Teil so beängstigend, daß *Thomas* sich zeitweilig in psychotherapeutische Behandlung begeben mußte. Eine seiner frühesten Erinnerungen ist die einer merkwürdigen Szene:

»Seit meiner Kindheit habe ich irgendwie ein Bild vor Augen. Ich sehe durch ein Fenster und beobachte mehrere geometrische Objekte, die scheinbar am Himmel schweben. Ich habe all diese Erlebnisse meinem Psychotherapeuten mitgeteilt. Wir beschlossen auf meinen Wunsch hin, eine hypnotische Rückführung zu machen, was das Bild vor meinen Augen betrifft.«

Die hypnotische Regression verlief erfolgreich. Plötzlich tauchte vor *Thomas Weigand* wieder die Szene auf, die er als Kind erlebt haben muß: »In der Hypnose sah ich ein Fenster, das mir unbekannt war. Außerhalb sah ich Objekte: das eine erschien wie ein riesiger Diamant, das andere hatte große Ähnlichkeit mit einem UFO, sowie mehrere kleine Objekte, die ich als Punkte wahrnahm.« (Abb. 10)

Aber wo war *Thomas Weigand* zu diesem Zeitpunkt überhaupt?

»Es schien mir, als ob ich mich in einem unbekannten Raum befand. Ich wollte meinen Kopf drehen, als ich links und rechts von mir schemenhaft Gestalten wahrnahm. In diesem Moment holte mich mein Therapeut aus der Hypnose zurück. Wir haben auch nie mehr eine Hypnose gemacht, da mein Therapeut meint, es wäre nicht gut für mich.«

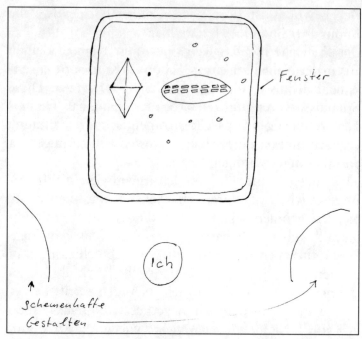

Abb. 10 Thomas Weigand *hatte seit seiner Kindheit ein seltsames Bild im Gedächtnis. Hinter einem Fenster sah er ein diskusförmiges und ein kristallförmiges Objekt sowie mehrere sternförmige Objekte. In einer Hypnoseregression fühlte er sich in diese Situation zurückversetzt und von zwei schemenhaften Gestalten begleitet (Skizze des Zeugen).*

Aber die Szene mit dem Bild findet noch eine unglaubliche Fortsetzung. 1983 machte *Thomas* zusammen mit seinem Freund *Martin Neumann* Urlaub in Spanien: »Wir waren in Tarragona nahe bei Barcelona und saßen auf einer Mauer, nicht weit entfernt vom Strand. Es war früher Abend. Plötzlich sahen wir etwas am Himmel, das auf uns zukam – ich würde sagen, es war eine Art riesiger Feuerball, der sich uns spiralförmig näherte. Er

134

flog über uns hinweg und entfernte sich, indem er immer noch spiralförmig vorwärtsflog. Wir haben diesen Feuerball beide gesehen.«

Irgendwann nach diesem Erlebnis, über das sie immer wieder diskutierten, kam auch die seltsame Szene zur Sprache, die *Thomas* seit seiner Kindheit verfolgt. Das Fenster, die beiden Gestalten hinter ihm, draußen ein diamantförmiges, ein diskusförmiges und punktförmige weitere Objekte.

»Das gibt es nicht!« stieß *Martin* hervor. »Ob du es glaubst oder nicht: Genau ein solches Bild habe ich als Kind immer gemalt!«

Zufall – oder mehr als das?

Traumatische Kindheitserinnerungen

Aber da ist noch mehr, was einer Untersuchung bedürfte: »Meine früheste Erinnerung in meinem Leben ist auch gleichzeitig meine erste Angst. Ich muß etwa ein oder zwei Jahre alt gewesen sein [vermutlich ein wenig älter, solch frühe Erinnerungen wären sehr ungewöhnlich; Anm. J.F.]. Ich nehme an, daß ich im Bett meiner Mutter gelegen habe, und ich war allein. Ich spürte, wie etwas in meine Nase eindrang. Es ging irgendwie immer höher, und ich hatte große Angst.«

Wir kennen genau diese Beschreibung aus zahlreichen »Entführungs«-Fällen: Den Betroffenen wird dabei ein »Implantat« eingesetzt – häufig durch die Nase, durch die Ohren oder auch, wie bei Betty Andreasson-Luca und möglicherweise *Jens Heller*, hinter das Auge. Was es genau mit diesen Implantaten auf sich hat, ist noch völlig ungeklärt. Wenn wir den Berichten zahlreicher

»Entführter« glauben, handelt es sich um sehr kleine Kügelchen oder kapselförmige Gebilde. Zum Teil sind sie völlig glatt, zum Teil auch mit »Stacheln« versehen. Sie werden meist im frühen Kindesalter eingesetzt, können bei einer wiederholten Entführung entnommen und später erneut implantiert werden. Häufig unter großen Schmerzen für die Betroffenen.

Warum aber ist es noch niemals gelungen, ein solches »Implantat« dingfest zu machen? Wenn so viele »Entführte« solche Objekte tragen, sollte es eigentlich ein Leichtes sein, sie aufzuspüren. Man könnte sie durch Röntgen-, Computertomographie- oder Kernspinaufnahmen erkennen und operativ entfernen. Das wäre doch – ganz ohne Frage – *der* Beweis schlechthin.

Eben! Und genau deshalb hat man ihn bislang nicht gefunden. (In meinem Buch »Die Anderen« hatte ich den Fall des Henry Price erwähnt, bei dem ein solches Objekt aus dem Bauchraum ausgetreten und von dem Physiker Prof. David Pritchard untersucht worden war; dieses Objekt hat sich inzwischen als ein kornförmiges epidermales Ausscheidungsprodukt erwiesen.) Ich fürchte, eine solche Beweisführung wäre zu einfach, zu simpel, sie widerspräche allem, was wir von den bizarren Wirrungen des UFO-Phänomens kennen. Beweise dieser Art zuzulassen, liegt nicht im Interesse jener, die dahinterstehen.

Das muß nicht bedeuten, daß es diese Implantate *nicht* gibt, daß sie *nicht* in den Köpfen zahlreicher »Entführter« existieren. Aber sie zu finden, sie aufzuspüren, sie zu entnehmen, dürfte schwierig sein. Vor allem deshalb, weil sie sich kaum werden aufspüren *lassen*. Keine Intelligenz, die in der Lage dazu ist, unter den beschriebenen Umständen solche Implantate einzusetzen, wird so wenig umsichtig sein, diese Implantate nicht entsprechend zu tarnen. Häufig wird von den »Entführten« angegeben, die Implantate hätten »metallisch« gewirkt. Aber ich möchte bezweifeln, daß es sich tatsächlich um metallene Objekte handelt. Eher ist anzunehmen, daß es um biologisch gezüchtete, genetisch programmierte, mikrominiaturisierte »Sonden« geht, die mit dem Gewebe verwachsen und auf diese Weise völlig »unsichtbar« werden. Nur so ist erklärbar, daß trotz der vielfältigen Zeugnisse, die wir von »Entführten« haben, bislang keines dieser Implantate erkannt und für Untersuchungen bereitgestellt werden konnte. Der amerikanische Astronom Prof. Robert Jastrow hat einmal geschrieben: »Wenn das UFO-Phänomen tatsächlich irgendeine Art außerirdischer Sondierung ist, müssen die Fremden uns technisch weit voraus sein. Und wenn dies zutrifft, werden wir das, was sie tun, niemals voll und ganz verstehen.«[15] Und dies trifft in verstärktem Maße natürlich für all jene Aspekte zu, in denen wir die potentielle Möglichkeit hätten, dieser Intelligenz in die Karten zu schauen.

Erneuter Besuch

Wie auch immer – all diese und weitere seltsame Ereignisse waren für mich Grund genug, *Thomas Weigand* aufzusuchen. Wir vereinbarten einen Termin für September 1993. Aber es kam damals nicht zu unserem Treffen. Kurz vorher sagte *Thomas* ab.
»Je näher das Datum rückte«, gestand er mir später, »desto stärker wuchs meine Angst. Ich fühlte plötzlich irgend etwas in mir, das mich hinderte, den Termin

wahrzunehmen. Da war etwas, ein Druck, der schließlich so stark wurde, daß ich absagte.«

Ob es das Unterbewußtsein des jungen Mannes war, das ihn an dieser Begegnung hinderte, oder ob es jene posthypnotischen Befehle der »Anderen« gewesen sind, die, wie wir aus so vielen Fällen wissen, den Informationsfluß nach »draußen« zu stoppen versuchen, vermag ich nicht zu beurteilen. Aber daß *Thomas Weigand* wirklich solche Begegnungen hatte, zeigte sich nur einige Monate später.

Nachdem der Termin im September abgesagt worden war, hatte ich keine weitere Kontaktaufnahme mit *Thomas* mehr versucht. Ich war der Auffassung, daß er diesen nächsten Schritt von sich aus machen mußte – wenn überhaupt.

Am Abend des 2. Januar 1994 rief er mich an: verstört, unsicher, voller Angst. Die Gründe wurden schnell deutlich.

»Es ist wieder etwas geschehen?« fragte ich.

Die Antwort kam stockend. Ja, sie seien wieder dagewesen. Erst vor ein paar Tagen, am 22. Dezember, kurz vor Weihnachten.

»Es fing damit an, daß ich schon zwei Tage zuvor morgens immer verkehrt herum im Bett aufwachte. Ich lag mit dem Kopf nach unten. Das ist mir noch nie zuvor passiert.«

Nichts besonderes, könnte man meinen. So etwas geschieht, auch wenn es bei Erwachsenen eher selten auftritt. Aber dies war erst der Anfang: »An diesem Morgen, es muß so gegen halb acht Uhr gewesen sein, hatte ich einen furchtbaren Traum. Oder jedenfalls dachte ich zuerst, es sei ein Traum. Ich schwebte über meinem Bett. Ich rotierte förmlich darüber. Mir war

138

furchtbar heiß dabei, ein seltsames, fast elektrisches Pulsieren durchflutete mich. Ich erwachte mit einem Schrei.«

»Und dann? Was passierte dann?«

»Ich saß schreiend im Bett. Und da nahm ich eine Bewegung wahr. Von dem Zimmer, in dem ich schlafe, gibt es einen offenen Durchgang zur Küche. Und dort, hinter dem Schrank, halb verdeckt, stand eine Gestalt!«

»Konnten Sie sie deutlich sehen?«

»Ja, ich konnte sie sehr gut sehen. Ich war wegen des Schreckens völlig wach, und es sind ja nur ein paar Meter. Ich sah das Gesicht. Es war wie das Gesicht auf dem Buch von Whitley Strieber [»Die Besucher«: das klassische Gesicht eines «kleinen Grauen«; Anm. J. F.]. Ganz deutlich, mehrere Sekunden lang. Dann zog es sich hinter den Schrank zurück.«

»Und Sie? Was machten Sie?«

»Ich habe nur geschrien. Ich habe geschrien: ›Komm raus da, ich weiß, daß du da bist. Versteck dich nicht, komm raus!‹«

»Und...?«

»Es kam nicht. Ich weiß nicht mehr, wie lange ich da voller Angst im Bett gesessen und gerufen habe, aber bestimmt waren es ein oder zwei Minuten. Das verschwimmt alles irgendwie. Das nächste, woran ich mich erinnere, ist, daß ich wieder aufwache. Aber da war es halb zwölf Uhr mittags.«

»Sie wissen also nicht, was dazwischen geschehen ist?«

»Nein, ich habe keine Ahnung!«

Zwischen 7.30 Uhr, als *Thomas Weigand* das erste Mal erwachte, und 11.30 Uhr, als er zum zweiten Mal zu sich kam, liegen vier Stunden. Was in dieser Zeit – und in der Zeit davor – mit ihm geschah, bleibt vorläufig ein Rätsel.

Eine leuchtende Kugel: 1929

Zeit- oder Gedächtnisverlust ist, wie wir seit den ersten in die Öffentlichkeit gelangten Berichten über »Entführungen« wissen, ein Charakteristikum solcher Erlebnisse. Die oder der »Entführte« hat eine konkrete Erinnerung: Er fährt beispielsweise auf einer Landstraße. Meist kommt es dann zur Beobachtung eines ungewöhnlichen Objekts – etwa eines »Sterns«, der sich bewegt. Häufig setzt kurze Zeit darauf die Erinnerung aus. Erst ein oder zwei Stunden später kommt der Betroffene wieder zu sich und findet in der Regel keinerlei Erklärung für das, was in der vergangenen Zeit geschehen, was sich um ihn herum ereignet hat. *Thomas Weigand* scheint genau so etwas erlebt zu haben.

Immer wieder wird behauptet, solche Zeitverlustfälle (genauso übrigens wie das gesamte Phänomen) seien »Erfindungen« der Nachkriegszeit. Daß dem nicht so ist, daß identische Vorfälle auch schon früher abliefen, zeigt der Fall Arthur Lehmann.

Der heute 86jährige gebürtige Leipziger war Flugzeugführer und Fluglehrer, während des Krieges Schleppflugzeugführer und Werkmeister – sicherlich ein Mann, der Phänomene am Himmel einzuordnen vermochte. Jedenfalls gewöhnliche Phänomene.

Denn im Jahr 1929 ereignete sich etwas, das dieser Kategorie ganz und gar nicht entsprach: »Ich hatte bei einem Bauern in der Obersteiermark (in der Pöllau) bei Neumarkt Arbeit angenommen. Zum Himmelfahrtsfest wurde ich damals von der jüngsten Tochter gefragt, ob ich mit zur Wallfahrt gehen wollte – obwohl ich nicht katholisch bin. Ich habe ja gesagt.«

Der Winter 1928/1929 war einer der kältesten dieser Zeit gewesen, mit bis zu 35° minus. Die kleine Gruppe, die sich da auf die Wallfahrt machte, bestand aus vier Personen: eine Frau, ein junges Mädchen – eben die Tochter des Bauern –, ein junger Mann und Arthur Lehmann, damals ebenfalls erst 21 Jahre alt.

»Wir brachen in der Nacht auf – die Tannen steckten teilweise noch bis zu den Wipfeln im Schnee.« Während des mühseligen Fußweges durch den tiefverschneiten Bergwald breitete sich Stille aus – nur unterbrochen von Balzlauten des Auerhahns und den Schreien der Birkhühner.

Aber diese Idylle wurde plötzlich gestört: »Dann geschah es, es wurde unheimlich still. Wir standen wie angewurzelt da. Da erhob sich ein komisches Geräusch, das immer lauter wurde. Es dämmerte plötzlich, der Schnee wurde blaßgrün. Von unten herauf kam Geräusch und Helligkeit.«

Und dann sahen die vier einsamen Wallfahrer, was sie ihr Leben lang wohl nicht vergessen würden: »Hinter den Tannen, die an das Schneefeld grenzten, kam eine helle Kugel zum Vorschein, die immer größer wurde und – von mir aus gesehen – die Sicht zum größten Berg hinüber nahm. Dann habe ich nur noch Helligkeit wahrgenommen, wie lange, kann ich nicht sagen. Als ich wieder zu mir kam, sah ich die Kugel sich mit zunehmender Geschwindigkeit entfernen, und es wurde wieder dunkel. Die Kugel wurde immer kleiner und war dann schließlich ganz verschwunden.«

Aber das Ereignis war noch nicht zu Ende – es hatte Nachwirkungen: »Wie lange ich da gestanden habe, kann ich nicht sagen, ich wurde gerüttelt, und eine Stimme sagte in einem aufgeregten Ton: ›Willst du nicht endlich mitkommen?‹ Es war die Stimme des jungen Mädchens. Von hier an weiß ich nicht, wie ich zur Wall-fahrtskirche gekommen bin. Ich erinnere mich, zu-sammen mit dem jungen Burschen dem Abendmahl von der Empore aus zugesehen zu haben. Aber wie ich von da wieder nach Hause gekommen bin, auch darüber fehlt jede Erinnerung.«

Doch nicht nur das: Über Jahrzehnte hinweg hatte Arthur Lehmann dieses Ereignis völlig verdrängt. Erst als 1986 die Berichte über die Wiederkehr des Hal-leyschen Kometen im Fernsehen liefen, kam die Erinne-rung schlagartig zurück: »Erst nach 60 Jahren – durch einen Vortrag im Fernsehen über den Halleyschen Kometen – ist alles wieder zum Bewußtsein gekommen, so deutlich, als wäre es kaum erst gewesen.«

Es ist letztlich schwer zu sagen, ob Arthur Lehmann und seine drei Begleiter damals »entführt« wurden. Der Gedächtnisverlust während des eigentlichen Ereignisses deutet dies zumindest an. Die fehlenden Stunden da-nach könnten auf Nachwirkungen eines posthypno-tischen Befehls zum Vergessen des Ereignisses zurück-geführt werden – derartige »Blackouts« sind durchaus bekannt. Und bekannt ist natürlich auch das Phänomen des Verdrängens. Das Unterbewußtsein von Arthur Lehmann hatte das Ereignis als potentiell gefährlich für die seelische Stabilität erkannt – und es einfach aus der Erinnerung gestrichen.

Vor allem aber zeigt dieser Fall eines: Solche Ereignisse fanden auch früher statt, sie setzen nicht erst mit dem berühmten Betty- und Barney-Hill-Fall 1961 ein, und sie zeigen bereits deutlich jene Charakteristika, die bei modernen »Entführungen« in genau der gleichen Weise vorliegen.

142

Bunte Bälle hinter der Wand

»Die erste Erinnerung, die ich habe, muß im Alter von sechs Jahren gewesen sein – die erste Erinnerung an ›die Anderen‹.« *Susanne Gernot* ist heute 29 Jahre alt und wohnt in Plauen in Südthüringen. Sie ist seit einigen Jahren verheiratet, eine lebenslustige, sehr humorvolle junge Frau.

»Damals stand mein Bett noch im Schlafzimmer der Eltern. Ich erinnere mich, daß in irgendeiner Nacht eine, vielleicht auch zwei dunkle, kleine Gestalten neben mir standen. Eine von ihnen nahm mich bei der Hand, und wir gingen aus dem Zimmer. Aber nicht etwa durch die Tür, wir traten einfach durch die Wand hindurch, so als sei sie überhaupt nicht vorhanden. Ich weiß nicht, wie ich es beschreiben soll, aber ich hatte damals das Gefühl, direkt in dieser Wand war etwas ungeheuer Großes, Buntes, Helles. Ich sah verschiedenartige ›Bälle‹, die irgendwie miteinander verbunden waren. Ich erinnere mich, daß ich versuchte danach zu greifen und das Ganze irgendwie als Spiel auffaßte. Wie ich wieder zurück in mein Bett gekommen bin, weiß ich nicht mehr.«

Der Transport durch die Wand hindurch mag auf den ersten Blick unglaubwürdig erscheinen. Tatsächlich aber gibt es zahlreiche Berichte Betroffener, die genau das beschreiben – daß sie von ihren »Entführern« durch Wände, durch geschlossene Türen und Fenster hindurch mitgenommen und in ein entweder in der Nähe gelandetes oder über dem Haus schwebendes Objekt gebracht wurden. Die sehr kritische englische UFO-Forscherin Jenny Randless beschreibt einen von ihrem Kollegen Trevor Whitaker untersuchten Fall, bei dem im Februar 1976 ein Krankenwagenfahrer namens »Reg« entführt wurde. Die Fremden waren zwei kleine Wesen mit grauen Köpfen und katzenartigen Augen, die ihn wie ein »Versuchstier« behandelten. Sie drangen ungesehen in sein Schlafzimmer ein, weckten ihn, befahlen ihm, ruhig zu bleiben, und paralysierten ihn. »Reg« konnte sich nicht mehr bewegen, wurde dann auf irgendeine Weise gehoben und schwebte durch die Zimmerdecke nach draußen. Am Himmel über dem Haus befand sich ein langgestrecktes Objekt, das ihn aufnahm. Er wurde einer medizinischen Untersuchung unterzogen und seine Entführer, die kurioserweise mehrfach Bibelstellen zitierten (unter anderem, daß für sie selbst »tausend Jahre wie ein Tag« seien), machten ihm ziemlich unmißverständlich klar, daß ein »Wurm wie er« kein Recht habe danach zu fragen, wer sie seien, woher sie kämen und was sie da täten. Später fand er sich in seinem Zimmer wieder, ohne sagen zu können, wie der Rücktransport stattgefunden habe.

Diese Geschichte zeigt interessante Parallelen zum Fall der *Susanne Gernot*. Wie bei »Reg« erscheinen auch bei ihr nachts die »Entführer« und geleiten sie durch die Wand hindurch nach draußen – in irgend etwas, von dem *Susanne* heute nur noch die bunte Vielfalt seltsamer Bälle in Erinnerung hat. Und genauso wie »Reg« ist auch ihr heute nicht mehr bewußt, wie sie von dort schließlich wieder in ihr Zimmer zurückgekommen ist.

»Wissen Sie«, sagt *Susanne,* als ich sie im Frühherbst 1993 in Plauen besuche, »in meiner Kindheit gab es durch Erziehung und Umgebung, in der ich aufwuchs, keinerlei Verbindung zum Thema ›UFO‹, ›Entführung‹ und so weiter – weder durch das Fernsehen noch durch Bücher. Die gab es bei uns in der ehemaligen DDR

144

nämlich nur zu anderen, ›realeren‹ Themen. Mein Vater war damals Schulleiter, und es war uns absolut verboten, Westfernsehen zu sehen oder westliche Literatur zu lesen. Ich hatte damals überhaupt keine Möglichkeit dazu. Über all diese Dinge erfuhr ich erst viel später; sie können nicht von irgendwelchen ›Enterprise‹-Serien erzeugt worden sein.«

Im Alter zwischen zwölf und 14 Jahren hatte *Susanne* ihre zweite Begegnung mit den Fremden – oder jedenfalls die zweite, an die sie sich erinnert. »An diesem Abend hatte ich schon vor dem Einschlafen eine riesige Angst. Ich wußte, irgend etwas wird passieren. Zu dieser Zeit waren meine älteren Brüder bereits aus dem Haus und mein Vater gerade auf Kur. Damals hatte ich ein eigenes Zimmer mit einem Bett, um das ein Vorhang gezogen werden konnte. Normalerweise ließ ich ihn offen, aber an diesem Abend zog ich ihn ganz zu. Ich verkroch mich hinten an der Wand.«

Die Vorahnung eines eintretenden Ereignisses ist ein Gefühl, das viele »Entführte« überkommt: zum Beispiel *Jens Heller,* der oft schon an den Abenden zuvor »wußte, daß es heute Nacht geschehen wird«. *Susanne* ging es nicht anders. Und irgendwann, nachdem sie schließlich, unruhig und nervös, eingeschlafen war, geschah es:

»Die Tür ging nicht auf, aber plötzlich war jemand im Zimmer. Und dann zog dieser Jemand den Vorhang weg. Ich war erstarrt vor Angst, ich konnte mich nicht rühren. Meine Mutter war es bestimmt nicht, denn sie war eine sehr korpulente Frau. Der, der dort stand, war weniger als halb so groß. Aber ich kann mich nicht mehr an das Gesicht erinnern. Ich hielt mir völlig verkrampft die Hände vor die Augen, ich wollte ihn nicht sehen.

Dann spürte ich, wie er mich berührte: am rechten Arm, kurz oberhalb der Hand. Es war, als ob er mich leicht zwickte. Wie lange das dauerte, keine Ahnung. Er bewegte sich dann in Richtung auf das Fenster zu, völlig lautlos, und ich öffnete die Augen wieder. Er stand dort am Fenster, den Rücken mir zugewandt. Irgend etwas machte er mit seiner linken Hand an der Wand neben dem Fenster. Ich dachte mir noch: ›Was macht der an der Wand?‹, aber ich habe es nie erfahren. Ich weiß auch nicht, wie er mich wieder verlassen hat oder wie diese ganze Situation eigentlich endete. Ich muß wohl irgendwann wieder eingeschlafen sein.«

Vor vier oder fünf Jahren hatte *Susanne Gernot* ihr bislang letztes »Entführungs«-Erlebnis: »Ich befinde mich in einem Raum – nicht sehr hell, ich liege. Ich kann den Kopf, aber nicht die Füße bewegen. Irgendwer macht sich an meinen Füßen zu schaffen, scheint etwas einzubrennen, einzuritzen.«

Susanne besitzt an ihren Fußsohlen keine außergewöhnlichen Narben, aber wir wissen durch die systematische Aufarbeitung solcher »Entführungs«-Fälle durch Prof. Jacobs, daß gerade die Untersuchung der Füße sozusagen zu den »Standardtests« gehört. Jacobs schreibt: »Die Untersuchung beginnt gewöhnlich an den Füßen. Die Fremden sehen sich die Fußsohlen der Entführten sorgfältig an, berühren sie. Manchmal nehmen sie ein scharfes Instrument und kratzen damit an den Sohlen entlang – offensichtlich ein Nerven-Reflexionstest.«[17]

Susanne Gernot selbst versucht, all das mit ihrem für sie typischen Humor zu nehmen und hofft, daß »sich die Jungs von da oben« demnächst einmal öffentlich zeigen: »Ich möchte die wirklich mal fragen, was das alles bedeuten soll, so ungebeten in meinem Zimmer herumzuspazieren. Ich hätte schon einige Fragen. Einer muß ja mal Klartext mit denen reden!«

Blaue Flecken an den Beinen

Anke Drewitz aus einem kleinen Ort in der Nähe Geras, die im Juli 1993 ein *Bedroom-Visitor*-Erlebnis hatte, die furchtbare Ängste ausstand, als man sie am Arm berührte und die sich nicht mehr bewegen konnte, auch *Anke Drewitz* hat Erinnerungen an etwas, das man als »UFO-Entführung« bezeichnen könnte. Im Oktober des Vorjahres »stand ich plötzlich in der Haustür, jemand war neben mir, ich konnte aber nicht zur Seite schauen. Es war stockdunkel, ich sah hoch, und da stand es riesig und schwarz über der Straße – vor dem Haus und etwas höher als unser Haus. Es schien langgestreckt zu sein...«

In der nächsten Szene, an die sich *Anke Drewitz* erinnern kann, befand sie sich offenbar an Bord dieses Objekts: »Ich war da drin, als ich wieder zu mir kam, und muß mich vorher fürchterlich gewehrt haben. Ich lag da auf einem Tisch oder so etwas. Über mir war jemand und hat mich angesehen. Ich konnte mich nicht bewegen. An meinen Beinen links unten habe ich nur zwei braune kolbenförmige Dinger gesehen. Ich habe mich irgendwie sagen hören: ›Ist denn hier alles kolbenförmig?‹ – dann fehlt mir wieder die Erinnerung.« (Abb. 11) Aber sie setzt irgendwann später wieder ein: »Dann bin ich durch einen Gang gegangen, ich konnte mich aber nicht umschauen. Ich weiß nur noch, daß ich es bedauerte, wieder gehen zu müssen.«

Abb. 11 Anke Drewitz *erinnert sich, im Oktober 1992, von einem »Schatten« begleitet, vor das Haus getreten zu sein und ein riesiges dunkles Objekt über sich gesehen zu haben. Kurze Zeit später fand sie sich liegend auf einem Tisch wieder und erkannte um sich herum »kolbenförmige« Apparate (Skizze der Zeugin).*

Es brauchte eine Weile, bis *Anke Drewitz* eine spontane Rückerinnerung erlebte: »Am anderen Tag oder ein paar Tage später fiel mir dieser ›Wirklichkeitstraum‹ wieder ein, und ich erzählte es meinem Mann. Aber das erschreckendste für mich waren zwei gleich große blaue Flecken zwischen den Beinen. Ich wußte nur, daß ›sie‹ mich wohl untersucht hatten, denn als ich an diesem Morgen beim Bettenmachen an mir herabschaute und die Flecken sah, wußte ich, daß es kein Traum war.

Man kann sich gar nicht vorstellen – niemand kann es –, wenn man plötzlich weiß: ›Mein Gott, es ist so gewesen, sie haben an dir 'rumgemacht.‹ Es war wie ein Schock für mich, und ich habe schnell weggesehen und mir gesagt, nein, du hast keine blauen Flecken, das ist alles nicht wahr. Aber es war wahr.«

Meine Kollegen von der »Gesellschaft zur Erforschung des UFO-Phänomens e.V.« in Lüdenscheid haben diesen Fall untersucht. Sie halten ihn, wie mir der Leiter der Gruppe, Hans-Werner Peiniger, mitteilte, für »psychologisch«. Demnach würden sich die beschriebenen Vorgänge ausschließlich in der Psyche von *Anke Drewitz* abgespielt haben. Ich kann dies insofern unterstützen, als daß letztlich *jede* »Entführung« eine überaus starke psychologische Komponente besitzt. Das »Entführungs«-Erlebnis ist auf tiefste Weise mit unserer Seele gekoppelt und spiegelt das wieder, was wir im Innersten empfinden, es greift zurück auf die kollektiven und persönlichen Erinnerungen, Empfindungen und Gefühle.

Die Frage ist, ob das *alles* sei. Ich denke nicht. Wir haben – gerade im Fall *Anke Drewitz* – eine ganze Reihe weiterer Beobachtungen: Ihr Mann und Nachbarn sahen mehrmals über ihrem Haus seltsame Licht- oder Flugobjekte. In ihrem Garten befand sich über längere Zeit eine kreisrunde Fläche, die möglicherweise von der Landung eines solchen Objekts stammte. Im November 1993, kurz nachdem wir uns das erste Mal getroffen hatten, sahen sie und ihr Mann ebenso wie ein Nachbar ein großes, helles, zigarrenförmiges Objekt in der Dunkelheit über dem Haus stehen. Es teilte sich mehrmals und fügte sich wieder zusammen (ein Phänomen, das wir aus zahlreichen UFO-Beobachtungen kennen).

149

Damit liegen nicht nur und ausschließlich subjektive Phänomene vor, sondern auch solche, die von weiteren Personen beobachtet wurden, die Erlebnisse treten aus dem rein psychologischen Bereich in einen realobjektiven ein (wobei, auch das werden wir noch sehen, diese Trennung letztlich von recht vager Bedeutung ist).

In die Luft empor

Trotzdem ist bei ihr bis heute die Angst geblieben – und eine innere Orientierungslosigkeit. Für *Bettina Heise* aus Essen, die als Kind mehrfach dem Phänomen des *Bedroom Visitor* gegenüberstand, die – was sehr ungewöhnlich für ein kleines Mädchen ist – Angst vor Puppen und Masken hatte und nie die Muppet-Show sehen wollte, auch für sie ist diese Angst nicht einfach zu charakterisieren, in ihrem Kern aber doch deutlich: »Es ist für mich schwer zu beschreiben, aber ich hatte Angst, gegen meinen Willen urplötzlich mitten in diese Gruppe von Puppen geholt zu werden, d.h. aus meiner jetzigen Situation sofort in diese Welt ›hineingebeamt‹ zu werden. Leider weiß ich nicht, wie ich es beschreiben soll! Ich fahre auch nicht gerne allein Auto, denn ich habe Angst, daß ich plötzlich aus der gewohnten Umgebung herausgerissen werde.«
Neben den Gedächtnisfragmenten über nachts auftauchende *Bedroom Visitors* besitzt *Bettina* auch noch Erinnerungen an andere merkwürdige Ereignisse: »Wir haben einen großen Hof. Ich sprach schon früher immer von Raumschiffen, von denen ich dachte, daß sie unter der Wiese wären und nachts herauskämen, um mich wegzuholen.«

Eine eigenartige Vorstellung, gäbe es da nicht eine ganz spezielle Erinnerung: »Ich erinnere mich an eine bestimmte Perspektive, aus der ich vom Hof aus irgendwie die Häuser von oben sehe, und ich weiß: Mir ist kalt.« Woher stammt dieses Gedächtnisbild, verbunden mit der Wahrnehmung von Kälte? Immerhin: Es kommt nicht selten vor, daß man »Entführte« in ein über ihrem Haus stehendes Objekt schweben läßt, um sie dort an Bord zu nehmen. Whitley Strieber beschreibt eine solche Szene.[24] Er wird aus seinem im Wald gelegenen Wochenendhaus entführt: »Dann sah ich Zweige, die sich an meinem Gesicht vorbeibewegten, dann ein Brausen von Baumwipfeln. Ich blickte nach unten und sah den Wald rechts von mir davonziehen. Es war völlig unerklärlich, wie ich über die Bäume gelangt war. Ich registrierte nur, was ich sah. Dann verdeckte ein grauer Boden, der unter meine Füße glitt, die Sicht.«

Und noch eine merkwürdige Erinnerung besitzt *Bettina Heise:* »Ich liege im Bett und will schnell zum Lichtschalter, aber in dem Moment, in dem ich mit den Füßen den Boden berühre, kommen unter meinem Bett so kleine runde Dinger herausgeschwebt und schließen mich in eine Glaskuppel ein. Jede Nacht war für mich ein Alptraum. Als ich später wegen der Herzgeschichte (die erst beim Einschulungstest festgestellt wurde) ins Krankenhaus kam, bin ich beim Anblick eines Arztes im Kittel vor Panik fast vergangen.«

Panik, Angst, Alpträume – sie alle müssen ihre sehr tief verwurzelten Gründe gehabt haben und – jedenfalls bei *Bettina Heise* – noch immer haben. Und sie liegen sicher nicht in dem Herzfehler begründet, der im Alter von sieben Jahren bei ihr festgestellt und operativ korrigiert wurde.

Leidensgenossen

Seit längerem wissen wir, daß Menschen nicht nur allein, sondern zuweilen auch in Gruppen »entführt« werden. Oder daß andererseits »Entführte« an Bord der Objekte weiteren Personen begegnen, die das Schicksal mit ihnen teilen. Die 60jährige *Heidemarie Dressler* wohnt seit langem in einem kleinen Ort im Bayerischen Wald. Vielleicht hat sie vor drei Jahren dort genau so etwas erlebt:

»Um 1.30 Uhr am 13. August 1991 wachte ich von einem sehr aufregenden ›Traum‹ auf. Ich hatte laut folgende, sehr mahnende Worte oder Sätze gesprochen: ›Wehe, ihr tut ihm etwas, er kann doch nichts dafür! Laßt ihn in Ruhe!‹ Ich wußte noch, daß jemand entführt werden sollte. Ich sah einen Gartenzaun und hohe Blumen. Ein junger Mann? Ja, ich glaube, daß es ein junger Mann war.«

Vielleicht nichts anderes als ein ganz gewöhnlicher Traum, wäre da nicht... »Ich hielt es im Bett nicht mehr aus. Ich sprang auf und schaute aus dem Fenster. Da sah ich im Osten, vor dem Alten Schneeberg und dem Frauensteinmassiv im weiten Tal einen riesigen, ganz niedrigen, mattroten ›Mond‹ stehen, so 50 bis 100 Meter hoch und etwa drei Kilometer entfernt. Vielleicht auch ein bißchen mehr. Im gleichen Moment sauste er in Richtung Arbergebiet oder Passau davon, wurde zunehmend kleiner und verschwand.«

Gut möglich, daß *Heidemarie Dressler* hier das Ende einer eigenen »Entführung« beschreibt, den Moment, als sich das Objekt wieder entfernte. Und daß sie in ihrem Gedächtnis eine emotional besonders stark ausgeprägte Szene behielt: die Entführung eines anderen,

152

eines »jungen Mannes«, wie sie sich vage zu erinnern glaubt.

In seinem Buch zur Strukturierung von »UFO-Entführungen« berichtet der Historiker Prof. David Jacobs über die Erlebnisse der 45jährigen *Karen Morgan*. Genauso wie ihre Schwester ist auch sie mehrfach an Bord von UFOs gebracht worden, unter anderem im Jahr 1981.

Damals – so erinnerte sie sich im Verlaufe zahlreicher Hypnoserückführungen – hatte sie zusammen mit drei anderen Menschen (zwei Frauen und einem Mann) in so etwas wie einer »Wartehalle« sitzen müssen, bevor man sie zu der medizinischen Untersuchung holte. Die einzelnen Sitzplätze – in zwei Reihen einander gegenüber angebracht – waren durch hohe Seitenwände voneinander getrennt. Der Mann, der *Karen Morgan* gegenübersaß, hatte die Augen weit aufgerissen, befand sich aber offensichtlich in einem tranceähnlichen Zustand. Unter Hypnose berichtete *Karen Morgan*:

»Ich versuchte, ruhig zu bleiben... Und dann sah ich, daß er sehr dick war, er hatte braunes, welliges Haar. Er ist jung, etwas über 20 Jahre alt. Er ist in sich zusammengesunken, so ungefähr...«

»Sind seine Augen geschlossen?« fragte sie David Jacobs.

»Nein, es ist schrecklich: Sie sind weit aufgerissen.«

»Schaut er umher oder...?«

»Er starrt nur vor sich hin. Er ist vollkommen weggetreten.«

Die Frau neben diesem Mann, die *Karen* wegen der Stellwand nur unter Schwierigkeiten sehen konnte, war hingegen im Vollbesitz ihrer geistigen Kräfte – genauso wie *Karen Morgan* selbst.

»Versuchten Sie, mit ihr in Blickkontakt zu treten?«
wurde sie während der Hypnoseregression gefragt.
»Ja. Oh, sie ist so verängstigt. Ihre Augen flehen mich
an. Sie ist tief verletzt ... sie ist so voller Angst. Das
macht so traurig. Es ist schrecklich, jemanden so leiden
zu sehen. Vielleicht sehe ich genauso aus... Aber ich
glaube es nicht...«
Und dann wurden sie alle von jeweils zwei der »kleinen
Grauen« geholt:
»Sie nehmen uns alle mit. Es ist wie in Auschwitz.
Genau wie in Auschwitz... Ich kann es nicht glauben.
Acht von ihnen sind da, zwei für jede Person. Ich glaube
es nicht. Es ist so schlimm. Es ist so schlimm. Es ist wie
in einem Konzentrationslager...«

Auf der Wartebank

Whitley Strieber erinnert sich an eine ähnliche Situation. Als er im Alter von zwölf Jahren zusammen mit
seiner Schwester und seinem Vater eine Entführung
erlebte, wurde ihm plötzlich bewußt, daß sich neben
diesen beiden noch eine ganze Reihe weiterer Menschen
in dem großen Raum befand: »Aufgeregt saß ich im
Bett und blickte auf die anderen Betten, in denen amerikanische Soldaten lagen. Bei diesen Betten handelte es
sich eher um Tische mit einem massiven Unterbau und
einer leichten, von unten nach oben verlaufenden
Schräge. Soweit ich mich erinnerte, waren sie grau. Die
Soldaten waren junge Männer in Drillichanzügen, die
wie im Koma dalagen.«[24]
Ich gehe hier so ausführlich auf diese Darstellungen ein,
weil es eine sehr ähnliche Erinnerung auch bei Conny

154

Paraschoudis aus Berlin gibt: »Erst heute, in der Nacht vom 4. auf den 5. Dezember 1993, scheint wieder etwas passiert zu sein: Ich bin wieder in einer ›Ebene‹. Das kommt mir zum Teil bekannt vor, wie Korridore, lange Flure mit großen Hallen. Diesmal sehe ich etwas oder jemanden – zwei ›türkische‹ Frauen. Eine jüngere und eine ältere, mit Kopftüchern und schwarzem Haar. Alle laufen so teilnahmslos herum. Ich beobachte alles, sehe mich um. Es könnte so etwas wie eine ›Stadt‹ unter einer Kuppel sein, mit mehreren Etagen übereinander. Kein Himmel ist zu sehen. Man sieht auch keine großen Farbunterschiede, alles sieht eher blaß aus. Aber ›sie‹ sind überall. An manchen Stellen dieser Korridore sind so etwas wie ›Schaufenster‹. Man kann von dort aus in die dahinterliegenden Räume hineinschauen.«

Schon vor zwei oder drei Jahren hatte Conny Paraschoudis einen jener seltsam-intensiven »Träume«, in denen sie sich an Bord eines Objekts befand. Sie wurde von einem der Fremden durch einen riesigen Raum geführt: »Ich war in einer Halle, in einem Gebäude oder Objekt. Auch da war kein Himmel, alles war in farblose Farben getaucht. Aber es war hell, von irgendwoher kam Licht, ich weiß nicht, von wo. Da war ein anderer Eingang. Ich schaue mich beim Laufen in dieser Halle um. Ich denke noch: ›Sieht aus wie eine Wartehalle!‹ Alle Personen, Frauen und Männer, sitzen dort. Teilnahmslos. Sie wirkten auf mich, als schliefen sie – mit offenen Augen. Mir kommt eine Person spontan bekannt vor. Ich überlege, woher ich das Gesicht kenne. Es war Dolph Lundgren oder ein ›Doppelgänger‹. Wir gehen weiter, zur anderen Seite. Da ist so etwas wie ein Lift. Wir steigen hinein. Es geht noch höher. Aber wohin...? Was war da...? Ich weiß es nicht mehr, das ist wie eine Blockade im Kopf.« (Abb. 12)

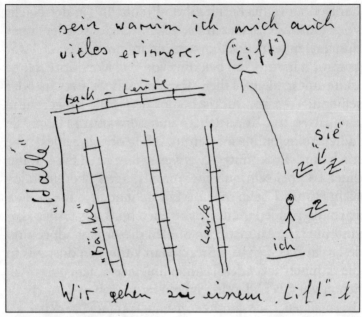

Abb. 12 Gedächtnisskizze von Conny Paraschoudis, die durch eine große Halle zu einem »Lift« geführt wurde. Auf schmalen Bänken saßen Hunderte von Menschen in einem tranceähnlichen Zustand. Frau Paraschoudis wurde dabei von mehreren kleinen Wesen begleitet.

Ob Conny Paraschoudis tatsächlich den Schauspieler Dolph Lundgren gesehen hat, wird sich wohl kaum klären lassen. Wahrscheinlicher ist, daß sie – wie sie selbst sagt – einen »Doppelgänger« beobachtete, d.h. jemanden, der Lundgren sehr ähnlich sah. Doch abgesehen davon ist die Schilderung von außerordentlichem Interesse. Sie bestätigt nämlich genau das, was auch *Karen Morgan* im Jahr 1981 beobachtete: die mit weit aufgerissenen Augen apathisch wartenden, zu keiner eigenen Willensanstrengung mehr fähigen Menschen auf der »Wartebank«.

156

Auch eine weitere Berlinerin, Felicitas Gutsche, hat solche Erinnerungen. Sie kam plötzlich in einer riesigen runden Halle zu sich, von deren Decke aus rote und grüne Lichtstrahlen den Raum in ein gespenstisches Licht tauchten. An der gekrümmten Wand zog sich eine schmale Sitzbank entlang. Dicht gedrängt saßen auf ihr an die hundert Menschen, »die wie hypnotisiert in die Gegend starrten«.

Ich halte es für extrem unwahrscheinlich, daß sich alle drei – *Karen Morgan* in Amerika und Conny Paraschoudis und Felicitas Gutsche in Deutschland – derartig detaillierte Parallelen einfach ausdachten. Im Gegenteil, ihre Berichte sind Indizien dafür, daß jenseits des Atlantiks Menschen letztlich die gleichen Erfahrungen machen wie hier bei uns.

Was UFO-Entführungen nicht sind

»Wenn all dies«, schreibt der amerikanische Psychologe Dr. John Carpenter[28], »etwas wäre, bei dem Polizeidetektive einen Serienmörder verfolgten und nach Mustern suchten, die Ähnlichkeiten der Delikte bei voneinander unabhängigen Opfern aufzeigten, gäbe es kaum einen Zweifel. Sie wüßten inzwischen sehr genau, wonach sie suchten, weil sich das Ganze auf miteinander korrelierenden Daten aufbauen ließe. Glaubwürdige Zeugen würden als glaubwürdig betrachtet, die Anzahl der Indizien wäre riesig. Wenn aber eine solch tiefgreifende Untersuchung nun fremde Kreaturen und anomale Aktivitäten einschließt, tritt plötzlich eine unheimliche, aber letztlich ziemlich irdische Verwandlung auf. Glaubwürdige Zeugen werden zu zweifelhaften Individuen, und die Aussagekraft ihrer Berichte ist auf einmal relativ. Physikalische Beweise werden als zufällig und mit dem Bericht in keiner Beziehung stehend betrachtet. Übereinstimmungen werden ignoriert, damit in Zusammenhang stehende Forschungen als unbegründet oder einfach als lächerlich angesehen. Als ob das alles noch nicht genug wäre, attackiert man auch noch die Fachkenntnisse und die Reputation der jeweiligen Forscher und zieht ihre Ergebnisse in Zweifel. Der Unglauben erhebt sein häßliches Haupt – angefüllt mit Angst, Unsicherheit, Verschlossenheit und dem Bedürfnis unserer Welt, in akzeptablen Strukturen und bewährten Kategorien zu verbleiben. Unglauben ist eine Stufe des Geistes, auf der man unfähig ist, die Grenzen seiner Welt zu öffnen oder auszuweiten – aus der eigenen Unsicherheit heraus, aus Angst, aufgrund der vorherrschenden Meinung oder einfach weil man glaubt, ohnedies nicht helfen zu können.«

Was also sind »UFO-Entführungen« – oder besser, was sind sie *nicht*? Etliche Forscher haben sich darüber Gedanken gemacht, sinnvolle und weniger sinnvolle Antworten gefunden und sind letztlich doch zu keinem Ergebnis gekommen. Es gibt eine ganze Reihe möglicher Erklärungen, aber sie alle können keine befriedigende Lösung bieten. Entweder sind ihre Vertreter nicht in der Lage dazu, sämtliche Symptome des Phänomens miteinzuschließen, oder sie manipulieren absichtlich das Geschehen, um so zu einer konstruierten Antwort zu kommen. Beides ist letztlich unzureichend und kann demjenigen, der an einer umfassenden Klärung interessiert ist, nur bedingt weiterhelfen. Bedingt, weil eine gerechtfertigte Ausschließung dieser Ansätze eben auch eine Möglichkeit ist, das Phänomen weiter einzugrenzen und auf seinen wahrscheinlichen Verursacher zurückzuführen.

Um die Frage noch einmal aufzunehmen: Was sind »UFO-Entführungen« *nicht?* Man kann die sogenannten »natürlichen« Erklärungsversuche in drei Gruppen einteilen, die wir uns kurz anschauen wollen. Die erste dieser Gruppen will »Entführungs«-Berichte auf psychologische oder psychopathologische (d.h. krankhafte) Ursachen zurückführen. Dies wären zum Beispiel:

• *Psychosen oder Schizophrenien:* An Schizophrenie leidende Patienten erleben in der Regel Halluzinationen aufgrund eines langanhaltenden Krankheitsprozesses. Es handelt sich um Menschen, die vollkommen in sich zurückgezogen und unfähig dazu sind, am Leben in einer sozialen Gemeinschaft teilzunehmen. Die Halluzinationen, denen sie unterliegen, resultieren aus einer internen Verzerrung ihrer eigenen Denkvorgänge – etwas, das in der Literatur noch nie als »Gemeinschaftserlebnis« beschrieben worden ist. Jeder Schizophrene erlebt also seine ganz private, »gestörte« Welt, Übereinstimmungen, wie sie bei »Entführungs«-Berichten vorliegen, wurden bislang nicht festgestellt. Auch gibt es keine Beispiele dafür, daß mehrere Schizophrene gleichzeitig die gleichen Halluzinationen erlebten – im Gegensatz zu »Entführten«, bei denen Simultanerlebnisse zwar nicht die Regel sind, aber durchaus auftreten können.

• *Persönlichkeitsspaltung:* Die Aufspaltung in zwei oder mehr Teilpersönlichkeiten kann dann eintreten, wenn ein Mensch sowohl einem extrem starken äußeren Streß als auch inneren Konflikten unterliegt. Multiple Persönlichkeitsspaltung ist zum Beispiel bei sexuell mißbrauchten Kindern oder vergewaltigten Frauen bekannt: Das Unterbewußtsein verdrängt auf diese Weise ein Geschehen und schiebt es einer oder mehreren anderen Personen zu. Tritt eine Persönlichkeitswandlung ein und damit ein scheinbar anderes Individuum hervor, so bedeutet dies für die Hauptpersönlichkeit natürlich auch einen »Zeitverlust«. Sie kann sich nicht an jene Stunden oder Tage erinnern, in denen sie »ausgeschaltet« ist und als eine oder ein anderer agiert. Dennoch gibt es fundamentale Unterschiede zu »UFO-Entführten«: Anders als diese werden unter multipler Persönlichkeitsspaltung leidende Menschen auch während der Zeit ihrer Persönlichkeitsänderung beobachtet – sie handeln dann als völlig veränderte Individuen, sind aber zweifellos »da«. »Entführte« hingegen wurden noch nie dabei beobachtet, daß sie während einer von ihnen angegebenen Zeit der »Entführung« in Wirklichkeit irgendwo auf der Straße spazierengingen und sich statt Herr oder Frau Meier als Herr oder Frau Schmidt empfanden. (Es gibt auch Fälle, in denen die »Entführten« in Wirklichkeit »da« waren, doch dann befanden sie sich in einer Art Trance und nicht in eine andere Persönlichkeit aufgespalten.)

• *Paranoia:* Unter Paranoia leidende Patienten sind eher passive, unsichere, ausweichende Menschen. Sie sind nicht dazu in der Lage, ihre eigenen Gefühle oder Gefühlswallungen anzunehmen und projizieren sie daher auf andere: Sie fühlen sich von ihnen verfolgt, angegriffen und im Zentrum zum Teil weltweiter Verschwörungen. Paranoia entwickeln sich über Jahre hinweg, d.h. es gibt immer eine enstprechend rückverfolgbare Krankengeschichte. »UFO-Entführte« leiden zwar auch unter Ängsten, aber sie zeigen nicht die interne Dynamik paranoischer Personen, insbesondere nicht *vor* den plötzlich und ohne konkrete Anzeichen stattfindenden »Entführungen«. In der klinischen Psychologie ist auch vollkommen unbekannt, daß sich eine Paranoia weltweit auf exakt den gleichen Verursacher zurückführen ließe – mit all den Detailübereinstimmungen, die wir aus der UFO-Forschung gewonnen haben.

• *Hysterien (bzw. hier: Massenhysterien):* Eine Massenhysterie kann unter ganz speziellen Bedingungen entstehen: Sie kommt aber nur bei sehr engem Kontakt der Beteiligten untereinander zustande, sie tritt in der Regel in von der Außenwelt isolierten Gemeinschaften auf, sie benötigt immer einen äußeren Stimulus und ist noch nie bei Einzelpersonen beobachtet worden, die oft kilometerweit auseinander wohnen, keinen Kontakt zueinander hatten oder haben, zuvor meist wenig oder nichts über das »Thema« der Hysterie wußten und in den allermeisten Fällen überhaupt nicht daran interessiert sind, ihre Erlebnisse nach außen zu tragen, d.h. sie unter ihrem richtigen Namen veröffentlichen zu lassen.

Psychologische Standardtests, die inzwischen mit »Entführten« gemacht wurden, ergaben keine Anzeichen auf eine krankhafte Ursache: »Die erste und kritischste Frage ist«, schreibt beispielsweise Dr. Elisabeth Slater, die eine solche Untersuchung durchführte, »ob die berichteten Erlebnisse psychopathologisch erklärt werden können. Die Antwort ist ein klares ›Nein‹. Wenn die berichteten Entführungen konfabulierte Phantasieprodukte wären, die auf dem basieren, was wir von Geisteskrankheiten wissen, so könnten sie nur von pathologischen Lügnern, paranoiden Schizophrenen und heftig gestörten und außergewöhnlich seltenen hysterischen Charakteren stammen, etwa Personen mit Fugue-Zustand (Poriomanie) und/oder multipler Persönlichkeitsspaltung.«[29] Die Untersuchung ergab nichts, was sie in dieser Hinsicht auszeichnete, und Dr. Slater betont in ihrem Bericht: »Während die Tests keine Aussage darüber liefern können, die Glaubwürdigkeit des UFO-Entführungsberichts zu überprüfen, kann man daraus doch schließen, daß die Ergebnisse mit der Möglichkeit vereinbar sind, daß sich die berichteten Entführungen tatsächlich ereignet haben.«

Soziologische Modelle

Die zweite Gruppe von Erklärungsversuchen könnte man als »soziologische« oder »psychosoziologische« Modelle umschreiben. Hier sind es insbesondere vier, zum Teil sehr unterschiedliche Ansätze, die sich bei genauerem Hinschauen aber ebenfalls als nicht brauchbar erweisen:

• *Geburtstrauma:* Nach dieser Hypothese sollen »UFO-Entführungen« nichts anderes sein als in unsere technologisierte Welt transportierte Erinnerungen an die eigene Geburt: Schwerkraftaufhebung, grelles Licht, Tunnel und Gänge, große Räume oder Hallen, großköpfige Wesen von kleiner Gestalt, medizinische Untersuchungen und so weiter stellten demnach Analogien zu den Vorgängen während der Geburt dar. Aber dies widerspräche allem, was wir heute über die Wahrnehmung eines Neugeborenen wissen. Vor allem: Wie sollte ein Kind (es sei denn, es handelt sich um einen Zwilling) im Mutterleib sich selbst als Embryo wahrnehmen und dieses Bild dann auf die »großköpfigen«

Fremden übertragen? Nach diesem Modell dürften nur Zwillinge die »kleinen Grauen« sehen – was unbestritten nicht der Fall ist.

• *Mythologische Bilder:* Handelt es sich um aus dem kollektiven Unbewußten geschöpfte moderne Mythen? Sind unsere Märchen im Grunde Vorläufer der heutigen Entführungsberichte? Fraglos tauchen in den Überlieferungen weltweit immer wieder Elemente auf, die mit den modernen Geschehnissen parallelisiert werden können (ich habe hierüber ausführlich in »Die Anderen« geschrieben). Aber auch sie zeigen einen deutlichen internen Zusammenhang, der nicht – wie die Mythen – kulturspezifisch ist, sondern weltweit auf die gleichen Details Bezug nimmt; nicht anders als heute. Mythen bringen sich selbst in erster Linie in Bildern zum Ausdruck, in Symbolen, die von jedermann verstanden werden können. »Entführungs«-Berichte hingegen sind voll unverständlicher Einzelheiten, voll neuartiger Elemente, voll bislang unbekannter Gemeinsamkeiten. Kein Mythos hat derartiges bislang jemals gezeigt – es ist unwahrscheinlich, daß es uns im »Entführungs-Phänomen« nun erstmals begegnen sollte: weltweit, mit den gleichen Symptomen, mit den gleichen Hintergründen.

• *Nacherzählungen:* Nach dem Verständnis einiger Skeptiker sollen »Entführungs«-Berichte einfach Nacherzählungen sein – sei es von bereits veröffentlichten Berichten, vor allem aber aus der Science-fiction. Ich habe bereits darauf hingewiesen: Wäre dies der Fall, sollte man annehmen, daß zunehmend auch »Wesen« aus den modernen SF-Filmen beschrieben werden: ETs, Zylonen, »imperiale Kampftruppen« aus »Krieg der Sterne«, Robocops, Exterminatoren, Aliens, schleimigblubbernde Körperwandler und der seltsamen Gestalten mehr. Nichts dergleichen ist jemals aufgetreten. Im Gegenteil: Im Grunde ist es erstaunlich, wie viele Elemente der modernen Science-fiction *nicht* in den »Entführungs«-Berichten vertreten sind.

• *Wanderlegenden:* Solche Erzählungen grassieren zum Teil über große Landstriche hinweg, haben aber keinen wirklichen historischen Kern. Man kennt die absurdesten Varianten. Eine der modernsten – auch hier bei uns – ist die vom »Nierenklau«. Demnach sollen zahlreiche Menschen (insbesondere bei Auslandsaufenthalten) gekidnappped worden sein, man habe ihnen dann eine ihrer Nieren operativ entfernt und sie schließlich wieder freigelassen. Die dunklen Hintermänner dieser Taten wechseln: mal sind es international operierende, mafiaähnlich organisierte Organhändlerbanden, mal der CIA, mal der ehemalige KGB, sogar die einheimische Polizei spielt zuweilen diese Rolle. Aber ein solcher »Nierenklau« ist extrem unwahrscheinlich, durch wen auch immer. Jede Verbrecherbande genauso wie eine Geheimorganisation würde das Opfer kaum hinterher wieder genesen und als potentiellen Zeugen frei herumlaufen lassen. Wanderlegenden haben mehrere, inzwischen eindeutig identifizierte Charakteristika, aber keine davon trifft auf das »Entführungs«-Phänomen zu. Der Volkskundler Dr. Thomas Bullard schreibt: »Jede der bekannten Erzählungen liegt in einer Unzahl von Varianten vor – mit zahlreichen Verwandlungen nach innen und weniger ähnlichen Veränderungen nach außen. Nur zuweilen deckt sich der Inhalt einer Wanderlegende mit der einer anderen über bestimmte Grundelemente hinaus. Entführungsberichte hingegen unterscheiden sich zwar in vielen

Details, aber umfassende Teile dieser Geschichten, die sich auf einfache Weise ändern *könnten,* tun genau das nicht – entgegen allen Erwartungen, die man an eine Wanderlegende stellen würde.«[30]

Was bleibt...?

Die dritte Kategorie der »natürlichen« Erklärungen ist fraglos die am einfachsten zu widerlegende: »UFO-Entführungen« seien allesamt unwahre, vom jeweiligen »Entführten« erdachte, zusammengebastelte, also bewußt manipulierte Geschichten. Sei es aus Geltungssucht, aus finanziellen Erwägungen heraus, um sich einen Spaß mit der Öffentlichkeit zu machen oder was immer einem einfallen mag. Es ist richtig, daß sich unter den Tausenden von »Entführten«, die weltweit den UFO-Forschern inzwischen bekannt sind, auch einige Fälle solch bewußt lügender Scharlatane gefunden haben – etwas anderes wäre auch kaum zu erwarten gewesen. Derartige Geschichten verführen ja geradezu dazu, sich selbst damit in die Schlagzeilen zu bringen und das Verwirrspiel irgendwann auffliegen zu lassen. Selbst heute noch werden UFO-Beobachtungen, die jahre- oder gar jahrzehntelang als »echt« galten, als bewußte Schwindelgeschichten entlarvt.[31]
Aber für die allermeisten »Entführungs«-Berichte trifft dies ebensowenig zu wie für UFO-Sichtungen generell. Konstruierte Erzählungen fallen in der Regel sehr schnell in sich zusammen (daß dergleichen erst viele Jahre danach entdeckt wird, ist die seltene Ausnahme). Entweder haben die Schwindler ein eigenes Interesse daran, ihre Geschichte aufzulösen, oder die einzelnen

Komponenten sind untereinander so unstimmig, daß der Lügencharakter rasch erkennbar wird.

Der Hintergrund dessen, was wir »UFO-Entführungen« nennen, ist also weder mit psychologischen noch pathologischen noch soziologischen noch mit der »Alles-ein-Riesen-Schwindel«-Hypothese in den Griff zu bekommen. Diese Modelle sind unzureichend oder verfehlt. Sie sind unfähig, die Gesamtheit dieser Ereignisse genauso wie ihre interne Struktur, ihr weltweites Auftreten und ihre Unabhängigkeit von zeitlichen, kulturellen und religiösen Einflüssen auch nur annähernd zu erklären.

Trotzdem haben sie ihren Wert. Sie zeigen uns nämlich, was »UFO-Entführungen« *nicht* sind. Und indem wir sie ausschließen können, verbleibt letztlich nur eine Möglichkeit: »UFO-Entführungen« sind genau das, was jene, die sie erleben, uns berichten. Es sind Erfahrungen an der Grenze dessen, was wir als Realität bezeichnen. Es sind existenzielle, bis in die tiefsten Tiefen der menschlichen Seele hinabreichende Ereignisse, die sich – zumindest für den »Entführten« – so abspielen, wie sie oder er es uns zu vermitteln sucht. Wir haben keinen Grund, diesem Zeugnis zu mißtrauen.

Das, was sich dabei abspielt, mag irreal erscheinen, als unserer Welt nicht zugehörig. Es mag uns wie ein kollektiver Traum anmuten, wie etwas, das aus einer unendlich fernen Nähe (oder unendlich nahen Ferne) zu uns kommt, das mehr und mehr Menschen ergreift, in sie eindringt und sie nicht mehr losläßt.

Und die entscheidende Frage ist nicht mehr, *ob* all dies geschieht – sondern *warum*...

V

Verlorenes Glück

Gynäkologische Experimente

»Es war gegen Ende des dritten
Schwangerschaftsmonats. Ich weiß das
sehr genau, denn ich hatte all jene
Merkmale bei mir festgestellt, die ich ja
schon von den beiden großen Kindern
her kannte. Mir war morgens übel, ich
konnte keinen Zigarettenrauch riechen,
ohne daß mir furchtbar schlecht wurde.
Vor allem: Seit drei Monaten war die
Regelblutung ausgeblieben. Für mich
war es eindeutig: In meinem Bauch
wuchs ein Kind heran.«

Maria Struwe
(entführt 1986)

Als in den frühen sechziger Jahren die ersten Ent-
führungsberichte bekannt wurden (jene von Antonio
Villas Boas und Betty und Barney Hill), stießen sie bei den
UFO-Forschern weltweit auf ein sehr unterschiedliches
Echo. Nur einige wenige erkannten, daß es genau dieser
Typus von Begegnungs-Erlebnissen ist, der als der wahr-
scheinlichste anzusehen sein muß, wenn man von Besu-
chen einer fremden Intelligenz auf der Erde ausgeht.

Die meisten »Ufologen«, auch bei uns in Deutschland, hielten damals an den weitaus populäreren und dem Zeitgeist angepaßten »Kontaktlergeschichten« fest. Männer wie George Adamsky, Daniel Fry, Eugenio Siragusa und andere, die behaupteten, mit Mars-, Venus-, Mond- oder Jupitermenschen zusammengetroffen zu sein, wirkten glaubhafter. »Ihre« Außerirdischen gaben Botschaften an die Menschheit weiter, die verständlich waren: beendet die Kriege, stoppt die atomare Rüstung, rottet den Hunger auf der Welt aus! Das leuchtete ein und ließ sich gut in die Öffentlichkeit transportieren. All die zahlreichen Unstimmigkeiten dieser Erzählungen wurden ignoriert und werden es von eingefleischten UFO-Spiritisten noch heute.

In den fünfziger und sechziger Jahren wurde die Szene fast ausschließlich von diesen »Kontaktlern« dominiert. »Entführungen« waren ein vollkommen neues Element, sie ließen sich nur schwer in das Bild einpassen, das man bis dahin vom UFO-Geschehen zu haben glaubte. Außerirdische (die man sich in der Regel als überaus gute »Sternenbrüder« vorstellte), die Menschen entführten und ihnen dabei sogar Schmerzen zufügten – das konnte doch wohl nicht wahr sein!

Die meisten UFO-Forscher hatten folglich ein sehr zwiespältiges Verhältnis zu derartigen Berichten. Und sie hätten es sicher in noch verstärkterem Maße gehabt, wäre damals schon das gesamte Ausmaß dieser Erlebnisse erkannt worden. Vor allem aber ein wesentlicher Teil davon: nämlich die Zeugung sogenannter »Hybridwesen«.

Dabei taucht gerade dieses Motiv bereits in den beiden allerersten Berichten auf: bei Betty und Barney Hill genauso wie bei Antonio Villas Boas.

Sexuelle Variationen

Der damals 23jährige argentinische Farmer Antonio Boas wurde am 15. Oktober 1957 während der Arbeit auf dem Feld in ein gelandetes Objekt verschleppt, von fünf kleinen Wesen durch mehrere Räume geführt, schließlich auf einen Tisch gelegt, entkleidet und mit einer geleeartigen Flüssigkeit überschüttet. Man entnahm ihm Blut (die Einstichnarbe war auch später noch gut sichtbar) und ließ ihn schließlich allein. Nach Antonio Boas Empfinden muß fast eine halbe Stunde vergangen sein, bevor sich die Tür erneut öffnete. Eine nackte Frau mit großen, tränenförmigen, blauen Augen und weißblondem Haar kam auf ihn zu: »Sie schaute mich wie jemand an, der etwas von mir will. Sie umarmte mich und rieb ihr Gesicht an meinem. Im selben Moment fühlte ich ihren Körper auf meinem und die gleichen Bewegungen durchführen. Allein, zusammen mit dieser Frau, die mich umschlungen hielt, wuchs meine Erregung. Das mag unglaublich erscheinen angesichts der Situation, in der ich mich befand. Ich glaube, daß diese Flüssigkeit, die sie auf meiner Haut verteilten, der Grund dafür war. Alles was ich weiß, ist, daß ich sexuell völlig außer Rand und Band geriet, in einer Weise, wie es mir nie zuvor passiert war.«[32]
Für Antonio Villas Boas war schon zu diesem Zeitpunkt klar, worum es ging: »Das war es, was sie von mir wollten – ein guter Hengst zu sein, um ihre eigene Zucht aufzufrischen. Nicht mehr und nicht weniger als genau das.«
Als vier Jahre später Betty und Barney Hill, ein gemischtrassiges Ehepaar aus Kanada, entführt wurden, zwang man sie zwar nicht zu einem sexuellen Kontakt mit den

Fremden. Aber bei Betty Hill führte man augenscheinlich einen Schwangerschaftstest durch, und Barney Hill wurde mit einem Gerät Samen aus dem Penis abgesaugt. Letzteres war noch Mitte der sechziger Jahre derart ungeheuerlich, daß John Fuller, der 1966 die erste große populäre Veröffentlichung des Falles vornahm, diesen Aspekt einfach unter den Tisch fallen ließ.[33]

Heute wissen wir, daß derartige Prozeduren wenn auch nicht die Regel, so doch sehr häufig sind. Prof. David Jacobs hält sie sogar für die eigentliche Ursache der »Entführungen«. Er sieht in der Aufzucht einer halbmenschlichen, halbaußerirdischen Rasse das Motiv für das Gesamtgeschehen.[17]

Ich möchte mich dem nicht unbedingt anschließen. Letztlich sind solche »Kreuzungsexperimente« durch die gesamte Geschichte hindurch zu verfolgen, sämtliche großen Göttermythen der Menschheit sprechen davon, einschließlich der jüdisch-christlichen. Es ist gut möglich, daß es zu Beginn der Menschheitsgeschichte genetische Experimente gegeben hat, die überhaupt erst den Menschen entstehen ließen; auch davon wissen alle Schöpfungsberichte. Aber daß seither ein jahrzehntausendelanges Experiment zur Schaffung einer neuen, hybriden Rasse andauert, ist logisch nicht nachvollziehbar und wenig wahrscheinlich.

Das bedeutet *nicht,* daß diese »Kreuzungsprozeduren«, diese sexuellen oder quasisexuellen Kontakte, diese Berichte von unerklärlichen Schwangerschaften und der späteren Begegnung mit den eigenen fremdartigen Kindern *nicht* stattfinden. Sie sind genauso real oder irreal wie das Phänomen an sich, sie sind ein integraler Teil des Ganzen. Mit anderen Worten: Sie sind in letzter Konsequenz ebenso »Verwirrspiel«, ebenso Bestandteil

170

des Mimikry-Verhaltens der Fremden wie alle anderen Elemente auch.

Mimikry bedeutet »perfekte Tarnung«. Wir wissen nichts oder nur sehr wenig über die Motivation jener Intelligenz, die sich hinter dem UFO-Phänomen verbirgt. Sie benutzt dieses Phänomen, es ist ihr Werkzeug, ihr Instrument. Es ist nichts weiter als die Maske, die wir sehen, eine schillernde Maske, voll bizarrer, glitzernder, verwirrender Züge. Wir lassen uns davon blenden, weil wir gar keine andere Möglichkeit haben. Wir können nur die Oberfläche sehen, der Blick ins Innere bleibt uns verwehrt.

Und »die Anderen« wissen, wie wir auf diese Maske reagieren. Es ist eine wandelbare Maske, eine Maske, deren Antlitz sich beständig ändert – je nachdem, was wir erwarten. Jene Bilder, die sich kollektiv im Unbewußten der Menschen eingenistet haben, genau diese Bilder spiegelt sie uns wieder. Und darum sind es wir selbst, die wir uns in der Maske der Fremden sehen: Es sind unsere Gefühle, unsere Ängste, unsere Freuden und unsere Träume.

Mich wundert nicht, daß die sexuelle Komponente eine so große Rolle spielt. Das liegt nicht daran, daß die »Anderen« eine neue Rasse züchten. Es liegt einzig und allein in uns selbst. Es sind unsere kollektiven Vorstellungen, unsere Phantasien, die uns – auch auf diesem Gebiet, natürlich! – wieder einholen. Verändert, transformiert, den Erforderlichkeiten und Bedürfnissen einer »anderen Welt« angepaßt.

Diese Tarnung ist perfekt. Sie erlaubt den Fremden eine nahezu unbegrenzte Handlungsfülle. Wir sind unfähig, ihre wahren Intentionen und Interventionen zu erkennen, weil wir nur das erkennen können, was uns zu erkennen erlaubt wird. Und das ist eingehüllt in eine schillernde, undurchschaubare Hülle, ein glitzerndes Konglomerat, zusammengemischt aus den Fähigkeiten der »Anderen« und den Phantasien von uns selbst.

Wie eine Vergewaltigung...

Die »sexuellen Variationen« bei Entführungs-Erlebnissen können die merkwürdigsten Ausprägungen annehmen. Es gibt nicht nur Berichte über Geschlechtsverkehr mit den Fremden, sondern auch mit den (erwachsenen) Hybridwesen. Ja, es existieren sogar glaubwürdige Schilderungen über sexuelle Vereinigungen mit anderen »Entführten« – unter den allessehenden, alleswissenden Augen der »Anderen«.

David Jacobs nennt einige solcher Fälle.[17] So wurde im Juli 1988 eine junge Frau dazu gezwungen, mit einem Mann zwischen 30 und 40 Jahren, der auf einem Tisch neben ihr lag, zu schlafen. Sie weigerte sich, wurde von den Fremden aber mit telepathisch vermittelten Befehlen angehalten, auf den Mann zu steigen und den Akt vorzunehmen (der Mann befand sich in einem »scheintoten« Stadium und registrierte seine Umwelt offenbar nur bruchstückhaft). In der Hypnoserückführung sagte die Frau:

»Vielleicht hatte er schon eine Erektion, aber er zeigt keine anderen Zeichen, und ich sitze einfach nur auf dem Burschen. Er ist nicht wirklich erregt... Irgendwie weiß ich trotzdem, daß er eine Erektion hat. Aber kein anderer Teil seines Körpers zeigt irgendeine Regung – also, das ist nicht einmal wie eine richtige Erektion, wissen Sie, was ich meine? ... Jetzt wollen sie, daß ich mit ihm schlafe. Es ist furchtbar. Ich sage ihnen, daß ich nicht will, aber ich habe den Eindruck, als ob sie mit irgend etwas wirklich Schrecklichem begännen, etwas absolut Unmoralischem. Es ist wirklich furchtbar... Alles ist total mechanisch. Es ist schlimm. Ich habe keine Gefühle dabei, für nichts und niemanden.«

Prof. Jacobs schreibt dazu: »Fremde Kontrolle sexueller Aktivität zwischen zwei Menschen an Bord der Fahrzeuge taucht in den Berichten sehr häufig auf. Die Fremden bringen den Entführten in einen Raum, und auf dem Tisch liegt bereits ein Mensch des jeweils anderen Geschlechts. Die Entführten berichten, daß dieser andere Mensch ›weggetreten‹ zu sein scheint. Die Fremden machen deutlich, daß sie eine sexuelle Vereinigung des Entführten mit dieser anderen Person wünschen. Der Entführte muß gehorchen. Er steigt entweder auf die andere Person und schläft mit ihr, oder er liegt bereits auf dem Tisch, und der Geschlechtsverkehr findet auf diese Weise statt. Wenn es dabei zum Orgasmus kommt, starren die Wesen oft in die Augen des Entführten. Es muß betont werden, daß dies keine Sexualphantasie ist. Die meisten Männer und Frauen empfinden dies als ein traumatisches Erlebnis, über das sie keine Kontrolle haben. Mit Tränen in den Augen sagte ein Mann, er fühlte sich, als ob er die Frau vergewaltigte, mit der zu schlafen er gezwungen wurde.«

Unter einem fremden Zwang

Dem heute 30jährigen Studenten *Bernd Jentsch* scheint etwas Ähnliches passiert zu sein. *Bernd*, der Erinnerungen besitzt, als Kind nachts »operiert« worden zu sein, und dessen Eltern von mysteriösen »Soldaten« entführt wurden, plagten im Alter zwischen 16 und 19 Jahren seltsame Träume:

›»Im Herbst 1980 begann ich mit einem Tanzkurs, bei dem ich ein Mädchen kennenlernte. Ich war damals 16 Jahre alt. Je länger unsere Beziehung dauerte, desto mehr häuften sich bei uns beiden eigenartige Träume, die erst zu einem Ende kamen, als wir uns 1983 im Streit trennten. Zunächst hatte ich einen Traum, der sich ständig wiederholte: Ich stand auf einem Rasenplatz vor einem ›Ding‹, das völlig dunkel war und in der Dunkelheit der Nacht verschwamm. Inmitten dieses ›Dings‹, das auf Stelzenbeinen zu stehen schien – die ich aber nie richtig wahrnehmen konnte –, befand sich eine Türöffnung, die über eine Leiter zu erreichen war. In dieser von innen her hell erleuchteten Öffnung stand ein Mann. Die Gestalt war immer völlig schwarz und hob sich nur gegen das aus der Öffnung fallende Licht ab.«

In seiner Erinnerung ist dieser Mann für *Bernd* nur eine Silhouette, ein Schattenriß. Und er scheint jenem »Typ« geglichen zu haben, den *Franziska Metz* um 1984 in ihrer Würzburger Appartementwohnung auftauchen sah: »Das einzige außergewöhnliche Merkmal«, berichtet *Bernd*, »war ein Hut, den der Mann trug, dessen breite Krempe sich als Schattenriß deutlich abzeichnete. Diese Gestalt forderte mich immer wieder auf, in das ›Ding‹ hineinzukommen. Ich weigerte mich über viele Wiederholungen des Traumes standhaft, ihm zu folgen.«

Nach einiger Zeit begann sich der Inhalt dieses Traumes aber zu ändern: »Ich wurde von dem Mann aufgefordert, das Mädchen mitzubringen. Ich wehrte dies

174

heftig ab. Ich rief immer wieder: ›Nein, sie ist nicht die richtige, nein, ich will nicht!‹ Schließlich fanden diese Träume ihren Höhepunkt darin, daß ich das Mädchen bei mir hatte und mich immer heftiger dagegen wehrte, mit ihr in das ›Ding‹ zu kommen. Einer der letzten derartigen Träume fand um den Jahreswechsel 1982/1983 stand. Er war dergestalt, daß ich mich in Begleitung der schwarzen Gestalt in der Straße befand, in der meine Freundin wohnte. Ohne daß ich in der Wohnung gewesen wäre, war sie plötzlich an meiner Seite. Zu dritt – wobei die schwarze Gestalt immer schräg hinter mir blieb – gingen wir die Straße entlang. Dann bricht meine Erinnerung ab, aber im Januar 1983 erzählte mir meine Freundin von einem Traum, der ihr große Angst gemacht hatte und in dem der ›Elefantenmensch‹ in ihr Zimmer trat (damals lief gerade der Film ›Der Elephantenmensch‹ mit John Hurt im Kino).«

Bernd ist sich sicher, sogar den Ort lokalisieren zu können, an dem diese Szenen mit dem »Ding« und dem dunklen Mann stattfanden: eine Wiese in der Nähe der damaligen amerikanischen Radarstation auf dem Trümmerberg am Teufelssee. Etwa ein halbes Jahr lang hielten diese Träume an und fanden erst ein Ende, als er die Beziehung zu seiner Freundin abbrach (sie hatte ihn mit einem anderen betrogen).

Ich hatte schon in Kapitel III berichtet, daß *Bernd Jentsch* sich im Frühjahr 1992 im Rahmen einer hypnotischen Regression in die verschiedenen Episoden zurückführen ließ, die mit dem Einfluß der »Anderen« in seinem Leben eine Rolle spielen könnten. *Bernd* selbst – auch darauf wies ich bereits hin – glaubt nicht an die Realität dieser Erlebnisse (er sieht sie eher als Ausdruck einer kollektiven Phantasie, und bis zu einem gewissen Grad stimme ich ihm da vollkommen zu). Aber ich halte es doch für erwähnenswert, im Kontext all dieser Beschreibungen auch die Ergebnisse zu nennen, die die Rückführung in bezug auf dieses Ereignis hatte:

»In der Hypnose fiel es mir sehr schwer, zu den Erinnerungen vorzustoßen. Nach Aussage der anwesenden Zeugen reagierte ich mit Weinen und instinktiver Abwehr. Ich kann dies allerdings nicht bestätigen, ich glaubte, völlig ruhig und ohne Erregung gesprochen zu haben. Aber die Bilder, die in mir aufstiegen, schockierten mich zutiefst, und ich denke bis heute nur mit Abscheu daran. Als der Mann mich aufforderte, meine Freundin mit in das Flugobjekt zu bringen, war ich sehr aufgebracht und sagte, sie sei nicht die richtige dafür. Aber der Mann wollte, daß wir in das ›Ding‹ kämen, um dort miteinander Geschlechtsverkehr auszuüben. Ich war sehr aufgebracht und wollte mich darauf nicht einlassen. Auch in der Hypnose regte ich mich fürchterlich darüber auf, was soweit ging, daß ich in Tränen ausbrach. Aber nach und nach ließ mein Widerstand nach, und man zwang uns, in einem Raum dieses ›Dings‹ miteinander zu schlafen.«

Was sind das für seltsame Geschichten? Sexualphantasien? Nicht ganz auszuschließen, aber warum phantasieren dann Menschen auf der ganzen Welt auf nahezu identische Weise – ohne jemals zuvor etwas voneinander gehört zu haben? Sind es einfach nur Traumbilder, die das Unterbewußtsein von *Bernd* produzierte, um die in eine Krise geratene Beziehung zu seiner Freundin neu zu stimulieren? Wohl kaum. Das Unterbewußtsein war zu diesem Zeitpunkt sicher noch weit mehr als *Bernds* Wachbewußtsein darüber orientiert,

176

daß diese Beziehung keine Zukunft hatte. Das Unter- und damit das Traumbewußtsein hätte ihn nicht zu einem Geschlechtsverkehr gezwungen, sondern im Gegenteil davon abgeraten. Alles andere widerspräche den Erkenntnissen, die wir aus der modernen Traumpsychologie haben.

Und noch etwas ist seltsam. Kurz nach diesem Traum blieb bei *Bernds* Freundin die Periode aus. Sie selbst glaubte, schwanger zu sein. Am 24. März 1983 war sie beim Frauenarzt, der jedoch keine Schwangerschaft feststellen konnte. Die Regel setzte kurze Zeit später wieder ein. In diese Zeit fällt auch ihr Traum vom »Elefantenmenschen«, der nachts in ihr Zimmer kam. Seltsame, unterbrochene Schwangerschaften spielen in dem gesamten Szenario eine bedeutende Rolle, scheinen sie doch ein Indiz für den objektiven Charakter solcher Eingriffe zu sein. Und dies gilt in ganz besonderer Weise für einen weiteren erstaunlichen Fall aus Berlin: den der Maria Struwe.

Eine Frau in Berlin

Ihr Brief erreichte mich wenige Wochen, nachdem »Die Anderen« erschienen war: »Nach dem Lesen Ihres Buches fühle ich mich aufgerufen, Ihnen zu schreiben, Ihnen ein Erlebnis zu schildern, um vielleicht eines Tages auch auf meine Fragen Antworten zu erhalten.«

Und es war ein weiß Gott erstaunliches Erlebnis oder besser eine ganze Kette davon, die Maria Struwe da mitzuteilen hatte. Sie waren so erstaunlich, daß ich schon kurz darauf nach Berlin fuhr, um selbst mit ihr sprechen zu können, um mir ein Bild zu machen, um mehr zu erfahren über den *Menschen* Maria Struwe und natürlich über das, was da mit ihr vorging.

Die hübsche Frau, die mir schließlich gegenübersaß, paßt so gar nicht in das Bild, das sich UFO-Skeptiker gern von »Entführten« machen würden. Sie ist intelligent, aufmerksam, kritisch. Ohne Scheu, aber immer mit der ihr eigenen Distanz zu all diesen Dingen, erzählt sie, was mit ihr geschehen ist.

Maria ist gebürtige Spanierin und verbrachte ihre ersten acht Jahre in Barcelona. Und schon damals, so glaubt sie sich schwach erinnern zu können, waren da diese seltsamen Träume von astronautenähnlichen Gestalten, die vom Himmel herabkamen und in ihr Fenster schauten.

Später wurden diese Träume konkreter. Und dann, im Jahr 1986, geschah es.

»Es war im Sommer. Ich wachte morgens neben meinem Mann auf. Es war unglaublich, aber ich fühlte mich, als hätte ich die ganze Nacht über Schwerstarbeit geleistet. Ich war ausgelaugt, fertig. Und da war diese Erinnerung.«

Nie zuvor war Maria Struwe etwas derartiges passiert. In den Träumen, die sie in den Jahren zuvor gehabt hatte, waren es immer »Astronauten« gewesen, die zur ihr kamen. Jetzt war auf einmal alles ganz anders:

»Ich wußte genau, das war kein Traum. Das habe ich erlebt – diese Nacht. Ich lag auf einem Tisch oder einem Bett oder einer Bahre oder einem Operationstisch. Und links und rechts neben mir standen ... ja, Wesen. Sie sahen sehr merkwürdig aus: Ihre Haut war wie Schuppen, grau, aber ein wenig ins Grünliche gehend. Sie hatten große Köpfe und große Augen. Nicht ganz so

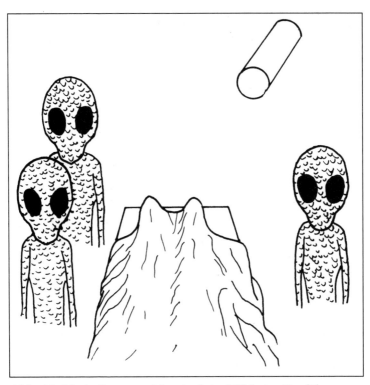

Abb. 13 Maria Struwe erlebte im Jahr 1986 eine Entführung.
Sie lag nackt auf einem Tisch, nur mit einem Tuch zugedeckt,
und drei kleine Wesen mit grünlich-grauer Schuppenhaut,
großen Köpfen und großen schwarzen Augen starrten sie an.
Schräg über ihr schwebte eine Röhre, aus der Licht fiel. Der
Raum selbst erschien ihr »grenzenlos« (Skizze der Zeugin).

wie die Bilder, die man sieht, die auch in Ihrem Buch
sind... Aber doch sehr ähnlich.« (Abb. 13)
Die Momente der bewußten Wahrnehmung dieser Situation scheinen nur sehr kurz gewesen zu sein, aber sie
prägten sich tief ins Gedächtnis von Maria ein. »Ich

habe dieses Bild deutlich vor mir, ich habe es erlebt, so wie ich jetzt diese Situation erlebe. Es war absolut real. Ich weiß nicht, wo ich war, wer diese Wesen waren, was sie mit mir machten. Aber ich weiß, daß es passiert ist. Damals, in dieser Nacht.«

Was geschah mit ihr?

Es war eine ganz besondere Zeit für Maria Struwe. Sie war schwanger, mit ihrem dritten Kind. »Es war gegen Ende des dritten Schwangerschaftsmonats. Ich weiß das sehr genau, denn ich hatte all jene Merkmale bei mir festgestellt, die ich ja schon von den beiden großen Kindern her kannte. Mir war morgens übel, ich konnte keinen Zigarettenrauch riechen, ohne daß mir furchtbar schlecht wurde. Vor allem: Seit drei Monaten war die Regelblutung ausgeblieben. Für mich war es eindeutig: In meinem Bauch wuchs ein Kind heran.«

In der zehnten Schwangerschaftswoche hatte Maria Struwe einen Termin beim Frauenarzt. Aber der konnte keine Schwangerschaft feststellen. Tatsächlich blieben etwa von diesem Tag an auch die Schwangerschaftssymptome bei Maria Struwe wieder aus: ihr wurde nicht mehr schlecht, sie konnte freier atmen, nur die Blutung hatte noch nicht wieder eingesetzt.

Trotzdem war sie – wie hätte sie anders können? – überzeugt, schwanger zu sein. Alles schien darauf hinzudeuten. Irgendwann in diesen Tagen erwachte sie morgens mit der Erinnerung an das seltsame Ereignis: Sie hatte sich auf einem »Operationstisch« liegen gesehen, seltsame Wesen waren um sie herum, irgend etwas geschah mit ihr...

Aber nicht nur in dieser Nacht: »Etwa zwei Wochen nach diesem Arztbesuch hatte ich mit meinem Mann Geschlechtsverkehr. Mein Mann sagte mir dabei, daß es in mir sehr warm sei, viel wärmer als sonst. Auch ich fühlte etwas sehr Warmes und schaute nach. Zu meinem Erschrecken schied ich aus dem Unterleib zwei zusammenhängende ›Fleischklumpen‹ aus, die aussahen wie ein Stück Putenleber und auch diese Größe hatten, vielleicht ein bißchen kleiner. Ich rief meinen Mann, damit er sich das anschauen konnte, und wir sahen, daß ich eine Plazenta ausgeschieden hatte. Aber an diesem Klumpen befand sich kein Embryo.« (Abb. 14)

Weil Maria Struwe und ihr Mann keine Erfahrung mit diesen Dingen hatten und zum damaligen Zeitpunkt die Bedeutung des Vorganges natürlich nicht einschätzen konnten, spülten sie den »Fleischklumpen« einfach in der Toilette hinunter. »Das war falsch, aber ich machte mir keine Gedanken darüber. Am nächsten Tag besuchte ich meinen Arzt. Er war furchtbar aufgebracht darüber. Sicher, ich hätte die Plazenta aufheben und mitbringen müssen. Aber daran hatten wir wirklich nicht gedacht.«

Läßt sich rekonstruieren, was damals geschehen ist? Tatsache ist, daß Maria Struwe überzeugt war, schwanger gewesen zu sein, alle Anzeichen ihres Körpers deuteten darauf hin. Dann geschahen zwei Dinge nahezu simultan: Sie erlebte eine »klassische« Entführung – und ihr Arzt stellte fest, daß eine Schwangerschaft nicht oder jedenfalls nicht mehr vorliege. Etwa ein bis zwei Wochen später schied Maria die offensichtlich funktionslos gewordene Plazenta aus.

Die entscheidende Frage ist natürlich: War sie wirklich schwanger oder nicht? Letztlich können wir darüber

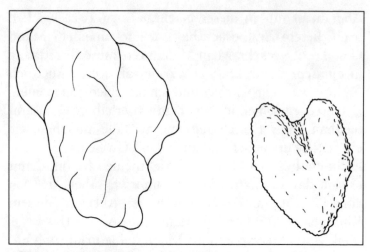

Abb. 14 Gedächtnisskizze Maria Struwes. Rechts der »putenlebergroße Fleischklumpen«, wahrscheinlich eine Plazenta, links das Häutchen, das offenbar eine Schwangerschaft verhindern sollte.

keine Sicherheit haben, denn auch eine Scheinschwangerschaft ist gut möglich. Ich habe mich mit einer Hebamme und einer Frauenärztin darüber unterhalten: Beide können weder das eine noch das andere ausschließen, d.h. es könnte sich sowohl um eine Scheinschwangerschaft (oder um eine tatsächliche Schwangerschaft mit Resorption des Fötus) gehandelt haben als auch um einen »Embryo-Diebstahl«.

Freilich wäre zunächst die »natürliche« Erklärung vorzuziehen; ich will sie auch nicht ausschließen. »Es könnte sich«, schreibt mir beispielsweise die Hebamme Frederike Quest[34] aus Hannover, »um eine Schwangerschaft ohne Fruchtanlage von Beginn an (ein sogenanntes ›Windei‹) gehandelt haben. Der Uterus hätte dann vielleicht sogar vergrößert sein können.«

Leider wird derartiges nicht mehr verifizierbar sein, zumal eine histologische Untersuchung des »Fleischklumpen« unterblieben ist. Dazu schreibt mir die Frankfurter Gynäkologin Dr. Ruth Kremser: »Die Fleischklumpen waren wahrscheinlich Plazentagewebe. Eine eventuelle Resorption (oder auch extraterrestrische Entnahme des Fötus) ist möglich. Dann ist bei abgestorbener Schwangerschaft der Harntest negativ, die Schwangerschaftsbeschwerden gehen zurück.«[35]

Das Missing-Embryo-Syndrom

Seit einigen Jahren gibt es – bislang vorwiegend aus den USA – Berichte von Entführten, die glauben, man habe sie künstlich befruchtet und ihnen Wochen oder Monate später den herangewachsenen Embryo wieder entfernt. Das Phänomen ist mittlerweile schon so weit verbreitet, daß man in der UFO-Forschung vom *Missing-Embryo-Syndrom* spricht. Der erste bekanntgewordene Fall war jener der *Kathie Davis,* den Budd Hopkins ausführlich behandelt.[16] Auch Betty Andreasson-Luca schildert eine Szene, in der sie an Bord geholt wurde, um bei der künstlich durchgeführten Geburt eines solchen Kindes mitzuhelfen.[15] Seither gibt es eine ganze Reihe solcher Berichte.

Prof. David Jacobs schreibt dazu: »Das Problem einer ungeplanten oder unerklärlichen Schwangerschaft ist eine der häufigsten physikalischen Folgeerscheinungen eines Entführungs-Erlebnisses. Gewöhnlich fühlt sich die Frau schwanger und hat all die äußerlichen Anzeichen dafür... Typischerweise entdeckt sie dann am Ende des dritten Monats plötzlich, nicht mehr schwanger zu sein. Sie hat keine Fehlgeburt, keine außergewöhnlich starke Blutung oder einen Abgang. Der Fötus ist einfach verschwunden – mit keinem Hinweis auf das seltene Phänomen der ›Resorption‹, bei der es möglich ist, daß ein lebensunfähiger Fötus innerhalb des Körpers einer Frau aufgelöst werden kann.«[17]

Die typische Geschichte einer solchen Frau ist die der 32jährigen »Maria« aus Leeds in England: »Im November 1990 war mein Mann zu einem Lehrgang unterwegs, ich war allein zu Hause und im Schlafzimmer. Draußen war plötzlich ein gewaltiges Rad aus Licht – ich bekam furchtbare Angst und rannte hinaus. Da war überall Licht, und irgend etwas in meinem Kopf sagte mir, genau da hineinzuschauen, denn es würde mir nicht wehtun. Ich versuchte, dagegen anzukämpfen – erfolglos.«[36]

Eineinhalb Stunden später kommt »Maria« wieder zu sich. Sie sitzt auf ihrem Bett, die Füße schmutzverschmiert, sie sieht Blut auf ihrem Kissen: »Das konnte kein Traum gewesen sein, denn ich entdeckte Wunden an meinem Körper. Am Hinterkopf fehlte ein ganzes Büschel Haare, und ich hatte sieben Nadeleinstiche an meinem kleinen Finger.«

Der Arzt, an den die Frau sich wandte, konnte ihr nicht helfen. Er stellte lediglich ungewöhnliche Gewebeverletzungen fest. Aber »Maria« hatte im Laufe der nächsten Monate immer häufiger sogenannte »Flashbacks«, Momente, in denen sie sich an kurze Episoden ihres nächtlichen Erlebnisses erinnern konnte: »Ich weiß, daß ich mit drei sehr kleinen Männern einen Korridor hinuntergegangen bin. Sie waren bronzefarben und stanken fürchterlich – wie nach faulen Pilzen. Ich wurde auf einen metallenen Tisch gelegt, mein Kopf

184

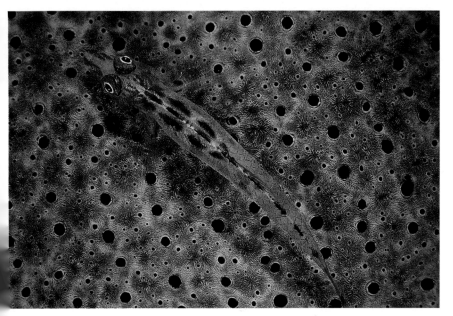

1   Mimikry: Bestimmte Tiere – hier ein Fisch – vermögen sich optimal tarnend an ihre Umwelt anzupassen. Das Verhalten der »Anderen« scheint ähnlichen Regeln zu folgen.

2   Radarfoto eines UFOs aus der belgischen Sichtungswelle 1990/1991. Es wurde von einem verfolgenden F-16-Jäger gemacht. Das Objekt ist der verwaschene helle Lichtfleck oberhalb der »2« von »270«.

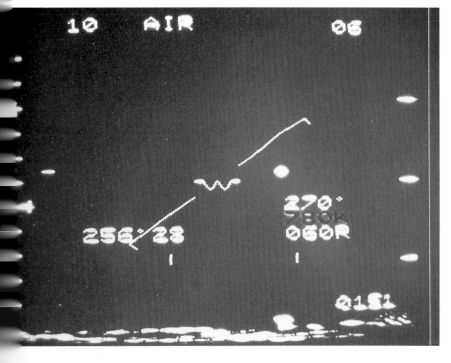

3 a und b   Der Künstler
Joachim Gelhaar hatte
1971 eine UFO-Begeg-
nung auf der Berliner
Stadtautobahn. Er setzte
dieses für ihn einschnei-
dende Erlebnis in mehrere
Acryl-Kunstwerke um.

Die »kleinen Grauen«
nd jene UFO-Insassen,
e heute – vor allem in
merika – vorwiegend ge-
hen werden. Aber sind
tatsächlich reale Wesen
Sinne biologischer
titäten? (Gemälde von
inhard Habeck, Wien.)

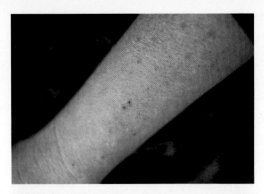

5 »Rattlesnake-Bites«: Punktförmiger Doppel-Einstich ungeklärter Herkunft auf dem linken Unterarm von Franziska Metz, aufgetreten »über Nacht« im Februar 1993.

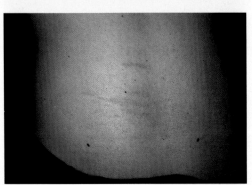

6 Parallel verlaufende Narben auf dem Rücken von Michael Kellermann. Nach Aussage seines behandelnden Arztes handelt es sich nicht um Wachstumsrisse der Haut, sondern um Einschnitt-Narben.

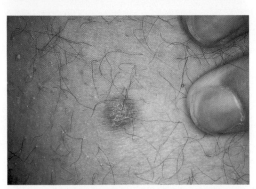

7 Typische runde Markierung auf dem Bein von Arnold Kellermann. Die Herkunft ist – wie bei all diesen Narben – auch hier völlig ungeklärt.

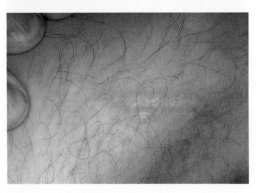

8 Typische Operationsnarbe am Knie von Winfried Amberger, die von einem Hautarzt verifiziert wurde. Winfried Amberger hat sich jedoch niemals einem entsprechenden Eingriff unterzogen.

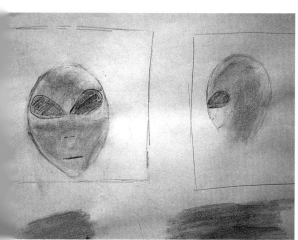

9   Conny Paraschoudis aus Berlin. Sie erlebte seit frühester Kindheit vielschichtige und komplexe »Entführungen«.

10   Blau-graue Wesen mit runden Köpfen und großen schwarzen Augen sah Jens Heller bei seinen Entführungen. Seine Freundin Bettina machte diese Zeichnung nach seinen Angaben.

11   Auch dies ist eine Zeichnung, die Bettina nach den Angaben Jens Hellers machte. So erlebte er die Untersuchung. Er lag auf einem Tisch, der aus einer großen Röhre ragte, und drei mit Kapuzen und Umhängen bekleidete Wesen beschäftigten sich mit seinem Körper.

12 Maria Struwe und Dr. Henning Alberts in der Stuttgarter Praxis vor Beginn der Hypnose-Regression am 20. Dezember 1993.

13 Maria Struwe während der Regression durch Dr. Henning Alberts. Die Sitzung wurd von Christian Bauer (TANGRAM-Film, München) dokumentarisch festgehalten.

14 Während ihrer Entführung im Jahr 1986 sah sich Maria Struwe selbst auf dem Tisch liegen und die seltsamen Wesen um ihren Körper stehen. Offensichtlich erlebte sie hier eine Out-of-Body-Experience, eine außerkörperliche Wahrnehmung, bei der sie eine der Gestalten unverwandt anschaute. Der Zeichner Reinhard Habeck setzte die Szene künstlerisch um

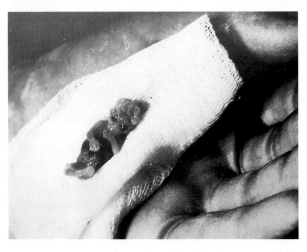

15 Fötus im dritten Schwangerschaftsmonat, hier nach einer Fehlgeburt. Das Maria Struwe möglicherweise entnommene Kind muß sich in diesem frühen Entwicklungsstadium befunden haben.

6 Die Tradition unnatürlicher Schwangerschaften und ungewollten Geschlechtsverkehrs mit »den Anderen« geht weit zurück. Im Mittelalter glaubte man, daß sich Dämonen der Menschen bemächtigten und sie dazu zwangen.

7 Regina Köhler zeichnete den Moment, in dem sie durch die Windschutzscheibe ihres Wagens in das über ihr aufgetauchte Objekt gezogen wurde. Vor ihr war etwas wie eine »dunkle Wand«, die das Auto zum Stehen gebracht hatte.

So erlebte Regina Köhler die »Präsentationsszene«. Eine Gestalt leitete sie in einen großen Raum, in dem zahlreiche Kinder spielten. Eines davon – Regina Köhler glaubt, es sei ihre Tochter gewesen – wurde ihr entgegengeführt. (Gemälde von Reinhard Deck.)

19 Winfried Amberger modellierte und fotografierte den Kopf jenes Wesens, das während der Entführung die Operation leitete.

20 Realitätseinbruch. Wie wirklich ist unsere Wirklichkeit? Was ist Wirklichkeit? Letztlich ist die gesamte Welt eine Illusion, die nur in unserem Gehirn eine scheinbar reale Struktur annimmt. Gemälde »Event« (1992) von Gabriele Berndt.

irgendwie gehalten. Als man mir das Stück Kopfhaut entfernte, spürte ich einen scharfen, stechenden Schmerz. Dann setzten sie eine Glasröhre auf meine Nase – das war überhaupt der schlimmste Moment von allen. Ich glaubte, die bringen mich um. Ich weiß, ich habe noch gedacht: ›Nein, ich will nicht sterben – nicht hier, nicht jetzt.‹«

Dieses Erlebnis löste eine ganze Reihe weiterer Erinnerungen in »Maria« aus, die bis in die Kindheit zurückreichten. Und darunter auch zwei über abgebrochene Schwangerschaften: »Als ich 18 Jahre alt war, sagte mir mein Frauenarzt, es gäbe bei mir Hinweise darauf, daß einmal eine Laparoskopie gemacht worden sei – die Einführung einer Röhre in den Mutterleib. Aber ich habe niemals in meinem Leben etwas derartiges durchführen lassen. Allerdings war ich zweimal schwanger – und dann plötzlich nicht mehr. Ich hatte keine Fehlgeburt und natürlich auch keine Abtreibung. Ich bin katholisch erzogen worden, und für mich wäre so etwas nie in Frage gekommen.«

Wir können auch hier nicht mit Sicherheit sagen, ob diese Frau schwanger war und der heranwachsende Fötus entfernt wurde, genauso wie bei Maria Struwe. Aber vielleicht sollten wir einfach ihre Worte – als Frau und Mutter – etwas ernster nehmen: »Ich wußte genau, daß ein Kind in mir heranwuchs. Ich wußte es ganz genau.«

Verhinderte Schwangerschaft

Damals hatten Maria Struwe und ihr Mann beschlossen, sich nun auf jeden Fall noch ein drittes Kind zu wünschen – aber es wollte nicht funktionieren. Das Ehepaar willigte auf den Vorschlag ihres Arztes hin ein, eine künstliche Befruchtung vornehmen zu lassen.

Am 22. Februar 1988 sollte der Eingriff stattfinden. Maria Struwe begab sich an diesem Tag in die Praxis ihres Frauenarztes. Alle Vorbereitungen waren getroffen, Maria Struwe sollte bei dieser sogenannten Zervixrevision über einen Katheder der Samen ihres Mannes in den Gebärmutterraum eingespritzt werden. Es kam nicht dazu.

Im Arztbericht heißt es: »Bei der am 22. 2. 1988 durchgeführten Zervixrevision konnte eine Zervix-Knopfsonde cirka zwei Zentimeter tief, ein Cavafix-Katheder bis zu einer Tiefe von drei Zentimetern ohne Widerstand eingeführt werden. Beim Anspülen des Katheders mit physiologischer Kochsalzlösung kam es zum Reflux [Rückspülung, Anm. J.F.] der Spülflüssigkeit aus dem Zervixkanal. Da die Patientin beim Versuch, den Katheder weiter vorzuschieben, über krampfartige Schmerzen klagte, wurde die Zervixuntersuchung abgebrochen.«

Was hier medizinisch-sachlich eher banal wirkt, stellte sich für Maria Struwe selbst weitaus bedrohlicher dar: »Während der Arzt mir den Samen meines Mannes mit der Spritze verabreichte, bekam ich fürchterliche, wehenartige starke Schmerzen, fast so als würde ich ein Kind gebären. Das Vorhaben wurde daraufhin vom Arzt sofort abgebrochen. Er spürte beim Einspritzen in den Unterleib einen starken Widerstand, den er sich in keiner Weise erklären konnte. Diese wehenartigen Schmerzen hielten drei Stunden an. Mein Arzt war sehr besorgt, da er in seiner längjährigen Praxis schon mehrere Frauen künstlich befruchtet, aber so etwas noch nie erlebt hatte.«

Weder der Arzt noch Maria Struwe noch ihr Mann konnten sich damals erklären, warum die künstliche Befruchtung auf diese Weise unmöglich gemacht worden war. Der Arzt hatte Maria zuvor gründlich untersucht, ihm war jedoch nichts Außergewöhnliches aufgefallen.

Dann, etwa zwei Monate später, geschah das Unerwartete: Am 17. April, einem Sonntag, schied Maria Struwe erneut ein »Etwas« aus ihrem Unterleib aus: »Am nächsten Tag fühlte ich etwas Merkwürdiges in meinem Slip. Ich würde es als zwei Hautlappen bezeichnen. (Abb. 14) Da es Sonntag war, gingen mein Mann und ich in die Erste-Hilfe-Abteilung eines Krankenhauses. Eine junge Gynäkologin untersuchte mich, konnte aber nichts Außergewöhnliches feststellen.«

Die Ärztin wollte zunächst gar nicht glauben, daß diese Häute tatsächlich ausgeschieden worden waren. Sie fragte mißtrauisch, ob es sich nicht um einen Kondomrest handeln könnte. (»Natürlich war es das nicht, denn wir wünschten uns ja ein Kind.«) Im Bericht des Humboldt-Krankenhauses heißt es unter der Rubrik »Unfallhergang bzw. Vorgeschichte«: »Patient hat heute morgen ›Haut‹ verloren (weiß, schleimig), jetzt leichte, ziehende Unterleibsschmerzen, heute morgen leichte Schmierung.«

Was war diese »Haut«? Auch hier gibt es durchaus natürliche Erklärungsmöglichkeiten. Die Krankenhausärztin nannte bereits eine: ein möglicher Kondomrest. Maria Struwe schließt dies jedoch aus, da sie und ihr Mann sich zu diesem Zeitpunkt sehnlichst ein Kind wünschten und den Geschlechtsverkehr bereits eine längere Zeit ohne Verhütungsmittel ausübten (sie benutzten davor ohnedies keine Kondome, Maria Struwe nahm eine Antibabypille).

Dr. Ruth Kremser, die ich auch hier um eine Stellungnahme bat, meint dazu: »Ohne histologische Untersuchung kann keine sichere Diagnose des ›Häutchens‹ gestellt werden. Das kann Eihautrest, Rest eines defekten Kondoms oder ein Tamponrest gewesen sein.«

Was immer es war, es scheint der Grund dafür gewesen zu sein, daß Maria Struwe nicht schwanger werden konnte. Denn nun geschah das Langersehnte: »Wir gingen damals von dem Krankenhaus nach Hause, ohne aufgeklärt worden zu sein, wie sich diese merkwürdige Haut in meinem Leib entwickelt haben konnte. Dafür wurde ich jetzt aber nur kurze Zeit danach schwanger, woran wir schon gar nicht mehr geglaubt hatten.«

Versuch einer Chronologie

Ich kann nicht behaupten, daß all diese Dinge mit den seltsamen Erlebnissen von Maria Struwe, ihren »Träumen« von Astronauten und ihrer Erinnerung an jene Szenerie, bei der sie sich von drei Wesen umgeben auf einem Tisch liegen sah, zusammenhängen. Aber auszuschließen ist es nicht, auch die Gynäkologin Dr. Kremser vermag dies nicht. Wir haben – um dies noch einmal zu rekapitulieren – immerhin einige erstaunliche Fakten, die auf interessante Weise miteinander verknüpft sind:

• Seit ihrer Kindheit besitzt Maria Struwe Erinnerungen an Träume mit »Astronauten«. Diese »Astronauten« kommen vom Himmel herab, schauen durch ihr Fenster, bewegen sich im Garten oder auf dem Balkon.

- Im Sommer 1986 wird sie mit ihrem dritten Kind schwanger. Sie selbst ist sich dieser Schwangerschaft jedenfalls ganz sicher, alle körperlichen Anzeichen und Veränderungen sprechen dafür.
- Am Ende des dritten Schwangerschaftsmonats erwacht Maria Struwe eines Morgens schweißgebadet und körperlich ausgelaugt. Sie erinnert sich an kurze Momente eines nächtlichen Erlebnisses, bei dem sie von drei kleinen Gestalten umgeben auf einem »Operationstisch« lag. Diese Gestalten »machten irgend etwas mit mir«.
- Die in diesen Tagen angesetzte Untersuchung des Frauenarztes ergibt, daß keine Schwangerschaft (mehr) vorliegt. Maria Struwe ist entsetzt, sie will und kann es nicht glauben, aber tatsächlich klingen die Schwangerschaftssymptome bei ihr ab.
- Zwei Wochen nach dem Arztbesuch scheidet Maria Struwe einen »Fleischklumpen« aus, der mit großer Wahrscheinlichkeit eine Plazenta war. Ein Embryo konnte nicht entdeckt werden.
- Das Ehepaar Struwe hat nun den noch größeren Wunsch, ein drittes Kind zu bekommen. Auf natürlichem Wege scheint dieser Wunsch aber nicht erfüllbar, man entschließt sich zu einer künstlichen Befruchtung.
- Diese soll am 22. Februar 1988 vorgenommen werden. Der Eingriff durch den Frauenarzt löst bei Maria Struwe für den Mediziner völlig unerklärliche Schmerzen aus, der Vorgang wird abgebrochen.
- Zwei Monate später, am 17. April 1988, scheidet Maria Struwe die beiden durchsichtigen »Häutchen« aus, deren Ursprung unklar ist.
- Am 12. Mai 1988 wird sie schwanger und bringt am 9. Januar 1989 ihr drittes Kind, Sebastian, zur Welt.

Es ist nicht ganz verständlich, warum der Frauenarzt bei der gründlichen Untersuchung vor der versuchten künstlichen Befruchtung die »Hautlappen« nicht entdeckte, aber offensichtlich haben diese sowohl die künstliche wie auch die natürliche Befruchtung verhindert. Erst als sie schließlich ausgeschieden wurden, waren die Möglichkeiten zu einer Zeugung gegeben, die dann auch prompt erfolgte.

Bedauerlicherweise konnten weder die mögliche Plazenta noch die »Hautlappen« untersucht werden. Insbesondere letztere hätten vielleicht weitergehende Schlüsse zugelassen. Wenngleich jeder einzelne dieser Vorgänge mit einer »natürlichen Erklärung« kongruent ist, scheint mir doch die *Häufung* und *Kombination* all dessen – gerade im Hinblick darauf, daß parallele Ereignisse von anderen »entführten« Frauen bekannt sind – die Überlegung wert, ob nicht auch ein »fremder« Faktor eine Rolle spielen könnte.

Man kann meines Erachtens die Möglichkeit nicht ausschließen,

- daß Maria Struwe im Sommer 1986 tatsächlich schwanger war, zumal sie selbst alle Anzeichen einer solchen Schwangerschaft verspürte, die sie schon von ihren beiden älteren Kindern her kannte;
- daß ihr damals zum Ende des dritten Monats hin von den »Anderen« ein Embryo entnommen worden ist;
- daß eine gleichzeitig implantierte »Haut« eine weitere natürliche Schwangerschaft verhindern sollte;
- daß dies auch tatsächlich geschehen ist, bis ein unplanmäßiges Ereignis zum Ausscheiden dieser Haut führte; und
- daß Maria Struwe dann – von dieser Barriere befreit – ihren Sohn Sebastian empfangen konnte.

Sebastians Träume

Denn noch etwas kommt hinzu: »Gegen Ende der Schwangerschaft mit Sebastian lag ich in meinem Bett und schaute aus dem Fenster, von dem ich auf eine große Tanne hinausblicken kann. Plötzlich kamen aus dieser Tanne – oder jedenfalls aus der Richtung dieser Tanne – mehrere leuchtende kleine Kugeln, die durch das geschlossene Fenster hindurchdrangen und wieder verschwanden. Ich schlief kurz danach ein, aber beim Erwachen erinnerte ich mich sofort wieder daran.«

Als Sebastian zweieinhalb Jahre alt war, begann er von merkwürdigen »Monstern« zu erzählen, die ihn nachts besuchten. Mit etwa zweieinhalb oder drei Jahren fertigte er erste Zeichnungen davon an. Die Bilder sind verblüffend, insbesondere wenn man sie mit den Darstellungen vergleicht, die er von Eltern, Geschwistern und Spielkameraden aus dem Kindergarten macht. Diese sind genau so, wie man sie von einem Jungen dieses Alters erwarten würde. Aber auf seinen »Monster«-Zeichnungen erscheinen kleine, großköpfige Gestalten mit riesigen, schwarzen Augen. (Abb. 15)

»Natürlich habe ich Sebastian niemals von meinem Erlebnis berichtet«, sagt Maria Struwe. »Er fing eines Tages ganz von selbst damit an – und er erzählte ganz erstaunliche Dinge.«

Heute ist Sebastian fünf Jahre alt. Und noch immer sind seine Schilderungen dessen, was da offensichtlich mit ihm geschieht, sehr eindrucksvoll. Maria Struwe hat sich die Mühe gemacht, die meisten dieser Träume aufzuschreiben. Am Morgen des 24. Mai 1993 zum Beispiel erzählte Sebastian: »Ich fahre so schnell wie ein Motorrad und kann die Welt sehen. Sie ist so ganz klein,

die Welt. Ich war drinnen, und dann hat das so gemacht [macht dabei ruckartige Bewegungen, nimmt ein Buch und klappt es ein paar Mal auf und zu]. Ich will aber nicht, daß sie mich an den Armen und Beinen festhalten [er zeigt uns, wie er kämpft, und wirft sich immer wieder auf die Couch]. Es ist nicht lieb, daß die Monster mich festhalten, dann krieg ich immer einen Schlag [wir wissen nicht, was er mit ›Schlag‹ meint].«

Bei einem anderen Traum sei er sogar »in ein Raumschiff geflogen worden«, dort gab es »gute Monster« bzw. »Astronautenmonster« und »böse Monster« bzw. »dicke Monster mit grüner Haut«. Er sei vor allem darüber erschrocken gewesen, daß die »bösen Monster« den Eltern ihre Kinder wegnehmen wollten. Eine seiner ersten Erzählungen, sagt Maria Struwe, hätte davon gehandelt, daß er kleine Kinder in »Kästen« gesehen hätte, die von solchen »Monstern« bewacht wurden, ein Traum, über den er noch tagelang geweint hatte und sich nicht beruhigen konnte.

»Ein anderes Mal erzählte er davon, er habe sich nicht mehr bewegen können und irgend etwas sei ihm in den

Abb. 15 Kinderzeichnungen von Sebastian, Marias jetzt fünf-jährigem Sohn, im Alter zwischen zweieinhalb und drei Jahren. Oben seine Mutter – sie entspricht den Darstellungen, die man gewöhnlich in diesem Altersabschnitt erwarten darf. In der Mitte Gesichter der »Monster«. Auffällig sind nicht nur die großen, schwarz gezeichneten Augen, sondern auch die Linien, mit denen er die Gesichter »durchstreicht« (Psychologen haben erkannt, daß Kinder Dinge durchstreichen, die sie ungeschehen machen wollen). Unten eines jener Objekte, mit dem Sebastian geflogen und von dem aus er »die Welt von oben« gesehen haben will.

Mund eingeflößt worden. In letzter Zeit redet er oft davon, daß er in der Luft gewesen sei, und da seien so etwas wie große Legosteine – aber nicht zum Spielen. Als er anfing die Zeichnungen zu machen, war er sehr ängstlich. Er sprach immer von Monstern, die mit ihm irgendwo draußen in der Luft sind, und er schien immer sehr erleichtert, nun wieder daheim zu sein.«

Sebastian ist ein aufgeweckter, sehr intelligenter kleiner Junge. Natürlich vermischen sich in seinen Erzählungen genauso wie in seinen Träumen Elemente des alltäglichen Erlebens und solche der eigenen Phantasie mit solchen ... ja, womit? Was sind das für »Monster«, die er beschreibt? Wie kommt ein dreijähriges Kind dazu zu erklären, »die Welt von außen« gesehen zu haben? Was für eine Motivation steckt dahinter zu erklären, mit »Monstern« zusammen in der Luft oder sogar »in einem Raumschiff« gewesen zu sein?

Ich kann mir beim besten Willen nicht vorstellen, daß ein drei- oder vierjähriges Kind zu derartigen Schilderungen in der Lage ist. Ich selbst habe einen vierjährigen Sohn und glaube, einigermaßen beurteilen zu können, was ein Kind in diesem Alter denkt, was es von seiner Umwelt aufnimmt, was es träumt. Trauminhalte, die in einer solch verblüffenden Weise mit den Berichten Erwachsener über »Entführungen« übereinstimmen, die sich darüber hinaus sogar in Zeichnungen niederschlagen und korrelieren lassen, können meines Erachtens kaum ausschließlich der Phantasie eines kleinen Kindes entsprungen sein. Sie müssen eine konkrete, reale Ursache haben – die gleiche Ursache nämlich, die identische »Träume« auch bei Erwachsenen hervorruft.

Es mag auf den ersten Blick eher fragwürdig wirken: Aber (ausgerechnet!) in der Silvesternacht 1993/1994 hatten Maria Struwe und ihr Sohn eine UFO-Sichtung. »Es war so um 0.15 Uhr«, berichtet Maria. »Ich telefonierte gerade mit meinem Bruder, Sebastian stand am Fenster und schaute den bunten Raketen zu. Plötzlich sehen wir beide eine leuchtend rote Kugel. Ich sage zu meinem Bruder: ›Um Gottes willen, ich glaube, da stürzt ein brennendes Flugzeug ab!‹ Denn genauso sah es für mich im ersten Moment aus, ich dachte, da hat ein Flugzeug Feuer gefangen und stürzt ab.«

Aber dieser Eindruck währte nur Sekunden: »Das Objekt kam genau auf uns zu: Es war eine rote, feurig erscheinende Kugel, um die Äquatorebene herum etwas ausgebuchtet. Sie stoppte, so daß wir sie gut sehen konnten, verhielt einige Momente in dieser Position und flog dann nach links davon. Sie beschleunigte, wurde immer schneller, war dann noch als heller Stern zu sehen und schließlich ganz verschwunden.«

Die ganze Beobachtung dauerte wenigstens zwei Minuten, sowohl Maria als auch Sebastian (er nennt das ganze einen »Komet«) konnten das Objekt sehen, sie beschrieb es während ihrer Sichtung telefonisch ihrem Bruder und informierte mich kurz darauf. Durch einen Aufruf in der Zeitung meldeten sich später weitere Personen aus der Nachbarschaft, die das gleiche gesehen, es aber – wie nicht anders zu erwarten – zunächst dem nächtlichen Lichterspektakel zugeordnet hatten. Im Februar, nachdem Maria Struwe und ich in der RTL-Sendung »Hans Meiser« aufgetreten waren, erreichte mich sogar ein Brief aus Düsseldorf, in dem mir ein dort lebendes Ehepaar von einer identischen Sichtung etwa um die gleiche Uhrzeit berichtete.

Feuerwerkskörper? Natürlich ist dies in einer Silvesternacht der naheliegendste Gedanke. Aber es sprechen, wenn wir uns die Beschreibung anschauen, doch zwei gewichtige Gründe dagegen, nämlich

- die Bewegungen des Objekts (es führte gezielte Manöver aus, verharrte in einer für Maria und Sebastian guten Beobachtungsposition, beschleunigte dann wieder in eine andere Richtung und verschwand); solche Bewegungen sind für Feuerwerkskörper nicht nur untypisch, sondern meines Wissens unmöglich und
- die Beobachtungsdauer von insgesamt mehr als zwei Minuten; gewöhnliche Feuerwerkskörper brennen allenfalls eine halbe Minute, explodieren dann in einem Feuerregen und fallen geräusch- und lichtlos zur Erde zurück.

Die »Feuerkugel«, die Maria Struwe und Sebastian sahen, hatte nichts von alldem. Ich kann die Möglichkeit, daß es sich trotz allem um einen völlig neuartigen, völlig unbekannten, völlig einmaligen Typ eines Feuerwerkkörpers handelte, nicht absolut ausschließen. Aber sonderlich wahrscheinlich ist diese Annahme nicht.

Wenige Tage später hatte Maria übrigens ein weiteres merkwürdiges Erlebnis: Sie hatte sich abends gerade hingelegt, als sich über ihr plötzlich eine leuchtende, durchschimmernde, bläulich strahlende Kugel in der Luft bildete. Die Kugel verursachte keine Geräusche, sie erschien ihr wie eine riesige Seifenblase.

»Ich hatte überhaupt keine Angst dabei. Die Kugel schwebte über mir und senkte sich dann ganz sanft herunter. Sie berührte mein Gesicht, sank dann noch tiefer und hüllte schließlich meinen ganzen Kopf ein. Es tat nicht weh, ich konnte ganz normal weiteratmen, hatte auch immer noch keine Angst. Aber es wurde plötzlich sehr warm darin. Und dann, nur Sekunden später, war alles vorbei. Ich setzte mich überrascht auf und überlegte, was dies wohl bedeuten könnte.«

Die Gesichter der Fremden

Als ich Maria Struwe und Sebastian das erste Mal in Berlin besuchte, hatte ich verschiedene Zeichnungen dabei – u.a. auch eine mit dem Kopf eines »kleinen Grauen«. Aber weder Maria Struwe noch ihr Sohn konnten mit Bestimmtheit sagen, daß es genau diese Gesichter sind, die sie gesehen hatten. Maria Struwe hatte von der Situation, in der sie auf dem Tisch lag, etwas andere Wesen in Erinnerung: Sie waren graugrünlich, besaßen eine eher schuppige Haut, zwar große Köpfe, aber irgendwie doch nicht identisch mit jenen, die man in der Literatur und populären Abbildungen findet.

Ein paar Wochen später erwarb ich auf der Weltkonferenz der »Ancient Astronaut Society« in Las Vegas, zu der ich als Referent eingeladen war, das neue Buch von Ray Fowler[37] über die sogenannte Allagash-Entführung: 1975 waren vier Männer während einer nächtlichen Bootstour auf dem Allagash-River in den nordamerikanischen Appalachen entführt und medizinisch untersucht worden, man nahm ihnen Samenproben ab und schickte sie Stunden später wieder an ihr inzwischen niedergebranntes Lagerfeuer zurück – ein außergewöhnlicher Fall, der wegen der Anzahl von vier in das Geschehen involvierten Zeugen sicher zu einem der bedeutendsten Ereignisse dieser Art gehört. Die Männer begegneten damals Wesen, die meinem Gefühl nach vielleicht eher jenen hätten entsprechen können, die Maria Struwe und Sebastian gesehen hatten. Ich machte also einfach Kopien der Zeichnungen aus dem Fowler-Buch und schickte sie nach Berlin.

Die Antwort kam postwendend. Maria Struwe schrieb mir: »Die Zeichnungen haben tatsächlich sehr viel

Ähnlichkeit mit den von mir gesehehenen Wesen. Zeichnung zehn und elf [entsprechend der Nummerierung im Fowler-Buch, Anm. J.F.] sind identisch mit meiner Erinnerung, es fehlt nur die schuppenartige Haut. An das Aussehen der Arme und Hände habe ich keine Erinnerung.«

Und auch die Wirkung auf Sebastian ist von Bedeutung: »Interessant war Sebastians Reaktion, als er die Zeichnungen zu sehen bekam. Etwas aufgeregt sagte er über die Zeichnung 20: ›Siehst Du, Mama, das ist das Rittermonster. Der hat mich ins Gefängnis gesteckt.‹ Oft zuvor hatte er von einem Rittermonster gesprochen. Zeichnung elf benannte er mit Spielmonster: ›Der ist lieb und hat geguckt, ob ich Fieber habe, und hat mich aus dem Gefängnis rausgeholt. Das Ritter- und Spielmonster haben mit mir gesprochen, aber nicht mit dem Mund, sondern mit der Lunge. Das Spielmonster hat mich auch wieder nach Hause gebracht, und dann bin ich aufgewacht.‹«

Es ist erstaunlich, in welch starkem Maße hier Begriffe der eigenen Phantasie (etwa die Benennung als Ritter- und Spielmonster) mit offensichtlich konkreten Erinnerungen einhergehen, die wir auch von erwachsenen »Entführten« haben: medizinische Untersuchungen (die er als Fiebermessen interpretierte) oder die Tatsache, daß diese Wesen mit ihm nicht verbal, sondern auf andere Weise kommunizierten (er sagt: mit der Lunge). Dies scheint den Berichten anderer zu entsprechen, die in fast allen Fällen eine rein telepathische Verständigung betonen.

Ich habe die entsprechenden Darstellungen aus Ray Fowlers Buch mit freundlicher Genehmigung des Wild Flower Press Verlages nachdrucken dürfen. (Abb. 16) Es ist – alles in allem – nahezu unmöglich, daß Maria

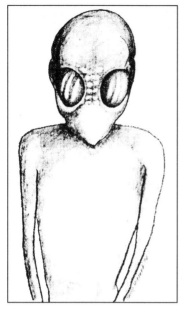

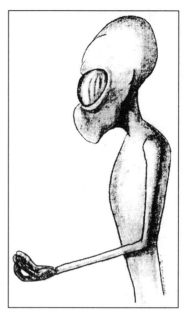

Abb. 16 Die Wesen aus der Allagash-Entführung 1975. Sie scheinen jenen Gestalten, die Maria Struwe bei ihrer Entführung und später ihr kleiner Sohn Sebastian sahen, zu entsprechen. Sebastian benannte die Figur unten als »Rittermonster«, das seitlich und frontal dargestellte Wesen als »Spielmonster«, das ihn abgeholt und auch wieder nach Hause gebracht habe (aus »The Allagash Abductions« von R. Fowler, mit freundlicher Genehmigung von Wild Flower Press, siehe Literaturverzeichnis).

199

Struwe und noch weniger ihr Sohn Sebastian diese Zeichnungen gesehen haben, bevor ich sie ihnen zusandte. Der Allagash-Zwischenfall ereignete sich zwar bereits 1975, kam aber erst durch die Hypnose-regressionen ab Januar 1989 zur Kenntnis von Ray Fowler. Die Veröffentlichung erfolgte im vergangenen Jahr – bis dahin war der Fall nur wenigen Forschern in den USA, mit denen Fowler kooperierte, bekannt.

Maria Struwe hatte ihr Erlebnis vor acht Jahren, Sebastian seit etwa drei Jahren. Sie können keine Kenntnis über den Allagash-Fall gehabt haben – von den Zeichnungen der dort beobachteten Wesen ganz zu schweigen.

Eindringlinge

Auch anderen »Entführten«, die wir bereits kennen-gelernt haben, stellte sich das so tiefgreifende Problem anormaler »Schwangerschaften«: Eine von ihnen, die dieses Erlebnis vor ihrer Familie geheimhalten möchte und deren Fall ich an dieser Stelle nur kurz erwähne, war sich vor etwa sieben Jahren sicher, schwanger zu sein. Ihre Regel war ausgeblieben (»Das ist normaler-weise nie der Fall.«), und sie verspürte alle anderen Symptome (Übelkeit am Morgen, Spannungen in der Brust etc.), die sie auch aus den Schwangerschaftszeiten ihrer beiden anderen Kinder kannte. Zwei oder drei Wochen später klangen diese Anzeichen ab, und die Regelblutung setzte wieder ein.

An diese Zeit hat die Frau eine Reihe merkwürdiger Erinnerungen: »Es begann alles damit, daß mir irgend jemand eine Nadel durch den Bauchnabel stieß. Am

200

nächsten Morgen erwachte ich und fand tatsächlich getrocknetes Blut im Nabelbereich. Später, als die Schwangerschaft zu Ende ging, tauchte ein weiterer Erinnerungsfetzen auf: Jemand macht sich an meinen Geschlechtsorganen zu schaffen. Daraufhin hatte ich wochenlang Probleme mit dem Unterleib. Meine Frauenärztin entdeckte eine fünfmarkstückgroße, offene Wunde in der Scheide, die ihr vollkommen unerklärlich war. Damals lief ich manchmal durch die Straßen, sah Mütter mit ihren kleinen Babys und dachte immer wieder: »Sie haben dir dein Kind weggenommen, sie haben dir dein Kind gestohlen.«

Anke Drewitz aus der Nähe von Gera wurde 1988 ins Krankenhaus eingewiesen, weil sie Beschwerden im Unterleib verspürt und ihr Frauenarzt bei einer gynäkologischen Untersuchung ein »faustgroßes Myom«, also eine Geschwulst in der Gebärmutter, festgestellt zu haben glaubte. Er riet zu einer Operation. Doch bei der Untersuchung im Krankenhaus wenige Tage später »wurde lediglich die Retroflexio gefunden. Der Uterus erschien nicht vergrößert, was durch Sonografie bestätigt werden konnte.« (Abb. 17)

Susanne Gernot aus Plauen war sich im Jahr 1988 sicher, schwanger zu sein. Die Regel war ausgeblieben, und der Arzt konstatierte eine vergrößerte Gebärmutter. Susanne freute sich – sie hatte sich schon lange ein Kind gewünscht. Eine Untersuchung der Urinprobe ein paar Tage später erbrachte jedoch nur ein negatives Ergebnis. Kurz darauf setzte *Susannes* Regel wieder ein, und sämtliche anderen Symptome verschwanden.

Vor vier Jahren teilte man ihr nach einer Bauchspiegelung mit, beide Eileiter seien verstopft, obwohl nie eine Entzündung vorausging. Dr. Ruth Kremser, die ich auch

GESUNDHEITSWESEN WISMUT

Medizin. Versorgungsbereich Gera

BERGARBEITER-KRANKENHAUS

Frauen-Klinik

MR Ko/Be.

Bergarbeiter-Krankenhaus, 65 Gera, Prof.-Ibrahim-Straße

Herrn
OA Dr. med. ▓
Kreispoliklinik

Gera, den   29.o2.1988

Ronneburg
65o6

Sehr geehrte Frau Kollegin!

Sehr geehrter Herr Kollege!

Wir danken Ihnen für die freundliche Überweisung der

Patientin Frau ▓▓▓▓▓ , ▓▓   geb.   16.o5.48

wohnhaft ▓▓▓▓▓▓ , ▓▓▓

Stationäre Behandlung erfolgte in der Zeit

vom   16.o2.   bis   18.o2.88

Diagnose: Retroflexio uteri fixata
            mäßige Hypermenorrhoe

Therapie: keine

Histologie: --

Klinischer Verlauf: Bei der Aufnahmeuntersuchung wurde lediglich
                      die Retroflexio gefunden. Der Uterus erschien
                      nicht vergrößert, was durch Sonografie bestätigt
                      werden konnte.
                      Da die Patientin keine nennenswerten Beschwerden
                      angab, wurde von einer Operation abgesehen und
                      Frau ▓▓▓▓ am 18.o2.88 wieder entlassen.

Mit kollegialer Hochachtung!

MR Dr. med. ▓▓▓▓

i.V.   Chefarzt der Frauen-Klinik   Stationsarzt

III-6-77 KG 44 C 1242 79

Abb. 17 Bericht des Bergarbeiter-Krankenhauses vom
29. Februar 1988 über den Befund bei Anke Drewitz. Die zuvor
von ihrem Frauenarzt festgestellte Geschwulst konnte nicht
gefunden werden.

hier um ihren Rat fragte, meint dazu: »›Verstopfte Eileiter‹ können eventuell auch ohne Entzündung durch Endometriose entstehen. Endometriosen sind Uterusschleimhautzellen, die zyklusgerecht reagieren, aber im Eileiter nicht als Periode abgestoßen werden können. Das kann letztlich auch die Ursache für eine Eileiterschwangerschaft sein.«

Kurz vor der Niederlegung dieses Buches berichtete mir der UFO-Forscher Willi Schillings aus Langerwehe von einem weiteren Fall. Ich setzte mich daraufhin mit der Betroffenen, der 32jährigen Heike van Gestel, in Verbindung. Unmittelbar in der Nacht zuvor war sie erwacht und hatte mehrere Gestalten an ihrem Bett stehen gesehen, die sich langsam in Luft auflösten. Ihre Arme hätten ganz eng am Körper angelegen. Eine Nachbarin berichtete ihr ein paar Tage später, sie habe zur fraglichen Zeit aus dem Fenster geschaut und »zwei Monde gesehen«: den richtigen Mond und noch einen darunter. Auch die fünfjährige Tochter scheint bereits kontaktiert worden zu sein. Sie erzählte mir von einem »Geist« ohne Arme, der nachts zu ihrem Fenster hereingeschaut hätte.

Das entscheidende Erlebnis hatte Frau van Gestel jedoch in der Nacht zum 17. Juni 1993: Sie erwachte, konnte sich aber nicht bewegen. Als sie endlich, »nach einer halben Ewigkeit«, den Schalter zu berühren vermochte, ging das Licht Sekunden später von allein wieder aus. Trotz der Angst, die sie verspürte, zog es Heike van Gestel auf den Balkon: Sie sah eine rotglühende Kugel, die sich lautlos am Himmel entfernte.

Seit dieser Nacht, so glaubt Frau van Gestel, sei sie schwanger – bei Abschluß der Manuskriptarbeiten zu diesem Buch im 8. Monat! Tatsächlich hatte sich zu diesem Zeitpunkt bereits ein dicker Bauch gebildet, die Frau verspürte alle Anzeichen einer Schwangerschaft (einschließlich von Bewegungen des Kindes im Bauchraum), aber bei Ultraschalluntersuchungen konnte die behandelnde Ärztin nichts erkennen. Sie sei ein wenig ratlos, halte das Ganze aber für eine Scheinschwangerschaft aufgrund hormoneller Störungen.

Eine natürliche Erklärung bietet sich also auch hier an. Trotzdem bleibt festzuhalten: Von insgesamt zwölf weiblichen »Entführten«, die sich im Zeitraum zwischen Mai 1993 und Februar 1994 an mich wandten, traten bei fünf anormale »Schwangerschaften« bzw. »Geschwülste« im Uterus auf. Sie glaubten, ein Kind zu bekommen, oder es war aufgrund der gynäkologischen Untersuchung festgestellt worden, daß sich ein Myom entwickelt hatte. Aber zwischen der achten (bei *Susanne Gernot*) und der zwölften Woche (bei Maria Struwe) waren diese Schwangerschaften wieder beendet – ohne irgendwelche Anzeichen eines Abgangs, einer Fehlgeburt oder auch einer Abtreibung (wie sich der Fall Heike van Gestel weiterentwickelt, werden wir abwarten müssen). Bei *Anke Drewitz* hatte sich das Myom augenscheinlich »in Luft aufgelöst«.

Ein erstaunlich hoher Prozentsatz, der sicher nicht repräsentativ ist, aber doch zeigt, wie stark das *Missing-Embryo-Syndrom* mit dem »Entführungs-Phänomen« verknüpft ist.

Und das Phänomen entwickelt sich weiter: In der Nacht zum 24. Februar 1994, zwei Tage, nachdem wir zusammen Gast in der »Hans-Meiser«-Talkshow gewesen waren, wurde Maria Struwe erneut ein unheimlicher »Besuch« abgestattet. Und die eher positiv-beruhigende

Einstellung, die sie bis dahin innehatte, verwandelte sich schlagartig in Angst und Furcht.

Sie rief mich an diesem Donnerstag gegen elf Uhr vormittags an. Ihre Stimme klang aufgeregt, ein wenig hektisch, ganz anderes als ich es sonst von ihr kannte. Irgend etwas war geschehen – und es war etwas Beängstigendes.

»Ich liege da gerade auf dem Sofa, hatte mich ein wenig ausruhen wollen, weil ich die Wohnung geputzt hatte. Ich liege auf dem Sofa, streiche mit der Hand über meinen Kopf und nehme plötzlich diesen komischen Geruch wahr. Wie nach Schwefel oder so. Und in dem Moment kommt die Erinnerung zurück.«

»Die Erinnerung? Woran? Was ist geschehen?«

»Oh Gott! Was war das nur? Stell dir vor: Ich liege heute Nacht da im Bett. Ich habe geschlafen. Aber ich bin wachgeworden, weil ich spüre, daß da jemand meine Bettdecke hebt. Und eine Hand. Ich spürte eine Hand auf meinem Rücken und etwas Weiches an meinem Po. Oh mein Gott!«

Wir kennen solche Situationen: *Franziska Metz* hat sie erlebt und andere ebenso. Aber bei Maria Struwe nahm das Ganze eine überraschende Wendung:

»Also, ich faßte ruckartig nach hinten – und hatte *seine Hand in der Hand!* Verrückt, total verrückt. Sie war weich wie Gummi, aber ich konnte die langen Finger spüren. Ich glaube es nicht, ich glaube es nicht! Aber es war wirklich so. Vor Schreck ließ ich sofort wieder los – und auch das Wesen hatte sich erschrocken. Es sprang irgendwie vor mir aufs Bett, saß oder hockte oder kniete am Bettende, stieß ein schrilles, quiekendes Geräusch aus, fuchtelte Sekunden mit den Armen vor meinem Gesicht herum. Wie ein kleines Kind, wenn es sich wehren will.«

»Und du, was hast du gemacht? Was ist mit dir geschehen?«

»Ich hatte mich aufgesetzt. Und sein Kopf war noch etwas höher als meiner, also – vielleicht stand er auch auf dem Bett? Sein Kopf war groß, und er hatte große schwarze Augen. Er sprach zu mir, telepathisch oder wie auch immer. Und er sagte: ›Schau in meine Augen!‹ Ich konnte gar nicht anders: Ich schaute in seine Augen. Und von da an weiß ich nichts mehr, es verschwimmt alles.«

Maria hat den Verdacht, daß ihr das Wesen »etwas Langes, Weiches« in die Vagina einführen wollte. »Dieses Wesen kannte mich. Ich habe es vom ersten Moment an gewußt. Aber es war nicht identisch mit jenen, die ich damals, 1986, sah.«

Offensichtlich war das plötzliche Erwachen von Maria Struwe nicht beabsichtigt. Der ganze Verlauf dieses merkwürdigen Ereignisses deutet eher darauf hin, daß die Frau kurzzeitig der mentalen Kontrolle des Eindringlings entglitt, erwachte und erst wieder »ausgeschaltet« werden konnte, als sie ihm in die Augen blickte.

Etwas Ähnliches scheint übrigens auch Conny Paraschoudis erlebt zu haben. Anfang März – nachdem sie von dem Ereignis um Maria Struwe erfahren hatte – erinnerte sie sich wieder daran, »vor etwa drei oder vier Jahren« nachts aufgewacht zu sein: »Jemand berührte mich mit seinen Händen. Ich lag auf der Seite, und die eine Hand fuhr meinen Rücken entlang, die andere lag auf meinem Becken. Ich griff dahin und hatte lange, dünne Finger in der Hand. Ich brauchte ein paar Sekunden, bis ich realisierte, daß es nicht mein Mann sein konnte. Ich fuhr geschockt herum – und nahm im gleichen Moment wahr, wie ›etwas‹ vom Bett sprang. Es war so, wie wenn ein kleines Kind auf dem Bett hüpft und dann mit einem Satz davonspringt. Aber dieses ›Ding‹ sprang aus dem Stand heraus – und war verschwunden.«

In der gleichen Nacht, in der Maria Struwe »Besuch« hatte, tauchten »drei kleine, hellgraue Wesen« auch bei Heike van Gestel auf. »Ich erwachte und konnte mich nicht rühren«, schilderte sie mir am Telefon. »Zwei von ihnen standen neben mir, ein dritter am Fußende. Sie waren hell, hatten große, fast dreieckige Köpfe und große, schwarze Augen. Mir fiel auf, daß ihre Arme ganz eng am Körper anlagen, als seien sie dort festgeklebt. Sie schauten mich an – und waren im nächsten Moment weg. Sie lösten sich einfach in Luft auf. Man kann es nicht beschreiben. Ich hatte das Gefühl, als wollten sie nachschauen, kontrollieren, ob mit meiner Schwangerschaft ›alles in Ordnung‹ sei.«

Merkwürdige zeitliche Übereinstimmungen. Eine Nachbarin berichtete Frau van Gestel am nächsten Tag, in der Nacht über dem Haus »zwei Monde« gesehen zu haben: den »richtigen Mond und darunter einen zweiten«. Zufall? Wohl kaum.

Auch die fünfjährige Tochter von Frau van Gestel hatte im November eine merkwürdige nächtliche Beobachtung gemacht. Sie lag nachts im Bett und sah aus dem Fenster: »Da war am Himmel ein weißer Geist. Er schaute zu mir ins Zimmer rein. Der Geist hatte einen großen Kopf und schwarze Augen und keine Arme. Aber es war ein lieber Geist – er hat mir nichts getan.«

Ein uraltes Phänomen

Das sexuelle Element spielt also ganz offensichtlich eine große Rolle – ich wies bereits auf die Gründe hin. Sie liegen meines Erachtens nicht in der Schaffung einer Hybridrasse, sondern letztlich ganz allein in unseren eigenen Vorstellungen, unseren Phantasien. Sexueller Verkehr mit den Fremden, anormale Schwangerschaften, Embryonendiebstahl und Hybridkinder – das ist das, was wir sehen *sollen*. Ich muß es noch einmal betonen: Das bedeutet nicht, daß diese Dinge *nicht* geschehen, ich bestreite nicht ihre Realität in dem Sinne, wie sie von den Betroffenen erlebt wird. Aber wir werden noch sehen, daß wir es im Grunde mit verschiedenen Realitäten oder *Realitätsinterpretationen* zu tun haben und daß jene Intelligenz, die dahintersteht, nicht nur mit unseren Phantasien und Träumen arbeiten kann, sondern auch dazu in der Lage ist, die Wirklichkeit selbst zu beeinflussen.

Dies ist eine ganz entscheidend neue Annahme. Solange wir glauben, daß es sich bei UFOs einfach nur um Raumschiffe handelt, die von fernen Sternen kommen, solange wir annehmen, Hunderte von verschiedenen extraterrestrischen Rassen kümmerten sich in erstaunlich intensiver Weise um uns Menschen (jede für sich, alle zusammen oder alle gegeneinander – da sind die Meinungen geteilt), mit anderen Worten, solange wir davon ausgehen, all dies spiele sich auf jener Realitätsebene ab, die wir als unsere Wirklichkeit betrachten, solange wird es uns kaum möglich sein, all die bizarren Widersprüche zu lösen, die mit dem Phänomen verbunden sind.

Und dabei kann es nicht verwundern, daß das »sexuelle Element« – eben *wegen* seiner Bedeutung *für uns* – seit jeher ein überaus wichtiges Faktum solcher Begegnungen zu sein scheint. Die Mythologie ist voll davon. Im ersten Buch Mose des Alten Testaments heißt es: »Es begab sich, daß die Menschen auf Erden sich zu vermehren begannen und ihnen auch Töchter geboren wurden. Da sahen die Gottessöhne, daß die Töchter der Menschen schön waren, und sie nahmen sich zu Weibern, welche sie nur wollten.« (Gen. 6,1-2)

Das apokryphe Buch Henoch geht über mehrere Seiten auf diesen »Fall der Engel« ein. Im 39. Kapitel wird sogar eine Prophezeiung für die Zukunft gegeben, die gut auf unsere Zeit und die Erschaffung einer Hybridrasse zutreffen könnte: »In diesen Tagen werden auserwählte und heilige Kinder vom hohen Himmel herabsteigen, und ihr Stamm wird sich mit den Menschenkindern vereinigen.« (39,1)

Solche Kontakte ziehen sich durch die gesamte Menschheitsgeschichte. Sie tauchen in der indischen Mythologie in gleicher Weise auf wie in der indianischen, in der japanischen wie in den Mythen Europas. Die mittelalterliche, vom Christentum geprägte Weltauffassung sah in ihnen in erster Linie teuflische Dämonen, die, als »Incubi« bei Frauen und »Succubi« bei Männern, nachts in die Schlafräume eindrangen und mit den Betroffenen Geschlechtsverkehr ausübten.

Dieser Geschlechtsverkehr scheint auch damals – nicht anders als heute – ein eher rein mechanischer Akt gewesen zu sein. Das, was Antonio Villas Boas erlebte, nämlich das trotz der seltsamen Situation, in der er sich befand, doch immer noch relativ angenehme »Schäferstündchen«, ist nicht unbedingt die Regel. In seiner Dämonologie-Enzyklopädie[38] zitiert Rossel Robbins 1959 den Fall der Claudia Fellet, die »mehrfach erlebte,

wie etwas in sie eindrang, zu einer solchen Größe ange-
schwollen, daß, ganz gleich, wie groß die Vagina einer
Frau auch sein mochte, sie dies nicht ohne allergrößte
Schmerzen hätte ertragen können«.

1602 beschreibt der Franzose Henri Bouget den Fall der
Antide Colas.[39] Ihr Succubus habe auf recht seltsame
Weise mit ihr verkehrt, nämlich durch ein Loch unter-
halb des Bauchnabels. Was für die dämonengläubigen
Menschen des beginnenden 17. Jahrhunderts noch ein
Beweis für die Einflußnahme des Teufels gewesen sein
mag, stellt sich uns fast 400 Jahre später als ein Hinweis
darauf dar, daß wir es eher mit einer sehr hochent-
wickelten technologischen Intelligenz zu tun haben.
Denn in den modernen »Entführungsgeschichten«
taucht diese Form der medizinisch-gynäkologischen
Untersuchung bei Frauen (gelegentlich auch bei Männern) recht häufig auf. Als erste berichtete Betty Hill
Anfang der sechziger Jahre davon. Es handelt sich dabei
offensichtlich um eine Laparoskopie, also eine
Methode zur Untersuchung der Bauchhöhle mit Hilfe
eines Endoskops durch die Bauchdecke hindurch.
Übrigens ein Verfahren, das erst Jahre nach Bettys
Bericht entwickelt wurde (soviel zu der immer wieder
von Skeptikern vorgebrachten Behauptung, »Entführte« sähen an Bord von UFOs nur das, was es
ohnehin schon gibt).

Heute sind es keine Succubi und Incubi mehr, es sind
»Außerirdische«, die mit UFOs landen. Der britische
Forscher Norman Oliver berichtet über einen solchen
Fall: »Im Oktober 1973 befand sich eine Frau auf dem
Weg nach Wellington in der Nähe von Taunton in der
Grafschaft Somerset. Plötzlich sah sie ein gleißend
weißes Objekt auf einem nahegelegenen Feld stehen.

Als sie das Schiebedach ihres Wagens öffnete, legte sich ein dunkelfarbiger, metallener Roboterarm auf ihre Schulter. Sie wurde herausgezogen, und das nächste, woran sie sich erinnerte, war, daß sie vor dem Objekt auf dem Feld stand. Erneut verlor sie das Bewußtsein, und als sie wieder zu sich kam, lag sie nackt auf einem Tisch in der Mitte eines runden Raumes. Ihre Kleider waren entfernt worden, ihr Körper von einem blauen Laken zugedeckt. Drei ›Männer‹ betraten den Raum. Sie wurde einer intensiven ›medizinischen‹ Untersuchung unterzogen und danach von einem der drei ›Männer‹ vergewaltigt. Ihre nächste Erinnerung ist, daß sie bekleidet wieder im Auto sitzt.«[40]

Auch männliche »Entführte« erwartet in der Regel eine nicht minder entwürdigende Behandlung. Ihnen wird Samenflüssigkeit über eine an den Penis angeschlossene Maschine abgesaugt. In einem Fall, den Prof. Jacobs beschreibt, erlebte eine entsetzte Mutter, die zusammen mit ihrem 15jährigen Sohn Richard entführt wurde, wie man an ihm diese Prozedur vollzog. Unter Hypnose sagte sie:

»Ich kann nicht zuschauen. Ich sage: ›Haut ab hier! Laßt mich allein!‹ Und ich denke: ›Tut ihm das nicht an.‹ Ich bin so hilflos. Und ›er‹ schaut zu mir herüber, er muß mich hören.«

»Sie meinen denjenigen, der Richard am nächsten steht?«

»Ja, dieses Wesen schaut zu mir herüber. Es muß mich hören. Das ist gut. Das ist gut, denn das verwirrt ihn. Und ich denke: ›Faßt ihn nicht an! Laßt ihn in Ruhe!‹ Ich weiß, sie nehmen Samenproben von Richard...«

Der Blick in den schillernden Spiegel

Seit ewigen Zeiten geschieht etwas mit uns Menschen. Irgend etwas ist da, das sich unser bemächtigt. Es dringt bis in die tiefsten Tiefen unseres Selbst, es bedient sich unserer ureigensten Ängste, Gefühle und Empfindungen. Ich bin sicher, daß es weder »gut« noch »böse« ist: Die »Anderen« sind keine mittelalterlichen Dämonen und keine pausbäckigen Putten, aber sie sind genausowenig die »kleinen Grauen« oder die »kleinen Grünen« oder die »Männer«, die eine Engländerin 1973 in Somerset vergewaltigten. All das sind Bilder, sind Symbole, mit denen *wir* umgehen können, die für *uns* verständlich sind. Es sind die individuellen und kollektiven, die bewußten und unbewußten, die alten und die neuen Metaphern dessen, wovon *wir* glauben, daß sich »die Anderen« damit identifizieren ließen.

Und auch das *Missing-Embryo-Syndrom* ist natürlich ein Teil dieser Maske. Wir sollen *glauben,* daß da eine neue Rasse gezüchtet wird. Frauen verspüren beginnende Schwangerschaften, die dann plötzlich enden. Aber obwohl der Zusammenhang mit den »Entführungen« deutlich ist, obwohl die Anzeichen für eine solche Schwangerschaft gegeben sind, ja, obwohl, wie wir gesehen haben, sogar eine Plazenta ausgeschieden werden kann oder der Bauch anschwillt, haben wir doch andererseits bis heute keinen konkreten Beweis dafür, daß in den Gebärmüttern dieser Frauen tatsächlich irgend welche Hybridwesen herangewachsen sind. Meines Wissens ist kein einziger Fall bekannt, daß beispielsweise bei einer Abtreibung ein solches Wesen jemals zum Vorschein gekommen wäre (und mit Ultraschallaufnahmen lassen sie sich offensichtlich ebenfalls nicht nachweisen).

Das wäre eine medizinische Sensation und würde mit Sicherheit in der entsprechenden Fachliteratur sofort publiziert werden. Es gäbe keinen Grund, eine solche Entdeckung geheimzuhalten, da die allermeisten Gynäkologen weder etwas von »Entführungen« noch von »Hybridkindern« wissen und den Fötus lediglich als besonders merkwürdiges Exemplar einer Mißbildung charakterisieren würden. Der amerikanische Arzt Dr. Robert McNeal hat eine Prämie in nicht unbeträchtlicher Höhe ausgesetzt. Sie soll an jenen Forscher vergeben werden, der eindeutig einen solchen Fall nachzuweisen vermag – bislang ohne jede Resonanz.

Dies zwingt uns geradezu zu dem Schluß, daß es weder fehlende Embryonen noch Hybridkinder gibt. All dies ist lediglich Teil der Maske, ist eine besonders emotional angelegte Facette. *Bettina Heise,* die junge Englischstudentin aus Essen, die als Kind mehrfach das Eindringen eines *Bedroom Visitor* erlebte, die panische Angst vor Puppen hat und bis heute nur ungern allein Auto fährt, sie hatte auch einen sehr merkwürdigen Traum: »Vor einigen Jahren habe ich geträumt, ich hätte ein Baby bekommen. Ich schaue durch meine Beine, das Baby wird herausgeholt und ist ganz anders: klein, dunkel, lange dünne Ärmchen und auch so ein ›außerirdisches‹ Gesicht. Als ich dann gelesen habe, daß einige Frauen solche Entführungserlebnisse hatten, habe ich mich sofort erinnert.«

Aber *Bettina* hat nie irgendwelche Unregelmäßigkeiten in ihrer Periode gehabt, nie Symptome für eine anormale Schwangerschaft bemerkt. Wenn sie trotzdem solche »Träume« hatte, *kann* das nur als Hinweis darauf gesehen werden, daß all dies nicht wirklich stattfindet, daß es Teil der Maske ist, Teil des Spiels, das man mit uns spielt.

Die »Anderen« verstehen sich auf dieses Spiel. Sie kennen die Regeln genau – wir überhaupt nicht. Wir haben noch nicht einmal erkannt, daß es sich *um ein Spiel handelt!* Und die »Anderen« nutzen diese Chance. Es gibt nichts Einfacheres, nichts Wirkungsvolleres, als sich hinter einer solch perfekten Maske zu verbergen. Das, was wir in sie hineinprojizieren, projiziert sie zurück. Wenn wir glauben, die Fremden anzuschauen, sehen wir nur in einen Spiegel – und erkennen nichts anderes darin als uns selbst.

Dieser Spiegel hat unendlich viele Facetten. Er starrt uns an, so wie wir ihn anstarren, unfähig, ihn als Spiegel zu erkennen. Wir sind geblendet, irritiert – und doch ist auch dieser Spiegel mit all seinen Formen und Farben wiederum nur Teil eines viel größeren Spiegels. Erst wenn wir diesen größeren Spiegel als Spiegel erkannt haben, werden wir auch den kleineren erkennen. Dann werden wir durch ihn hindurchtauchen können wie Alice im Märchen.

Und dahinter?

Dahinter ist ein Wunderland. Dahinter ist die Unendlichkeit...

VI

Sternenkinder

Begegnungen der anderen Art

> »Ich war schon einmal hier, hier bei den
> Kindern. Es sind zehn oder zwölf Kinder.
> Ein paar sind ziemlich klein, drei Jahre
> oder so. Die schauen mich an. Aber da
> sind keine Möbel in dem Raum. Der
> Raum ist kalt. Das ist kein Ort
> für Kinder.«
>
> *Regina Köhler*
> (entführt 1993)

Frankfurt, September 1993: Zusammen mit Erich von Däniken, dem Autor so vieler Bücher über einstige Kontakte mit einer außerirdischen Intelligenz, veranstalten wir ein Seminar in Frankfurt. Wir – das sind Mitglieder der »Ancient Astronaut Society«, einer international organisierten Gesellschaft, die Beweise für solche Kontakte zu finden sucht. Wir hatten uns zu diesem Seminar getroffen, um neues zu erfahren: aus der Vergangenheit und der Gegenwart.

Da einer meiner Vorträge auch das Thema »UFO-Entführungen« miteinschloß, kam ich nicht umhin, die Situation hier in Deutschland zu beklagen: daß es kaum erfahrene Forscher, keine Therapeuten, keine medizinisch geschulten Hypnoseregressisten gibt, die sich dieser offensichtlich doch wachsenden Anzahl potentiell Betroffener annehmen könnten.

Unter den Teilnehmern des Seminars war nicht nur Dr. Ruth Kremser, jene Gynäkologin, deren hilfreiche Dienste ich inzwischen mehrfach in Anspruch nehmen durfte. Auch Dr. Algund Eenbom, Zahnmediziner aus Leer, war zugegen. Und er vermochte mir weiterzuhelfen.

Häufig ist es ja genau so: Jemand kennt jemanden, der jemanden kennt. Hier war es nicht anders. Dr. Eenbom benutzt seit kurzem Hypnosetechniken, um das Schmerzempfinden während der Zahnbehandlung weitestgehend zu dämpfen. Natürlich hatte er diese Technik gelernt: von einem Arzt, der ihm nun einen weiteren Kollegen empfehlen konnte – den Psychologen und Neurologen Dr. Henning Alberts in Stuttgart. Er benutzt in seiner Therapie schon seit vielen Jahren erfolgreich Hypnoseregressionen.

Gesagt – getan! Ich schrieb Dr. Alberts an, schilderte ihm die Situation (natürlich sehr vorsichtig, man kann ja nie wissen...) und bat um Hilfe.

Die Antwort kam prompt. Und sie war mehr als erstaunlich. Dr. Alberts schrieb: »Danke für Ihren Brief und Ihre Offenheit in bezug auf das Thema ›UFOs und Entführte...‹. Ich selbst beschäftige mich mit diesem Gebiet schon seit langem. In der Hypnosetherapie hatte ich aber bislang keine unmittelbare Erfahrung damit, obwohl ich reinkarnativen und pränatalen Erlebnissen sehr oft begegne.«

Aber der berühmte »springende Punkt« kam im nächsten Satz: »Ihr Buch ›Die Anderen‹ steht (sogar gelesen) in meiner Bibliothek. Und schon seit einigen

Monaten hatte ich das Gefühl, bald mit Menschen zu arbeiten, die derartige Begegnungen hatten. Wie auch immer, gerne bin ich bereit, dieses faszinierende Neuland zu betreten.«

Gibt es einen »Zufall«? Ich glaube nicht. Wenn schon, dann einen Glücksfall – und als solcher erwies sich Dr. Alberts allemal. Wir beraumten die erste Hypnoseregression für den 6. Dezember an.

Der Raum mit den Kindern

Ich hatte für diese Sitzung *Regina Köhler* aus einer kleinen Stadt bei Karlsruhe vorgeschlagen. Auch mit *Regina Köhler,* einer 38jährigen Unternehmersfrau, war ich »über Umwege« bekannt geworden.

Im Mai 1993 hielt ich mich zusammen mit Rainer Holbe auf der kanarischen Insel Lanzarote auf. Dort, in dieser herrlichen Umgebung aus Sonne und Licht, aus schwarzem Vulkanfelsen und blauem Meer, liegt das ETORA-Zentrum. ETORA ist im Grunde eine Gemeinschaft und ein Projekt zugleich: Seminare, Vorträge, Workshops zu verschiedenen alternativen, geistigen und spirituellen Themen werden über das ganze Jahr hinweg angeboten. Rainer Holbe und ich hatten uns mit einer etwa 20köpfigen Gruppe dorthin »zurückgezogen«: Wir wollten all jene Themen, die die Sendung »Phantastische Phänomene« aufgreift, vertiefen, diskutieren und miteinander bewerten.

Unter den Seminarteilnehmern war auch *Christine Theres:* in Ungarn geboren, in Venezuela aufgewachsen, jetzt in Deutschland lebend, hatte sie im Laufe ihres Lebens manch seltsame Begegnung mit dem

217

Unglaublichen – nicht anders, als die meisten Seminar-
teilnehmer auf Lanzarote auch. Aber es waren nicht
ihre Erlebnisse, auf die sie mich aufmerksam machte. Es
waren die seltsamen Träume und Ereignisse, die ihre
Freundin *Regina Köhler* betrafen.

Wieder in Deutschland, telefonierte ich mit *Regina
Köhler*. Wir vereinbarten ein erstes Treffen – und schon
kurze Zeit später saß ich zusammen mit *Christine,*
einem weiteren guten Freund der Familie und dem
Ehepaar *Köhler* in ihrer Wohnung bei Karlsruhe.

Was ich zu hören bekam, war in der Tat erstaunlich:
Regina Köhler erinnerte sich an mehrere Ereignisse, von
denen sie nicht wußte, ob es sich um »Träume« oder um
Realität gehandelt hat. Sie selbst ordnete es intuitiv vielleicht ganz richtig einem »Zwischenbereich« zu.

»Woran ich mich erinnerte, sind eigentlich nur kurze
Sequenzen aus einer viel längeren Handlung. Aber diese
kurzen Sequenzen haben eine ganz andere Qualität als
normale Träume. Als ich morgens aufwachte, habe ich
immer gedacht: Das hast du doch wirklich erlebt! Aber
konnte ich das? – Ich hatte doch nur in meinem Bett
gelegen.«

Vielleicht – vielleicht auch nicht. Wir gingen an diesem
Tag die merkwürdigen Traumerinnerungen *Regina
Köhlers* Schritt für Schritt durch. Für mich stand schon
sehr bald fest, daß hier kein gewöhnliches Traum-
geschehen erzählt wurde, sondern etwas, das weit
darüber hinaus ging.

Damals waren es drei Szenen, an die *Regina Köhler* sich
exakt erinnern konnte – so exakt, daß sie sehr eindrucksvolle Skizzen davon anzufertigen vermochte:

• Situation 1: »Ich stehe in einem großen Raum, wo,
weiß ich nicht. Schräg hinter mir steht eine schlanke

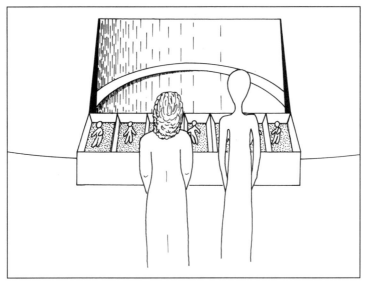

Abb. 18 Die erste Szene, an die sich Regina Köhler *erinnerte: Sie steht in einem großen Raum, vor ihr befinden sich Brutkästen mit Babys, dahinter ein Fenster, das den Blick in einen großen Schacht öffnet. Rechts neben ihr hält sich eine Gestalt auf, die sie nicht näher beschreiben kann. Alles war in helles Licht getaucht, der Schacht nach oben und unten »unendlich« (Skizze der Zeugin).*

Gestalt. Ich kenne sie, weiß jetzt aber nicht, wie sie aussieht. Vor mir sind Kästen, Brutkästen. Darin liegen Babys. Ganz kleine Babys. Das ist wie eine Reihe an der Wand. Dahinter, in der Wand, ist ein großes Fenster. Es öffnet den Blick auf die Innenseite eines gewaltigen Schachtes. Man schaut in diesen Schacht hinein, ich kann von meiner Position aus weder das obere noch das untere Ende erkennen. Nur in Höhe des Raumes, in dem wir uns befinden, läuft so etwas wie eine Ballustrade mit Geländer innen an der Schachtwand entlang.« (Abb. 18)

- Situation 2: »Ich gehe einen etwas nach innen gekrümmten, tunnelartigen, sehr hellen Gang entlang. Wieder ist diese Gestalt hinter mir. Sie begleitet mich. Dann geht rechts eine Tür auf, und die Gestalt sagt zu mir: ›Die Zeit ist gekommen. Du wirst verstehen lernen.‹ Vor mir öffnet sich ein großer Raum. Er ist in verschiedenen Ebenen angelegt, in weichen runden Formen. Auf diesen Ebenen spielen Kinder im Alter zwischen vier und vielleicht zehn Jahren in Gruppen zusammen. Ich weiß nicht, was sie spielen, denn ich sehe keine Spielzeuge. Als die Tür sich geöffnet hatte und ich im Eingang stand, erhob sich eine erwachsene Gestalt mir schräg gegenüber. Sie nahm ein Mädchen, vielleicht neun oder zehn Jahre, zeigte zu mir und führte es auf mich zu. Das Mädchen sah ganz normal aus, hatte blonde Haare. Es schaute mich etwas scheu an. Dann bricht die Erinnerung ab.« (Abb. 19)

- Situation 3: »Im Juli 1993 waren wir in einem Hotel in Füssen im Allgäu – mein Mann, meine Tochter und ich. Wir hatten zwei Zimmer nebeneinander. In der Nacht – war es nun ein Traum oder nicht? – stand ich plötzlich draußen auf dem Gang. Rechter Hand von mir, nur ein paar Meter entfernt, standen drei Wesen, die wie die ›kleinen Grauen‹ aussahen. Rechts waren zwei von ihnen – und zwischen ihnen meine Tochter *Sarah*. Ich war in diesem Moment voller Panik, ich rief: ›Laßt sie in Ruhe, sie ist doch erst zwölf!‹ Ich hatte den Eindruck, als ob ich mich förmlich zu einem Energieball aufblase. Jedenfalls glaube ich, daß die Wesen zumindest sehr überrascht über meine Intervention waren. Mehr weiß ich nicht.«

220

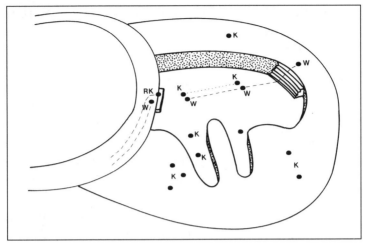

Abb. 19 Situation der »Präsentationsszene«: Regina Köhler
wird von einem Wesen zu einem großen, in verschiedenen
Ebenen angelegten Raum geführt, in dem mehrere Gruppen
von Kindern spielen. Eine erwachsene Gestalt erhebt sich und
führt ein etwa neunjähriges Mädchen auf Regina Köhler *zu. RK*
= Position von Regina Köhler; *W = Position der erwachsenen*
Wesen; K = Position der Kinder (Skizze der Zeugin).

Das Kaninchen und der Zauberer

Diese sogenannten »Träume« sind aber nur die eine
Seite der Medaille. *Christine Theres* hatte mir auf
Lanzarote erzählt, daß *Regina Köhler* auch eine merkwürdige »Narbe« auf ihrem rechten Oberschenkel
habe: eine kreisförmige Struktur, etwa drei Zentimeter
im Durchmesser, rot, mit einem etwas aufgewölbten
helleren Zentrum. Am Rand dieses weißen Zentrums
gäbe es noch dreieckige rote Punktierungen. *Christine*
und – wie ich später erfuhr – auch andere, etwa *Reginas*

221

Mann, ihre Tochter, Freunde, hatten diese »Narbe«
sehr gut und deutlich gesehen.

Die »Narbe« ist inzwischen fast völlig verschwunden.
Sie verblaßte wenige Tage, bevor ich *Regina Köhler*
besuchte und kurz nachdem ein weiterer, langgezogener
Schnitt aufgetaucht war, der von außen in die Markierung hineinführte. Auf dem Foto, das wir von der Rest-
struktur machten, erkennt man so gut wie nichts, ich
habe aber eine Skizze angefertigt, die die Markierung in
ihrer urprünglichen Form und die Position des langge-
zogenen »Schnitts« zeigt. (Abb. 20)

Woher diese seltsame »Narbe« kam, weiß niemand.
Auch *Regina Köhler* nicht. Sie besaß sie, seit sie etwa
14 oder 15 Jahre alt war. Aber sie hatte dort nie eine
größere Verletzung, keinen ärztlichen Eingriff, nichts
dergleichen war dem Ganzen vorausgegangen.

Wie bei vielen anderen »Entführten« scheint auch bei
Regina die Tochter in das Gesamtszenario miteinbezogen zu sein. Regina erinnerte sich an den »Traum«,
in dem man ihre Tochter *Sarah* wegführen wollte.
Trotzdem vermieden es *Regina* ebenso wie ihr Mann,
mit *Sarah* darüber zu sprechen – bis zum Februar 1994
war sie über das, was sich mit ihrer Mutter zu ereignen
schien, völlig uninformiert.

Dann geschah es. Am frühen Morgen des 13. Februar
erwachte sie gegen 5.30 Uhr, ging zur Toilette und trank
ein Glas Wasser. Als sie sich kurz darauf wieder ins Bett
legte, hörte sie plötzlich zwei tiefe, laute Atemzüge neben
sich. Irgend jemand oder irgend etwas war in ihr Zimmer
eingedrungen. Über ihrem Kopf wurde es heiß, und sie
hatte das Gefühl, »als ob etwas Großes über mir war«.
Sarah war zu diesem Zeitpunkt nicht mehr fähig, die
Augen zu öffnen. Etwas Schweres schien neben ihr

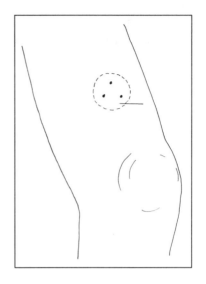

Abb. 20 Skizze der Markierung auf dem linken Bein von Regina Köhler. *Im Zentrum befanden sich drei rötliche Punkte auf einer hellen Erhebung, umschlossen von einem rötlich gefärbten Ring. Die Markierung verblaßte, nachdem eine in die Struktur hineinführende zusätzliche »Schnittnarbe« aufgetaucht war.*

herunterzufallen, und jemand bückte sich, um es wieder aufzuheben: »Ich bin sicher, daß es so war, denn ich hörte die Geräusche neben mir. Ich hatte eine furchtbare Angst, und dann stach mich etwas in den Fuß. Es war ganz fürchterlich. Ich wollte mich herumdrehen, aber es ging nicht. Jede meiner Bewegungen war vollkommen blockiert.«

Als diese Blockade schließlich nachließ und *Sarah* das Licht anmachte, war eine Dreiviertelstunde vergangen. Der Wecker zeigte 6.15 Uhr. »In diesem Moment hörte ich Schritte, oben, auf dem Dach. Es knirschte, als ob ein Ziegel locker war. Dann schlief ich wieder ein.«

Dieses trotz des schockierenden Erlebnisses »Wieder-Einschlafen-Können« ist uns bereits aus anderen Fällen des *Bedroom-Visitor*-Phänomens bekannt. Als *Sarah* gegen 8 Uhr erwachte, erinnerte sie sich sofort des Vorfalles. Sie erzählte alles ihrer erschrockenen Mutter

223

– und zeigte ihr die noch immer leicht blutende Stelle am Fuß, dort, wo sie »etwas« gestochen hatte. Der Vater kontrollierte daraufhin das Dach, und tatsächlich entdeckte er genau über *Sarahs* Zimmer einen Ziegel, der um zwei Zentimeter verschoben war und bei Belastung ein knirschendes Geräusch von sich gab.

Im Frühsommer 1993 geschah ein seltsames, fast kurioses Ereignis: »Ich war damals zu Freunden gefahren. Wir feierten eine Party in einem Nachbarort. Ich hatte schon den ganzen Abend über ein komisches, ängstliches Gefühl. Ich fürchtete mich vor dem Wald, durch den ich auf dem Rückweg wieder fahren mußte.
Gegen Mitternacht fuhr ich los – mit diesem seltsamen Gefühl im Bauch. Der Wald kam auf mich zu, ich fuhr hindurch und: Es passierte nichts. Ich war erleichtert, froh. Ich dachte: ›Gott sei Dank, da siehst du wieder einmal, wie schnell man sich verrückt machen kann!‹«
Regina Köhler fährt weiter, läßt den Wald hinter sich. Dann sind es nur noch ein paar hundert Meter. Die Frau bremst den Wagen ab, um von der Landstraße in die Ortseinfahrt abbiegen zu können. Da geschieht es: »Plötzlich tauchte im Scheinwerferlicht etwas Weißes auf, direkt vor mir, in der Mitte der Straße. Ich trat voll auf die Bremse, aber der Wagen war noch so schnell, daß ich daran vorbeifuhr. Aber ich sah, was es war: Es war ein weißes Kaninchen, das wie angebunden zappelte. Und im gleichen Moment sah ich vor mir ein gleißendes Licht. Ich war vollkommen in Licht gehüllt. Und in diesem Licht stand, genauso wie das Kaninchen mitten auf der Straße, ein Zauberer. Das hört sich wirklich zum Lachen an, aber da war ein Zauberer. Mit Spitzhut, Zauberstab, Mantel. Und er schaute mich an,

224

schaute mir direkt in die Augen. Ich war so erschrocken, daß ich wieder auf das Gaspedal trat und um ein Haar an der Abfahrt vorbeigesaust wäre. Als ich in den Rückspiegel sah, war der Zauberer verschwunden. Zu Hause angekommen, war ich völlig aufgelöst. Mein Mann ging gleich am nächsten Morgen die fragliche Stelle ab. Aber er fand weder etwas von dem Zauberer noch von dem Kaninchen.«

Seltsame, fast unglaubwürdige Geschichten sind das – zumindest für jene, die die sonderbaren Fallstricke des »Entführungs«-Phänomens nicht kennengelernt haben. Denn was sich da für *Regina Köhler* als »Kaninchen« und »Zauberer« ins Gedächtnis eingrub, scheint doch nichts anderes gewesen zu sein als jener »Hirsch«, den *Conny Simmer* und *Virginia Horton* sahen, oder die »Eule«, die Whitley Strieber wahrnahm, oder die »Krankenschwester«, mit der *Jens Heller* konfrontiert wurde: *Screen Memories,* Deckerinnerungen, die ein dahinterliegendes Ereignis ummanteln und zuschütten.

Als ich im November 1993 *Regina* den Vorschlag machte, all diese Dinge mit einer Hypnose-Rückführung klären zu lassen, war sie zunächst vorsichtig. Aber dann nannte ich ihr den Psychologen, der diese Regression durchführen sollte: Dr. Henning Alberts.

»In diesem Moment«, sagt *Regina Köhler,* »dachte ich, ich bekomme einen elektrischen Schlag versetzt. Man kann es mir glauben oder nicht, aber ein paar Tage zuvor hatte ich im Traum eine deutliche, sehr ernste und noch lange Zeit nachklingende Stimme gehört, an die ich mich genau erinnern kann. Und diese Stimme sagte: ›Richte dich an Alberts!‹ Ich dachte zuerst, es hieße vielleicht Albert und damit sei ein Vorname gemeint. Und ich ging in Gedanken all meine Freunde und Bekannten durch, aber ich wußte beim besten Willen nicht, wer damit gemeint sein sollte. Und dann fiel am Telefon dieser Name – und mir fiel es wie Schuppen von den Augen.«

Noch so ein »Zufall«? Es fällt mir schwer, daran zu glauben.

Zurück in die Vergangenheit

Am 6. Dezember 1993 trafen wir uns in der Praxis von Dr. Henning Alberts. Er ist einer jener weltoffenen Psychotherapeuten, von denen es leider viel zu wenige gibt. Und was genauso wichtig ist: Er verfügt über eine 15jährige Praxis in der Regressionsarbeit mit Patienten. *Regina Köhler* ihrerseits hatte durch autogenes Training, das sie seit vielen Jahren sporadisch immer wieder übte, eine gute Voraussetzung dafür mitgebracht, sich relativ einfach in den entspannenden Zustand der Tiefenhypnose versetzen zu lassen.

Über Hypnose kursieren die seltsamsten Vorstellungen – in der Regel geprägt durch jene Show- und Bühnenveranstaltungen, bei denen Hobbyhypnotiseure mit ahnungslosen Zuschauern die verrücktesten Dinge anstellen. Regressive Hypnose hat damit wenig zu tun. Sie ist ein Zustand, der das Bewußtsein nicht einengt, sondern öffnet. Der Proband ist zu jeder Zeit dazu in der Lage, die Sitzung zu unterbrechen, wenn er glaubt, dies sei angebracht. Es gibt dabei keine unterschwellige Einflußnahme, keine posthypnotischen Befehle, etwa der Art, beim nächsten Glockenschlag auf einen Tisch zu springen und wie ein Hahn zu krähen. Der Hypnotisierte ist sich jederzeit seiner Situation bewußt und trotzdem dazu in der Lage, in vergangene Episoden seines Lebens zurückzutauchen und diese nochmals neu zu erleben.

Es dauerte nicht lange, bis Dr. Alberts *Regina Köhler* in dieses tranceähnliche Stadium geführt hatte. Wir anderen – *Reginas* Mann, *Christine Theres* und ich – saßen gespannt in der Runde. Wir hatten abgesprochen, jenes Ereignis in Angriff zu nehmen, von dem ich weiter oben schrieb: die Begegnung mit dem »Kaninchen« und dem »Zauberer«, ein Erlebnis, für das *Regina* keine Erklärung hatte (daß es sich dabei vielleicht um ein *Screen Memory* handeln könnte, hatte ich ihr zuvor nicht gesagt).

Schließlich waren wir – und *Regina Köhler* wieder – mittendrin in jener seltsamen Nacht, als sie von der Party nach Hause fuhr.

Dr. Henning Alberts: »Wo sind Sie jetzt?«

Regina Köhler: »Ich fahre auf der Straße.«

HA: »Es ist dunkel? Nacht?«

RK: »Ja.«

HA: »Sie fahren jetzt weiter. Sie sehen, wie Sie weiterfahren. Sehen Sie, wie Sie am Lenkrad sitzen und die Kurven nehmen?«

RK: »Ja.«

HA: »Schön. Sie fahren weiter. Sie kommen immer weiter. Und Ihr Unterbewußtsein weiß schon jetzt, was da kommt. Es hat das ja schon erlebt. Wir gehen jetzt weiter bis zu dem Moment, wo etwas passiert. Ihr Unterbewußtsein, das ich anspreche, weiß, was ich meine. Was sehen Sie?«

RK: »Da ist eine Rechtskurve. Da geht es nicht weiter.«

HA: »Es geht nicht weiter? Warum nicht?«

RK: »Es geht einfach nicht weiter. Das Auto bleibt stehen.«

HA: »Hm. Das Auto bleibt einfach stehen?«

RK: »Aber der Motor läuft noch, die Scheinwerfer sind an.«

HA: »Und warum geht es nicht weiter?«

RK: »Hmm... Da ist eine Wand vor mir.«

HA: »Was für eine Wand?«

RK: »Eine dunkle Wand.«

HA: »Und deswegen können Sie nicht weiterfahren?«

RK: »Ich will, aber es geht nicht.«

HA: »Aber Sie haben doch den Motor laufen und die Scheinwerfer an.«

RK: »Ja, aber das Licht wird da wie verschluckt. Es ist wie eine feste, dunkle Wand.«

Genau wie ich es erwartet hatte, war das *Screen Memory* unmittelbar mit dem Einstieg in die tieferen Bewußtseinsebenen von *Regina Köhler* verschwunden. Das, was wir nun zu hören bekamen, war das, was wirklich geschehen war. »Kaninchen« und »Zauberer« hatten sich aufgelöst, und aus dem Vergessenen, dem Verdrängten tauchten wie die Masten eines längst versunkenen Schiffes die Erinnerungen empor.

HA: »Und was machen Sie?«

RK: »Ich gucke. Hmm... Ich habe ein komisches Gefühl, als würde ich mich bewegen und doch sitzen.«

HA: »Wie meinen Sie das?«

RK: »Ich bin so angespannt im Körper. Und es kommt mir vor, als ob ich sitze und gleichzeitig schwebe.«

HA: »Sitzen und schweben zugleich?«

RK: »Ja. Das ist, als ob die rechte Körperhälfte schwebt und die linke starr ist. Als möchte man laufen, und das geht nicht.«

HA: »... das geht nicht. Und was ist mit der Wand vor Ihnen?«

RK: »Da ist jetzt Licht, auf der rechten Seite. Meine Scheinwerfer, die sind jetzt nur noch ganz schwach an.«

HA: »Und wie fühlen Sie sich jetzt?«

RK: »Ich bin so unruhig. Ich komme nicht weg, aber ich möchte auch gar nicht mehr weg.«

HA: »Schauen Sie wieder auf die Wand vor Ihnen. Was ist damit?«

RK: »Die Wand ist jetzt weg, da ist nur noch Licht... Ich bin jetzt auch im Licht.«

HA: »Sie sind auch im Licht?«

RK: »Ja, das Licht hüllt mich ein. Es ist grell, es blendet, es ist ganz weiß.«

HA: »Okay. Wo sind Sie denn jetzt?«

RK: »Nicht mehr im Auto. Eigenartig. Ich schwebe jetzt ganz. In diesem Licht. Wie in einem Fahrstuhl. Immer höher.« (*RK* zuckt in der Hypnose immer wieder zusammen.) »... ein komisches Gefühl in den Armen... und den Beinen.«

HA: »Und Sie sind nicht mehr im Auto?«

RK: »Nein. Ich glaube nicht. Ich spüre das Lenkrad nicht mehr. Und auch nicht den Autositz. Ich schwebe.«

HA: »Und was passiert dann?«

RK: »Die Bewegung wird langsamer. Ich komme zum Stillstand. Das Licht ist weg.«

HA: »Das Licht ist weg? Was ist denn da jetzt?«

RK: »Das Licht ist hinter mir.«

HA: »Und was ist jetzt vor Ihnen?«

RK: »Eine Luke, da ist eine Luke.«

HA: »Was für eine Luke?«

RK: »Rechteckig. Aber ich will da nicht durch.«

HA: »Okay. Sie sind jetzt vor der Luke. Was passiert da?«

RK: (Pause) »... Ich will da nicht rein.«

HA: »Was sieht man denn auf der anderen Seite der Luke?«

RK: »Da kann man durchschauen. Da ist ein Platz.«

HA: »Okay. Nun geht die Zeit ja wieder ein bißchen weiter. Was geschieht denn da?«

RK: »Ich will da nicht durch.«

Regina Köhler weigerte sich standhaft, die Luke zu betreten. Uns allen war in dieser Situation natürlich klar, daß sie sie in Wirklichkeit betreten hatte, daß lediglich ihr Unterbewußtsein zu diesem Zeitpunkt noch nicht bereit war, weitere Informationen freizugeben. Dr. Alberts fragte sie: »Schauen Sie doch noch einmal durch die Luke hindurch. Was ist denn da auf diesem Platz?«

RK: »Da sind Leute. Die machen etwas. Die schieben etwas herum.«

HA: »Und Sie beobachten sie dabei?«

RK: »Ich weiß nicht, was die da machen.«

HA: »Beobachten Sie einfach weiter.«

RK: »Das ist komisch, diese Leute dort zu sehen.«

HA: »Komisch, ja? Was ist denn da so komisch?«

RK: »Das sind schlanke Leute. Sie bewegen sich normal. Aber sie nehmen mich nicht wahr.«

HA: »Sie nehmen Sie gar nicht wahr?«

RK: »Nein. Da ist dieser helle Platz da drinnen. Der Boden ist so hell. Aber ich möchte da nicht rein.«

HA: »Okay. Wir gehen jetzt ein ganzes Stück weiter. Sie sind wieder zu Hause. Was erzählen Sie denn ihrem Mann?«

RK: »Von dem Hasen. Und dem Zauberer.«

Dr. Alberts holte *Regina Köhler* an dieser Stelle aus der Trance zurück. Es war offensichtlich, daß es im Moment keinen Sinn hatte, sie gewissermaßen durch die Luke

230

hindurchzuzwingen. Sie selbst mußte diesen Schritt machen – vor allem aber ihr Unterbewußtsein.

Während der Mittagspause erinnerte sich *Regina* daran, daß die Leute, die sie jenseits der Luke gesehen hatte, in rote Overalls gekleidet waren. In dem großen Raum herrschte ein geschäftiges Treiben. (»Wie auf einem Flughafen.«) Das seltsame, zuerst dunkle, dann später helle, strahlende Objekt vor ihr habe während der Regression einfach den Zauberer verdrängt – das ist genau der Mechanismus, der bei der Auflösung von Deckerinnerungen zum Tragen kommt. Und das Objekt sei daraufhin aufgetaucht »wie aus einem anderen Raum«.

Ein interessantes Detail nahm sie wahr, als sie vor der Luke schwebte: An der Außenwand des Objekts befand sich eine komplizierte symmetrische Signatur. *Regina Köhler* vermochte sie später zu zeichnen, und ich könnte mir vorstellen, daß derartige Details vielleicht dazu angetan sind, Parallelen zu den Wahrnehmungen anderer »Entführter« zu entdecken. (Insofern sei es mir verziehen, daß ich diese Signatur im Rahmen dieses Buches nicht veröffentliche; ich möchte einfach abwarten, ob andere Augenzeugen das gleiche gesehen haben.)

Der Besuch

Zurück nach Stuttgart, zurück zum 6. Dezember 1993: Nicht nur Dr. Alberts und ich waren neugierig, was sich hinter der Luke verbergen mochte. Auch *Regina Köhler* war es. Und so führte Henning Alberts sie schließlich wieder in genau diese Situation zurück.

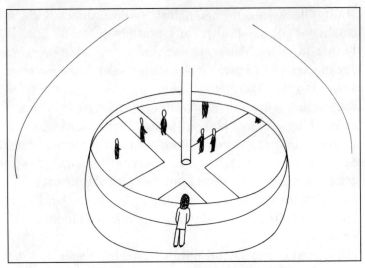

Abb. 21 Unter Hypnose erinnerte sich Regina Köhler *daran, nach dem Betreten des Objets in eine Halle geschaut zu haben, in der große Geschäftigkeit herrschte. Von hier aus ging sie den Gang weiter, der ihr schon aus ihren »Träumen« bekannt war (Skizze der Zeugin).*

HA: »Sie sind jetzt an der Luke. Gehen Sie hindurch?«
RK: »Das ist wie eine Brücke. Da ist ein Geländer.«
HA: »Sind Sie durch die Luke hindurchgegangen?«
RK: »Ja.«
HA: »Und was ist da? Was sehen Sie?«
RK: »Da unten sind viele Leute. Aber ich weiß nicht, was ich da soll. Die nehmen keine Notiz von mir.« (Abb. 21)
HA: »Die nehmen keine Notiz von Ihnen. Sprechen die denn nicht mit Ihnen?«
RK: »Nein.«
HA: »Und was machen Sie?«
RK: »Unter mir ist ein Platz.«
HA: »Ja – der Platz mit den Leuten.«

RK: »Die sind sehr beschäftigt. Aber ich weiß nicht, was die da machen.«

HA: »Und Sie? Was machen Sie?«

RK: »Da ist ein Gang. Links. Wie eine Empore.«

HA: »Und rechts?«

RK: »Da auch.«

HA: »Und was machen Sie?«

RK: »Ich gehe in den rechten Gang.«

HA: »Was ist mit den Leuten?«

RK: »Die sind eine Etage unter mir.«

HA: »Und Sie gehen den Gang entlang?«

RK: »Ja. Der kommt mir bekannt vor.«

HA: »Der Gang kommt Ihnen bekannt vor?«

RK: »Ja. Das ist der Gang aus meinem Traum.«

Jetzt waren wir zu einer Situation vorgestoßen, in der sich beides miteinander verband: die sogenannten »Träume« und die Situation auf der Landstraße, die sie im Wachzustand erlebt hatte und die bislang hinter einem *Screen Memory* verborgen gewesen war. Hier, in diesem Gang, war *Regina Köhler* schon gewesen, sie erkannte ihn wieder. Es war genau der Gang, den sie schon einmal in ihrem »Traum« entlanggeführt worden war. Damals hatte ein Wesen sie begleitet, das hinter ihr ging, das sie zu einem Raum brachte, in dem Kinder spielten. Diesmal war sie allein.

HA: »Und Sie gehen diesen Gang entlang? Was ist das für ein Gang?«

RK: »Das ist wie ein Rundgang. Das ist alles wie eine einzige Fläche. Alles ist silbern.«

HA: »Aber Sie sind allein. Warum?«

RK: »Weil ich das schon kenne. Weil ich schon hier war. Deswegen nehmen sie auch keine Notiz von mir. Ich kenne den Gang.«

HA: »Und da gehen Sie entlang?«

RK: »Ich schwebe mehr, als daß ich gehe.«

HA: »Und was passiert dann?«

RK: »Die Tür müßte sich öffnen.«

HA: »Die Tür? Welche Tür?«

RK: »Sie öffnet sich nicht. Sie müßte sich öffnen.«

Ganz offensichtlich hatte *Regina* nun wieder jene Tür erreicht, vor der sie auch schon in ihrem »Traum« gestanden hatte. Wir wußten, was dahinter lag – oder ahnten es zumindest. Aber wieder war ihr Unterbewußtsein noch nicht vollständig bereit, die Informationen freizugeben. *Regina* weigerte sich in der Hypnose, die Tür sich öffnen zu lassen: Sie ließ die Zeit gewissermaßen »einfrieren«.

RK: »Die Tür müßte sich öffnen.«

HA: »Und sie öffnet sich nicht?«

RK: »Ich stehe davor. Ich kann die Tür gar nicht erkennen. Da ist nur die Wand.«

HA: »Woher wissen Sie denn dann, daß da eine Tür ist?«

RK: »Das ist der Gang aus meinem Traum. Ich weiß, daß da die Tür ist.«

HA: »Sind Sie denn noch immer allein da?«

RK: »Ja.«

HA: »Und was passiert jetzt?«

RK: »Ich stehe da.« (atmet schwer)

HA: »Aber nun geht die Zeit ja weiter. Die Zeit verstreicht. Was passiert denn jetzt?«

RK: »Ich weiß, die muß sich öffnen.«

HA: »Die Zeit geht weiter, Sekunde um Sekunde vergeht. Was geschieht jetzt?«

RK: »Die Tür... Die Tür ist jetzt offen.«

HA: »Die Tür ist offen. Okay. Sie sind jetzt ganz ruhig, ganz entspannt. Sie wissen, daß Sie hier in der Praxis in

234

Stuttgart sind, daß Ihnen nichts geschehen kann. Okay?«

RK: »Ja.«

HA: »Die Tür hat sich jetzt geöffnet. Was machen Sie?«

RK: »Ich gehe hindurch.«

HA: »Okay. Sie gehen hindurch? Und was sehen Sie da?«

RK: »Ich bin bei den Kindern.«

Regina Köhler war wirklich wieder in jenem Raum, den sie auch aus ihren Träumen kannte: der Raum mit den Kindern, in dem ihr damals das neunjährige Mädchen gezeigt wurde, in den sie gebracht worden war, »weil es Zeit war, zu verstehen«.

HA: »Sie kennen das?«

RK: »Ja. Ich war schon mal hier.«

HA: »Hier? Bei den Kindern?«

RK: »Ja. Die brauchen mich. Ich weiß es.«

HA: »Wie viele Kinder sind denn da? Wie alt sind die?«

RK: »So zehn oder zwölf Kinder. Ein paar sind ziemlich klein, drei Jahre oder so. Einige sind älter, vielleicht sechs oder sieben.« (Abb. 22)

HA: »Und was machen diese Kinder da?«

RK. »Die schauen mich an.«

HA: »Okay. Die schauen Sie an.«

RK: »Die schauen mich an. Die anderen haben gar keine Notiz von mir genommen.«

HA: »Was sind denn das für Kinder?«

RK: »Ganz normale Kinder.«

HA: »Sind das unterschiedliche Kinder? Oder was für Kinder sind das?«

RK: »Die ähneln sich alle. Ich weiß nicht einmal, welches Geschlecht sie haben. Sie sind einfach nur Kinder.«

*Abb. 22 Die ent-
scheidende Szene,
die die Hypnose
wieder ins Bewußt-
sein brachte:
Regina Köhler be-
tritt »den Raum
mit den Kindern«
(Skizze der Zeugin).*

HA: »Und Haare? Haben die Kinder Haare?«

RK: »Ja. Ich glaube, helle Haare. Aber im Raum ist es so hell.«

HA: »Okay. Und was passiert denn da jetzt?«

RK: »Die kommen. Die kommen auf mich zu. Die freuen sich.«

HA: »Sagen die denn etwas zu Ihnen?«

RK. »Nein. Aber wir verstehen uns.«

HA: »Und dann?«

RK: »Sie berühren mich. Das ist schön. Ich berühre sie auch.«

HA: »Was ist denn das für ein Raum, in dem Sie da sind?«

RK: »Da sind keine Möbel. Der Raum ist kalt. Das ist kein Ort für Kinder.«

HA: »Und was machen Sie jetzt?«

RK: »Ich spiele mit den Kindern. Aber ich habe kein Spielzeug für sie. Ich habe kein Spielzeug mitgebracht.«

HA: »Okay. Sie spielen mit den Kindern. Sind die Kinder denn traurig?«

RK: »Hm... nein. Sie freuen sich, daß ich gekommen bin, daß ich mit ihnen spiele.«

236

HA: »Wissen Sie, wie diese Kinder da in diesen Raum gekommen sind?«

RK: »Nein.«

HA: »Was für ein Gefühl haben Sie jetzt?«

RK: »Hm... wie eine Amme.«

HA: »Und was passiert dann?«

RK: »Ich muß wieder zurück.«

HA: »Wieder auf dem gleichen Weg?«

RK: »Ja. Das ist so schwer.«

HA: »Was?«

RK: »Der Abschied.« (*RK* beginnt zu weinen.)

HA: »Okay. Nehmen Sie sich Zeit.«

Abschied

Ich muß gestehen, daß wir alle Tränen in den Augen hatten. Dieses Protokoll kann nicht annähernd die starke Emotionalität dieser Situation wiedergeben, die wir hier miterlebten. Irgendwie nahmen wir ja alle an diesem Ereignis teil, sahen bildhaft die von *Regina* beschriebenen Situationen vor uns ablaufen.

HA: »Und nun gehen Sie den Gang wieder zurück? Gehen Sie wieder durch die Schleuse?«

RK: »Ja. Wieder durch die Schleuse nach draußen.«

HA: »Und dann?«

RK: »Das geht wie in einem Fahrstuhl nach unten.«

HA: »Sehen Sie Ihr Auto wieder?«

RK: »Ja. Jetzt bin ich wieder drin.«

HA: »Okay. Und sehen Sie noch das Licht?«

RK: »Nein. Ich fahre wieder.«

HA: »Nach Hause?«

RK: »Ja, nach Hause.«

Als *Regina Köhler* aus der Hypnose kam, war sie nicht minder von all dem gefangen als wir. Ich hatte zwar vermutet, daß Zauberer und Kaninchen nur *Screen Memories* waren, daß sich dahinter eine ganz andere Geschichte verbarg. Aber daß wir es mit einem solch emotionalen, einem solch komplexen Geschehen zu tun hatten, hatten wir nicht ahnen können.

»Ich weiß jetzt«, sagte *Regina* später, »daß diese Dinge geschehen. Daß sie Teil meines Lebens sind. Und daß das alles offenbar viel häufiger passiert, als ich dachte.«

Aber *was* hat *Regina Köhler* eigentlich erlebt? Seit den ersten von Budd Hopkins aufgespürten Fällen anormaler Schwangerschaften, die mit dem *Missing-Embryo-Syndrom* einhergehen, wurden auch Erlebnisse bekannt, die sich in die logische Fortsetzung der künstlich zur Welt gebrachten Föten einreihen lassen: die Präsentation dieser Kinder Jahre später. Die Mütter werden irgendwann wieder an Bord geholt, und man zeigt ihnen die herangewachsenen Sprößlinge.

Zum Zeitpunkt der Regression war *Regina Köhler* noch nicht in der Lage, etwas über die Gesichter der Kinder sagen zu können. Sie hatte sie als weitgehend geschlechtslos charakterisiert. Zum Ende der Sitzung hin hatte Dr. Alberts sie aber darauf vorbereitet, daß in den kommenden Wochen und Monaten vermutlich weitere Details auftauchen würden: in Träumen, in *Flashbacks,* in ganz bewußt erkannten Zusammenhängen.

Tatsächlich hatte sie einige Wochen später einen *Flashback* und einen merkwürdigen Traum. In der spontanen Rückerinnerung wurde ihr bewußt, daß neben den Kindern doch noch eine erwachsene Person anwesend war: Sie stand, wie bei ihrem »ersten« Besuch, in dem Raum und schaute sie an. Sie war mit einem weißen Gewand bekleidet und verhielt sich vollkommen passiv.

In einem Traum kam eine interessante, wenn auch nur sehr kurze Sequenz »hoch«. *Regina* war in einem Raum, den sie nicht näher beschreiben kann. Auf dem Boden lag ein Kind, daneben saß eine Frau. Sowohl die Frau als auch das Kind sind ihr – ganz im Gegensatz zu allen anderen Personen, die sie bislang gesehen hatte – gut in Erinnerung geblieben. Die Frau war im Alter zwischen 30 und 40 Jahren, hatte gelocktes, schulterlanges, schwarzes Haar und machte den Eindruck einer »Südamerikanerin«. Sie besaß ein schlankes Gesicht, war aber, was ihre körperliche Statur betraf, eher vollschlank. Diese Frau schaute sie an. »Irgendwie kommunizierte sie mit mir, vielleicht telepathisch. Sie sagte zu mir etwas, das ich als ›Du bist die dritte Person!‹ verstand. Danach bricht diese Erinnerung ab.«

Immerhin vermochte *Regina* sich auch das Gesicht des Kindes zu merken – und zwar so gut, daß sie es später sogar zeichnerisch wiedergeben konnte. (Abb. 23) Nach ihren Schilderungen war es ein Baby von etwa 18 Monaten, mit einem sehr langen, schmalen Kopf. Statt der »dicken Backen«, die wir bei einem Kind in diesem Alter erwarten, hatte es eher eingefallene Wangen. Mund und Nase saßen sehr tief unten, die Augen waren groß (aber nicht übermäßig groß) und tiefschwarz. Es besaß keine Haare.

Diese Schilderung paßt ziemlich gut zu den Hybridwesen, die auch in Amerika gesehen werden. Dort dominiert, wie wir wissen, der »kleine Graue«, und

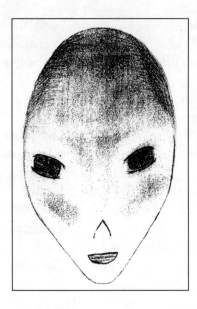

Abb. 23 Dieser Kopf eines Hybridbabys tauchte in den Erinnerungen und Träumen Regina Köhlers *nach der Hypnosesitzung auf. Es gleicht den Beschreibungen, die man aus den bisher bekannten amerikanischen Fällen kennt (Skizze der Zeugin).*

dort werden, was die Kinder betrifft, in der Regel auch Mischformen zwischen diesen Wesen und den Menschen beobachtet.

Ich finde es bemerkenswert, daß *Regina Köhler* das Gesicht dieses Wesens erst jetzt sah – im nachhinein. Die Gestalten, die sie in der Hypnose wahrnahm, waren ganz normale Kinder, so wie sie meistens auch ganz normale Menschen an Bord dieser Objekte beobachtete. Die Kinder konnten von ihr nicht charakterisiert werden. »Es war«, sagte sie mir später, »als ob sie alle eine leere Maske trügen. Ich konnte ihr Gesicht nicht erkennen.«

Das zeigt, daß selbst hier, in diesem speziellen Umfeld, die kollektiven Vorstellungen bei uns in Europa noch längst nicht den »kleinen Grauen« integriert haben, daß gedanklich noch immer eine weit größere Bandbreite herrscht. Denn – und davon bin ich überzeugt – auch die Hybridkinder sind letztlich genauso Teil des Mimikry-Verhaltens, genauso Teil der Maske wie alle anderen Elemente auch.

Eine Welt der Gefühle

Aber »Präsentationen« sind nicht nur aus Amerika bekannt. Über einen interessanten Fall aus Ungarn berichtet das »Hungarian UFO Network«[41]: Am 24. Januar 1992 beobachtete eine 50jährige Frau, wie ein seltsames eiförmiges Objekt von etwa einem Meter Höhe plötzlich durch ihre Küche schwebte. Auf der Oberfläche des Objekts erschien das Gesicht einer jungen hübschen Frau, die sie anschaute. Kurz darauf verschwand der Gegenstand, als hätte er sich in Luft aufgelöst.

Aber ein paar Tage später erfuhr sie die Präsenz dieses Wesens erneut. Es war gegen 18.30 Uhr, und weil sie plötzlich eine bleierne Müdigkeit verspürt hatte, legte sie sich ins Bett. Ihr Mann schaute im Wohnzimmer fern.

Mehrere Dinge geschahen kurz hintereinander: Eine im Raum erschallende weibliche Stimme befahl ihr, den Arm zu heben. Die Frau tat es, und ein stechender Schmerz durchzuckte ihren Ellenbogen. Und dann fühlte sie den dringenden Wunsch in sich, hinaus in den Garten zu gehen.

Dort stand ein seltsames, großes, eiförmiges Objekt. Die Frau konnte gar nicht anders, als darauf zuzugehen und es durch eine Öffnung zu betreten. Sie sah niemanden, fühlte aber, daß irgend jemand ganz in der

Nähe war. Das nächste, woran sie sich erinnert, ist, daß sie in einem riesigen grauen Raum war.

Und hier war sie nicht mehr allein. Auf der rechten Seite der Halle befanden sich zahlreiche Kinder zwischen zehn und etwa 13 Jahren. Auf der linken Seite standen acht bis zehn Frauen – alle im Alter um die 50 Jahre –, und zwar, genauso wie sie selbst und die Kinder, vollkommen nackt. Die Zeugin hatte keine Erinnerung daran, wann und wo man ihr die Kleidung abgenommen hatte.

Eine dieser Frauen kam ihr sehr bekannt vor – aber woher? Sie konnte keine Antwort darauf finden. Die nächste Erinnerung ist, daß sie wieder auf die Tür des Raumes zugeht. Auch diese Sequenz war nur kurz, und als sie erneut zu sich kam, lag sie wieder daheim in ihrem Bett. Es war jetzt 21.30 Uhr, also etwa drei Stunden später. Ihr Mann schaute noch immer fern – er hatte von all dem nichts wahrgenommen.

Am folgenden Tag verspürte die Frau Schmerzen und Druckgefühle im oberen Bauchbereich. Und in den nächsten Tagen erschienen seltsame rote Markierungen auf ihrer Brust und ihren Armen. Ein Arzt, der sie etwa eine Woche danach behandelte, konnte sich nicht erinnern, jemals solche Verwundungen gesehen oder davon gehört zu haben.

Wie immer man diesen Fall einordnen mag, er macht deutlich, daß derlei Dinge weltweit geschehen. Warum? Das Motiv ist eindeutig: »Man« benötigt die Mütter, ihre Liebe und ihre Nähe für diese Kinder – oder, um es im Sinne der Mimikry-Hypothese zu formulieren: *Wir* sind es, die wir diese Gefühle dabei empfinden sollen.

Daß dies nicht immer so abläuft, wie die »Anderen« sich dies vorstellen, macht der von Prof. David Jacobs untersuchte *Karen-Morgan*-Fall deutlich. Unter Hypnose erinnerte sich die Frau daran, wie sie in einen Raum gebracht worden war, in dem sich zahlreiche Hybridbabys in »Kästen« befanden. Eine weibliche Kreatur begleitete sie dabei: ›Ja. Sie brauchen Mütter. Sie brauchen etwas. Sie brauchen ihre Mütter.‹ Ich sagte, sie hätten daran denken sollen, bevor sie damit anfingen, denn ich hätte damit nichts zu tun. Sie sagte: ›Willst *du* dich nicht um sie kümmern?‹ Und ich sagte: ›Kümmerst *du* dich nicht um sie? Kümmerst *du* dich nicht darum?‹ Und nun scheint es, als ob sie fast ein wenig ärgerlich würde. Und es ist wie ein dunkler Schatten in ihrem Gesicht, wie ein unverhohlener Ärger. Es ist wie ... irgend etwas fühle ich bei ihr. Und sie sagt entweder ›Sie sind deine‹ oder ›Es ist deines‹ oder ›Einige davon sind deine‹. Aber da sind viele Babys. Wahrscheinlich meinte sie nur eines, denn sie haben alle in etwa das gleiche Alter. Und ich sage: ›Quatsch. Ich kümmere mich nicht darum. Ich tu's nicht!‹ Und jetzt ist es, als ob sie mit den Achseln zuckt, und sie sagt: ›Es ist egal, ob du dich darum kümmerst oder nicht, es ist egal. Sie brauchen ihre Mütter, sie müssen ihre Mütter haben.‹«

Anders als bei *Regina Köhler* bestand bei *Karen Morgan* eine deutliche Abwehrhaltung: Sie wollte mit den Kindern (auch mit »ihrem« eigenen) nichts zu tun haben. Das änderte sich erst bei späteren »Entführungen«, als sie wiederholt mit diesen Kindern zusammengebracht wurde – nicht anders als *Regina Köhler* offenbar auch. Prof. Jacobs schreibt dazu: »*Karen Morgans* Erlebnisse mit Babys sind sehr komplex. Zum Beispiel wird sie darum gebeten, mit einem der Babys zu spielen. Diese Spielsequenz erfolgt in einem großen Raum, wo *Karen* verschiedene andere nackte Frauen sieht, die das gleiche tun [wie im Fall der 50jährigen Ungarin, Anm. J.F.]... Manchmal führen die Fremden ein kleines Kind zum Entführten [wie im »Traum« von *Regina Köhler,* Anm. J.F.]. Häufig versteckt sich dieses Kind hinter dem Fremden, so als sei es sehr scheu... Nach einiger Zeit ändert sich das. Manchmal berührt das Kind den entführten Menschen und schaut ihm in die Augen. Sowohl Männer als auch Frauen, die so etwas erleben, berichten, sie hätten sofort eine tiefe Verbindung mit diesem Kind gespürt.«

Die Schilderungen, die *Regina Köhler* unter Hypnose gab und die sich nahtlos an ihre »Träume« anschließen, implizieren die Möglichkeit, auch sie könnte ein solches Kind haben. Sie kann sich zwar – anders als beispielsweise Maria Struwe – nicht an eine ungewöhnliche oder unter seltsamen Umständen beendete Schwangerschaft erinnern. Aber solche Schwangerschaften müssen nicht notwendigerweise bemerkt werden; wenn der Fötus zum Beispiel sehr früh entnommen wird, bleiben alle Anzeichen dafür aus, und gelegentliches Unwohlsein wird dann auf andere Ursachen zurückgeführt werden und später vergessen. (Im weiter oben zitierten Fall der *Bettina Heise,* die träumte, ihr sei ein Kind entnommen worden, ohne daß irgendwelche Schwangerschaftsanzeichen aufgetreten waren, liegt der Fall ein wenig anders: Das Kind, das sie sah, war schon sehr weit entwickelt und hätte sich im dritten oder vierten Monat befinden müssen.)

Davon abgesehen, tauchen in den Erlebnissen von *Regina* eine ganze Reihe von »Konstanten« auf, die wir auch aus anderen Fällen kennen, etwa

244

- die Erinnerung an Babys in Brutkästen, die ihr von »einer Gestalt« gezeigt wurden;
- die Erinnerung an eine typische Präsentationsszene; (Sie erlebte übrigens den *Flashback* daran beim Sehen des Fernsehzweiteilers »In der Gewalt der Außerirdischen« zu Neujahr 1993, in der eine solche Szene nachgespielt wird. *Regina Köhler:* »In diesem Moment dachte ich, das darf nicht wahr sein. Plötzlich wußte ich: Genau das hast du doch auch schon erlebt! Genau das!«);
- das Interesse der Fremden an ihrer Tochter (Ein solches Interesse an den »Geschwistern« der Hybridkinder ist den Berichten nach die Regel; es taucht bereits beim ersten bekanntgewordenen Fall – dem der *Kathie Davis*[16] – auf und zeigt sich in gleicher Weise auch bei Maria Struwes Sohn Sebastian.);
- die offensichtlich sehr häufigen »Besuche« bei diesen Hybridkindern, von denen nur wenige im Gedächtnis bleiben und als Träume aufgearbeitet werden. Die Häufigkeit dieser Besuche scheint so hoch zu sein, daß die Betroffenen schließlich den Weg innerhalb der Objekte ganz allein finden, ohne eine Begleitung nötig zu haben. *Regina Köhler* berichtet davon und die »Entführte« aus Ungarn in gleicher Weise;
- der vordergründige Anlaß für diese Besuche: Die Kinder »brauchen« ihre Mütter, brauchen generell Menschen, die sich mit ihnen beschäftigen, die sie berühren, mit ihnen spielen, die Emotionen mit ihnen austauschen, mit anderen Worten, die ihnen »Menschsein« vermitteln. Dieses Motiv taucht in allen derartigen Berichten auf;
- Markierungen: Wie viele andere »Entführte« besitzt (oder besaß) auch *Regina Köhler* eine auffällige Mar-

kierung: die »Narbe« an ihrem rechten Oberschenkel. Hinzu kommen gelegentlich auftretende kleine »Einstichnarben« – meist zwei unmittelbar nebeneinander –, die nach kürzerer Zeit wieder verschwinden und den bereits genannten *Rattelsnake Bites* entsprechen.

Damit hatte sich der Fall *Regina Köhler* als in all seinen Einzelheiten sehr interessant erwiesen: Er deckt sich mit anderen, weltweit gesammelten Berichten und gibt uns zusätzliche neue Informationen (etwa über den »großen Schacht«, den Regina sah und der meines Wissens bislang so nicht beschrieben wurde).

Der Embryo im Licht

Für zwei Wochen später hatten wir die nächste Sitzung vereinbart – diesmal mit Maria Struwe aus Berlin. Würden sich bei ihr die gleichen oder sehr ähnliche Erinnerungen zeigen? Würde auch sie uns von einem »außerirdischen Sternenkind« berichten? Einem Kind, das man ihr im Sommer 1986 entnommen hatte?

Der 20. Dezember 1993 – ein kalter, sonniger Wintertag. Wieder treffen wir uns in der Praxis in Stuttgart. Wir – das sind Maria Struwe, Dr. Alberts, ich selbst und der Münchener Filmemacher Christian Bauer mit einem Kameramann. Bauer, Träger des begehrten Grimme-Preises, hatte im Mai 1993 einen beachtenswerten Film über das Entführungs-Syndrom gezeigt.[42] Zum ersten Mal war dabei auf einem öffentlich-rechtlichen Sender (dem ZDF) in objektiver Weise mit dem Phänomen umgegangen worden, waren die Betroffenen zu Wort gekommen und hatten Forscher ihre Einschätzungen darlegen können. Ich war über den

Schweizer UFO-Forscher Luc Bürgin mit Christian Bauer bekannt geworden, und wir hatten noch in der Entstehungsphase seines Filmes einen engen, informativen Kontakt aufgenommen.

Mag sein, daß es diese »Kamerapräsenz« war, jedenfalls hatte Maria Struwe – anders als zwei Wochen zuvor *Regina Köhler* – große Schwierigkeiten, einen tiefen, entspannenden Grad der Hypnose zu erreichen. Immer wieder tauchten in ihren Schilderungen offensichtliche Fremdelemente auf, die mit dem Kapitel »Kontakt« nichts zu tun hatten (oder auf einer von uns nicht durchschaubaren Ebene). Trotzdem empfanden wir alle auch diese Sitzung als äußerst interessant und wertvoll, denn in einigen Details konnten wir zusätzliche Einblicke in die bewußt erinnerten Erlebnisse Marias gewinnen. Und für sie selbst – und das ist fraglos das wichtigste – ergaben sich wertvolle und emotional eindrucksvolle Bereicherungen ihres Verhältnisses zu diesen Dingen.

Die erste Regression führte uns zu jener Situation zurück, in der sich Maria Struwe auf dem Operationstisch hatte liegen sehen:

Dr. Henning Alberts: »Wo sind Sie denn jetzt?«

Maria Struwe: »Es schwebt alles so.«

HA: »Es schwebt alles. Okay. Wo waren Sie denn kurz zuvor?«

MS: »Es schwebt.«

HA: »Sind Sie allein?«

MS:»Ja.«

HA: »Okay. Haben Sie eine Ahnung, wo Sie da sind?«

MS:»Da ist ein merkwürdiger Geruch.«

HA: »Und was spüren Sie sonst?«

MS:»Nichts. Es schwebt.«

HA: »Okay. Wir wissen natürlich nicht, was Ihr Unterbewußtsein jetzt ausgewählt hat, in welche Situation Sie geglitten sind, in welche Zeit. Ändert sich denn dieser Schwebezustand.«

MS:»Nein.«

HA: »Aber die Zeit vergeht ja nun. Was passiert da?«

MS:»Jetzt schwebt es nicht mehr.«

Es ist auffällig, daß Maria eigentlich nie sagte: »ich schwebe«, sondern immer: »es schwebt«. Trotzdem hatte sie extreme Schwierigkeiten, diese Situation zu verlassen. Der Grund wurde jetzt aber schnell klar:

MS:»Es schwebt nicht mehr.«

HA: »Was schwebt nicht mehr?«

MS:»Ein Embryo. Ich habe ganz kurz einen Embryo gesehen. In Licht getaucht.«

Mehr war an dieser Stelle nicht über diese Situation in Erfahrung zu bringen. Aber es war für uns deutlich geworden, daß hier irgendetwas geschehen sein mußte, etwas, das mit einem kleinen, embryonalen Kind in Zusammenhang stand und für das Unterbewußtsein von Maria Struwe möglicherweise eine so traumatische Erinnerung darstellte, daß es sich weigerte, mehr als diese Informationen freizugeben. Dr. Alberts setzte in dem Moment wieder an, in dem Maria Struwe am Morgen aufgewacht war.

HA: »Wir sind jetzt an diesem Morgen im Sommer 1986. Sie sind gerade aufgewacht. Wie fühlen Sie sich?«

MS:»Total geschafft. Ich setze mich auf. Ich denke an diese Nacht.«

HA: »Was war denn in dieser Nacht?«

MS:»Ich liege da. Und da sind diese Wesen, die mich...«

HA: »Was für Wesen?«

MS:»Es sind keine Menschen. Wie ein Reptil... Ich liege da, die stehen.«

HA: »Und was machen diese Wesen?«

MS:»Die sind ganz ruhig. Die sagen nichts.«

HA: »Wie sehen die denn aus? Gehen die aufrecht?«

MS:»Die stehen aufrecht. Sie haben so große Augen. Ich glaube, die sind gar nicht angezogen... Ich bin zugedeckt.«

HA: »Wir gehen jetzt noch einmal ganz tief in diese Situation hinein. Sie spüren sich jetzt, ihren eigenen Körper. Was fühlen Sie?«

MS:»Da flackert etwas auf. Sieht aus wie ein kleines Licht. In Form eines Embryos.«

Der Schlüssel in uns

Hier war er also wieder, dieser Embryo, den Marias Unterbewußtsein mit der Situation, in der sie sich auf dem Tisch liegen sah, in Verbindung brachte. Aber sie beschreibt keinen Vorgang, der mit der Entnahme dieses Fötus in einem Zusammenhang stehen könnte. Den Grund dafür erfuhren wir kurz darauf.

HA: »Wie sind Sie denn überhaupt in diese Situation da geraten? Wie kamen Sie denn auf diesen Tisch?«

MS:»Ich werde wach. Ich liege auf dem Tisch und werde wach. Ich sehe die Wesen, rechts zwei, links eines. Die sind auch gar nicht so groß. Der Kopf ist groß, die Augen auch.«

HA: »Okay. Und was passiert dann?«

MS:»Ich betrachte die Situation irgendwie von der Seite. Sie geben mir zu verstehen, daß alles vorbei ist.«

HA: »Alles ist vorbei. Okay. Können Sie nochmal die Wesen beschreiben?«

MS:»Links der, der steht ganz nah vor meinem Gesicht. Ich schaue auf seinen Brustkorb. Es ist, als würde man einen Fisch von Nahem betrachten. Irgendwie bin ich wach geworden, anders als sonst, als würde man aus der Narkose erwachen, aber man ist ganz klar.«

HA: »Wo?«

MS:»Bei den Wesen.«

HA: »Wenn Sie sich die Haut anschauen. Was für eine Farbe hat diese Haut denn?«

MS:»So bräunlich-beige, ein wenig grünlich. Ich sehe ihre Hände und Füße nicht. Nur ihren Oberkörper und den Kopf. Aber sie sind freundlich.«

HA: »Und der Raum? Was ist das für ein Raum?«

MS:»Da ist ein warmes Licht. Der Raum ist ganz groß, sehr groß. Man kann eigentlich keine Begrenzung sehen.«

HA: »Ist das alles, was Ihnen zu dieser Situation einfällt?«

MS:»Ja.«

Dr. Alberts holte Maria Struwe hier aus der Regression zurück. Zweierlei war offensichtlich geworden: Zum einen hatte sie diese Situation an Bord (oder wo auch immer...) wirklich erlebt. Sie hatte auf einem Tisch gelegen, und irgendwelche sehr fremdartigen Wesen hatten sich mit ihr beschäftigt. Zum zweiten hatte diese Situation möglicherweise etwas mit dem Kind zu tun, von dem Maria Struwe glaubt, man habe es ihr entnommen. Eine konkrete Erinnerung daran besitzt sie jedoch nicht, offensichtlich geschah der Eingriff – immer vorausgesetzt, er geschah überhaupt – während der Zeit der »Narkose«. Trotzdem tauchte zweimal das Bild eines in Licht gehüllten Embryos vor ihr auf, und es ist meines Erachtens denkbar, daß man ihr das Kind tatsächlich in dem Moment zeigte, als die Nachwirkungen der »Narkose« noch wirkten und sie die ablaufenden Ereignisse nicht richtig einzuordnen vermochte. Dafür spricht auch, daß ihr die Wesen zu verstehen gaben, »daß alles vorbei ist«. Es muß also irgend etwas während dieser »Narkose« geschehen sein, und dies wäre mit der Vermutung einer Fötus-Entnahme zu diesem Zeitpunkt gut vereinbar.

Beide Hypnoserückführungen – die von *Regina Köhler* und von Maria Struwe – machten die tiefe emotionale Verflechtung in diese Erlebnisse deutlich. Emotionen, wie sie sich hier zeigten, können – Dr. Henning Alberts bestätigte es – nur bei real durchlebten Ereignissen auftreten, nicht bei krankhaften Phantasien, nicht bei Konfabulationen, nicht bei bewußten Lügengeschichten.

Und vielleicht sind es genau diese Emotionen, diese Gefühle, die den Kern des gesamten Problems bilden – nicht die »Kinder«, die gesehen werden, nicht die »Föten«, die »entnommen« werden, nicht die unterschiedlichen Weisen, in denen der »Geschlechtsverkehr« ausgeführt wird. All diese Dinge sind letztlich sekundär, sind die Oberfläche, sind das, was wir im Gedächtnis behalten (sollen), wenn andere Dinge tief in unserer Psyche geschehen. Dr. Henning Alberts meint dazu: »Das alles sind Masken, aber hinter diesen Masken scheinen neue Masken zum Vorschein zu kommen. Es ist, als ob man einen nächsten Raum beträte und höhere Zusammenhänge ahnte. Und kaum glaubt man dahinter gekommen zu sein, tut sich noch ein Raum auf und noch umfassendere Zusammenhänge. So als nähme das ganze kein Ende, als enthülle sich eine Struktur, deren Komplexität zunimmt, je tiefer man in sie eindringt.«

Ganz tief unten, in den bodenlosen Abgründen unserer Seele, vollzieht sich etwas. Das »Entführungs-« oder vielleicht besser das »Begegnungs-Erlebnis« ist wie ein Windhauch, der uns berührt, der durch unser Haar streift und ein Kribbeln auf unserer Haut verursacht. Wir spüren nur diesen Hauch und können die Luftmassen nicht sehen, die zu seiner Erzeugung nötig sind. Aber wir werden davon berührt, wir spüren etwas, wir erfahren etwas. Wir werden hineingezogen in einen Strudel, der sich schneller und schneller dreht, der uns tiefer und tiefer hinabführt und gleichzeitig höher und höher hinauf.

In andere, ferne Welten? Ja. Das auch. Und hinab in uns selbst. Denn *dort* liegt der Schlüssel dazu.

VII

Die Dimensionen der Wirklichkeit

Wege in fremde Welten

»Er hielt einen Stab in der Hand, einen
leuchtenden Stab. Er richtete ihn auf die
Stirn des Menschen, der da im Bett lag.
Und dann wurde es von einer Sekunde
auf die andere gleißend hell im Raum.
Mir schwanden die Sinne, und im
gleichen Moment schlug ich die Augen
wieder auf. Ich lag in meinem Bett,
schweißgebadet, und konnte lange Zeit
nicht wieder einschlafen.«

Michael Kellermann
(entführt 1991)

Ein kleines Dorf in Südniedersachsen, ein paar
Gebäude die Straße entlang, mehr nicht. Fast am
Ende der Ortschaft ein in den siebziger Jahren gebautes
Einfamilienhaus. Stilvoll eingerichtet, gemütlich,
augenscheinlich nichts Außergewöhnliches...
Hier wohnt die Familie *Kellermann,* offensichtlich
nicht minder außergewöhnlich – jedenfalls was die
Anzahl der Familienmitglieder betrifft: die Eltern, eine
Tochter, ein Sohn.

Michael, jetzt 17 Jahre alt, war es, der am 14. Mai 1993 Kontakt mit mir aufgenommen hatte. Sein Brief und das, was er zu berichten hatte, waren so erstaunlich, daß ich mich schon wenige Wochen später auf den Weg machte. Jetzt saßen wir im großen Wohnzimmer beisammen: *Michael,* seine Mutter *Karin,* sein Vater *Arnold* und sein Onkel *Torsten Jeßberger, Karins* Bruder. Daß er an diesem Treffen teilnahm, hatte seine ganz besondere Bedeutung.

Simultanerfahrung

»Es war im Frühjahr 1991«, erzählt *Michael.* »Eigentlich ein Morgen wie immer, ein Sonntagmorgen. Bis auf ... nun, bis auf diese Erinnerung.«

»Eine Erinnerung an ein Ereignis dieser Nacht?«

»Ja. Ich hatte etwas ganz Seltsames geträumt. Aber was heißt ›geträumt‹? Ich war mir von Anfang an sicher, daß es wirklich passiert war.«

»Und ... dieser sogenannte ›Traum‹ – was geschah da?«

»Ich weiß nicht mehr, wie es anfing, ich weiß auch nicht, wie es eigentlich endete. Aber ich erinnere mich sehr gut, was ich gesehen hatte. So deutlich, so real, daß ich genau weiß: Ich war dort.«

Michael machte eine Pause, so als ob er vor seinem inneren Auge noch einmal jene merkwürdige Szenerie betrachtete, deren Zeuge er geworden war: »Zuerst war es ganz dunkel, stockdunkel. Damit begann es. Und allmählich wurde es heller, und man konnte die Konturen erkennen.

Ich war in einem Zimmer, blickte von schräg oben auf ein Bett. In diesem Bett lag ein Mensch, zugedeckt, vielleicht war er wach, vielleicht schlief er noch. Aber das war ja nicht das wirklich Seltsame. Denn neben diesem Bett standen Gestalten, kleine Gestalten in Kutten oder Umhängen mit Kapuzen. Ich konnte vier erkennen. Zwei standen am unteren Ende des Bettes. Sie drehten mir den Rücken zu, ich sah sie nur von hinten.«

Die vier Wesen trugen – so hatte *Michael Kellermann* es beobachtet – Kutten oder Umhänge mit Kapuzen. Derartige Beschreibungen tauchen immer wieder auf, gerade wenn der Typus des »kleinen Grauen« in Erscheinung tritt. *Krystina Koschonsky* aus Warschau sah genau solche Gestalten in ihrem Zimmer auf- tauchen (siehe Kap. II), und Whitley Strieber charakte- risierte sie unter Hypnose: »Da stand etwas in der Schlafzimmerecke an der Wand, etwas, das aussah, als hätte es eine Kapuze auf... Es ist dunkel, es ist ein kleines Männchen mit einer Art Kapuze über dem Kopf. Es sieht fast aus wie diese... Er ist in etwas ein- gehüllt... Und er tritt an mein Bett und bohrt etwas in... nicht in meinen Kopf; er steckt es direkt in meinen Ver- stand.«[24]

Die vier Wesen, die *Michael* in dieser Nacht gesehen hatte, schienen etwas sehr Ähnliches vorzubereiten wie jenes, das Whitley Strieber aus dem Schlaf geschreckt hatte: »Die dritte Gestalt«, sagt *Michael Kellermann,* »stand am Fußende, aber an der Seite des Bettes. Sie war mir frontal zugewandt und schaute mich die ganze Zeit an. Aber anschauen ist das falsche Wort: Sie *starrte* mich an. Nie werde ich diese Augen vergessen.«

Es waren nicht gewöhnliche Augen, in die *Michael* blickte. Sie waren groß und schwarz und unheimlich. Sie erzeugten Angst in dem jungen Mann. »Diese

Gestalt rührte sich überhaupt nicht. Sie hielt mich mit ihrem Blick gefangen. Ich konnte mich nicht bewegen, ich konnte einfach nur in diesen Raum schauen. Ich sah dieses Wesen, diese rabenschwarzen Augen, den riesigen Schädel, den kleinen Mund und die kleine Nase.«

Ein viertes Wesen war im Raum: »Der vierte stand unmittelbar am Kopfende des Bettes, rechts, auf der gleichen Seite wie der, der mich anschaute. Er war zu dem Menschen hingewendet, der im Bett lag. Ich sah ihn von der Seite, aber auch er hatte diese Kapuze über dem Kopf und dieses kuttenförmige Gewand an.«

Und dieses Wesen war auch das einzige, das agierte: »Es hielt einen Stab in der Hand, einen leuchtenden Stab. Es richtete ihn auf die Stirn des Menschen, der da im Bett lag. Und dann wurde es von einer Sekunde auf die andere gleißend hell im Raum. Mir schwanden die Sinne, und im gleichen Moment schlug ich die Augen wieder auf. Ich lag in meinem Bett, schweißgebadet, und konnte lange Zeit nicht wieder einschlafen.«

Es ist ein Sonntagmorgen, *Michael* braucht nicht zur Schule zu gehen. Als er ein wenig länger als gewöhnlich im Bett bleibt, macht sich niemand Gedanken. Irgendwann an diesem Vormittag steht er auf und kommt hinunter in die Küche, in der seine Mutter das Frühstück bereitet hat.

»Ich setzte mich und begann, ihr von meinem komischen Traum zu erzählen: Daß ich diese Gestalten gesehen hatte und ein Bett und einen Menschen darin.«

»Ich wurde kreidebleich«, bestätigt *Karin Kellermann*. »Denn fast die gleiche Geschichte hatte mir mein Bruder *Torsten* heute morgen auch erzählt!«

Torsten Jeßberger hatte – wie an den meisten Sonntagen – auch damals bei seiner Schwester gefrühstückt. Er wohnt in einem kleinen, etwa elf Kilometer entfernten Ort, aber das (fast) regelmäßige sonntägliche Frühstück läßt er sich nicht nehmen.

»Das war eine furchtbare Nacht gewesen«, bestätigt er, »eigentlich die furchtbarste Nacht meines Lebens. Es war gegen drei Uhr, als ich erwachte. Ich erwachte – es war kein Traum. Fünf Wesen standen in meinem Zimmer, wie sie da hineingekommen waren, weiß ich nicht. Vier von ihnen waren recht klein, einer war normalgroß, er stand im Hintergrund. Die kleinen trugen Umhänge mit Kapuzen, bei dem großen konnte ich es nicht genau erkennen. Einer von ihnen hatte einen leuchtenden Stab. Ich weiß, daß er ihn mir an die Stirn hielt. Er war eiskalt. Das nächste, woran ich mich erinnere, ist, daß ich schreiend und voller Panik das Licht anmachte. Aber da waren die Wesen schon verschwunden.«

Erstaunliche Übereinstimmungen

Ich kenne eine ganze Reihe seltsamer Geschichten, bizarre, unglaubliche Berichte aus dem Land der Schatten und Dunkelheiten. Aber so etwas? Zwei Menschen erleben nachts unter ungewöhnlichen Umständen dasselbe: der eine als unmittelbar Betroffener, der andere als Zeuge. Beide sehen die gleichen Gestalten, die gleiche Handlung, beide erfahren die gleiche Angst. Was war das? Ein Simultantraum? Eine Simultanillusion, -halluzination oder sonstige Trugwahrnehmung? Sind beide gleichzeitig für Minuten schizophren, paranoid, hysterisch oder wer weiß was geworden? Haben sie sich nächtens über Kilometer hinweg

Wanderlegenden zugeflüstert, Mythen erzählt, Science-fiction-Filme verarbeitet oder dem gleichen Geburtstrauma nachgehangen?

Nichts von alldem kann hier zutreffen. Keine noch so gut gemeinte »natürliche« Erklärung ist dazu in der Lage, das, was *Michael Kellermann* und *Torsten Jeßberger* in dieser Nacht erlebten, auch nur ansatzweise verstehen zu helfen. Nichts – außer der einfachen Annahme, daß genau das geschehen ist, was sie uns berichten.

Was aber *ist* geschehen? Fünf Wesen betraten in dieser Nacht im Frühjahr 1991 das Schlafzimmer von *Torsten Jeßberger.* Vier von ihnen waren kleine Gestalten mit großen Köpfen. Sie trugen Kutten oder Umhänge mit Kapuzen. Eine fünfte, größere Gestalt blieb im Hintergrund. Eines der kleinen Wesen hielt *Torsten* einen leuchtenden, eiskalten Stab auf die Stirn.

Zur gleichen Zeit wurde diese Szene beobachtet: von seinem Neffen *Michael Kellermann.* Er tauchte – wie, sei vorläufig dahingestellt – im Zimmer auf. Seine Position war etwa in Deckenhöhe über einem Kleiderschrank, von der aus er in das Zimmer hinabblicken konnte. Er sah die vier kleinen Gestalten mit den Umhängen und beobachtete, wie einer von ihnen dem Menschen im Bett (den er zu diesem Zeitpunkt nicht als seinen Onkel erkannte) den Stab an die Stirn hielt.

Beide, *Torsten Jeßberger* und *Michael Kellermann,* haben ihr Erlebnis unabhängig voneinander gezeichnet. (Abb. 24) Die Zeichnungen stimmen zwar nicht absolut, aber doch hinreichend genau überein. Beide stellten das Wesen mit dem Stab als auf der rechten Seite von *Torsten Jeßberger* stehend, die anderen Wesen am Fußende dar. Eine Unstimmigkeit ergibt sich insofern, als *Torsten* alle fünf

258

Abb. 24a und 24b
Michael Keller-
mann *und* Torsten
Jeßberger *zeich-*
neten die Szene,
die sie beide
simultan erlebten.
Torsten Jeßberger
(Zeichnung 24a)
erfuhr sie im Bett
liegend, Michael
Kellermann
(Zeichnung 24b)
befand sich in
einer Situation, in
der er auf das selt-
same Geschehen
hinabblickte.
Beide sahen die
um das Bett ver-
sammelten Gestal-
ten (Skizzen der
Zeugen).

Gestalten aufgetragen hat, *Michael* nur vier. Dies mag an der unterschiedlichen Perspektive liegen, aus der die beiden die Szene betrachteten. Die große Gestalt stand im Hintergrund, also wahrscheinlich sehr nahe am Klei-derschrank. Es könnte sogar sein, daß diese große Gestalt in Wirklichkeit *Michael Kellermann* selbst war!
Natürlich sind diese Zeichnungen kein Beweis, sie könnten einfach miteinander abgesprochen sein.

259

Natürlich kann die ganze Geschichte abgesprochen sein (eine Variante, die von allen UFO-Skeptikern wahrscheinlich ohne Bedenken bevorzugt wird). Aber zweierlei spricht dagegen: Wäre es tatsächlich eine erfundene Lügengeschichte, dann hätten die beiden mit Sicherheit eine identische Zeichnung abgeliefert, um »glaubwürdig« zu erscheinen. Viel wichtiger aber noch ist der Eindruck, den ich von dieser Familie gewonnen habe: Sie haben keinen Grund, eine solche Geschichte zu erfinden. Sie hätten keinen Vorteil davon, sie wollen weder Geld noch Publicity. Alles, was sie wünschen, ist zu erfahren, was mit ihnen geschehen ist.

Eine ganze Familie

Denn dieser seltsame Zwischenfall ist nur einer von vielen. Immer wieder tauchten im Haus nachts seltsame Gestalten auf. Vor etlichen Jahren, als *Michael* noch klein war und mit im elterlichen Zimmer schlief, wurde sein Vater *Arnold* nachts durch ein seltsames Geräusch aufgeschreckt. Eine Gestalt war im Zimmer: »Sie bewegte sich auf *Michaels* Bett zu. Ich schrie sie an, ich rief: ›Laß ihn in Ruhe!‹ Die Gestalt drehte sich zu mir um und sagte: ›Ich tue ihm nichts. Aber ich kann ihn auch nicht in Ruhe lassen!‹ Dann weiß ich nicht mehr, was geschehen ist. Damals dachte ich, diese Gestalt wäre meine kurz zuvor verstorbene Cousine gewesen. Heute bin ich mir da nicht mehr so sicher.«

Erst vor ein paar Jahren, im Juli 1986, machte die Familie Urlaub am Achensee. »An einem Morgen wachte ich schweißgebadet auf«, erzählt *Arnold Kellermann*. »Ich hatte ein Bild in Erinnerung. Da waren zwei Gestalten –

ich glaube, sie waren weiblich, aber ich könnte es nicht beschwören –, die mich aus stechenden Augen heraus angesehen hatten. Ich wußte, die wollten meine Kinder haben. Ich hatte sie angeschrien: ›Laßt meine Kinder in Ruhe, das sind meine Kinder!‹ Aber mehr weiß ich auch davon nicht. Ich habe dann am nächsten Morgen meiner Frau davon erzählt, und ich war so panisch, daß ich in den folgenden Tagen meine zwei nicht mehr aus den Augen gelassen habe.«

Als ich im Sommer 1993 zu Besuch bei der Familie *Kellermann* war, hatten wir alle das Gefühl, als ob irgendwann in nächster Zukunft wieder etwas passieren würde: »Ruft mich an, wenn etwas geschehen ist, und sei es auf den ersten Blick auch noch so unbedeutend«, bat ich sie zum Abschied.

Diese Ahnung kam nicht von ungefähr. Sowohl *Michael* als auch seine Eltern haben an ihren Beinen nahezu an den gleichen Stellen runde, etwa zehnpfennigstückgroße Narben – die gleichen Narben, die auch Maria Struwe, *Franziska Metz* und viele andere besitzen. (Daß sich diese Art von Narben allesamt ausschließlich auf den Beinen, meist den Unterbeinen, findet, spricht gegen einen zufälligen und »natürlichen« Ursprung; dann wären sie statistisch gleichmäßig über den gesamten Körper verteilt.)

Es dauerte nur wenige Tage, bis *Michael* mich anrief. Ja, es sei etwas passiert. In der vergangenen Nacht.

Im Zentrum des Geschehens diesmal: *Michaels* Tante *Petra*. Auch sie wohnt nicht im gleichen Ort wie die Familie *Kellermann*, auch sie hatte sich vorher nie für UFOs oder Außerirdische interessiert, von einem näheren Einblick in die »Entführungs«-Geschichten ganz zu schweigen.

In dieser Nacht war sie mit ihren zwei Kindern allein zu Haus gewesen. Ihr Mann war zu einem Lehrgang unterwegs, die beiden Mädchen schliefen an ihrer Seite im Ehebett und unten, am Fußende, wie immer der große Mischlingshund.

Es war mitten in der Nacht, als *Petra* erwachte. Sie verspürte ein seltsames, ziehendes Kribbeln in den Beinen, das sie aufschrecken ließ. Der Blick zum Radiowecker zeigte die Uhrzeit: 3.40 Uhr.

Unmittelbar neben dem Nachtschränkchen mit dem Radio befindet sich die Schlafzimmertür. *Petra* läßt sie immer einen Spalt offen, wenn ihr Mann unterwegs ist. Und genau dort stand »er«...

Ein diffuses Leuchten drang durch den Spalt ins Zimmer. In diesen Spalt schob sich die Gestalt eines kleinen Wesens: »Es hatte eine sehr helle Haut und schien irgendwie zu leuchten.« Das Wesen hatte mandelförmige Augen und beobachtete sie. (Abb. 25)

Der Hund am Bettende rührte sich nicht, er schien trotz des Eindringlings friedlich zu schlafen. *Petra* machte in dieser Situation etwas, das man normalerweise sicher nicht machen würde, das aber bei *Bedroom-Visitor-*Erlebnissen eher die Regel ist: »Ich drehte mich um und preßte die Augen zu, denn ich war von panischer Angst gepackt – und schlief ein.«

Die Frau hatte nach eigenem Bekunden nie zuvor etwas von »kleinen grauen Wesen gehört, noch je ein Bild gesehen«. Und auch *Michael* bestätigt, daß »wir uns auch noch nie mit ihr über dieses Thema unterhalten haben. Sie kam ganz von allein darauf zu sprechen. *Petra* hätte keinen Grund, uns zu belügen. Ich fragte sie, ob ihr früher schon einmal etwas Ähnliches passiert sei, doch sie konnte sich an keinen Vorfall erinnern – außer

Abb.25 So erlebte Petra, Michael Kellermanns *Tante, das erschreckende Ereignis im Sommer 1993. Als sie um 3.40 Uhr erwachte, stand ein kleines Wesen in der Tür und beobachtete sie (Skizze der Zeugin).*

daß sie manchmal nachts das Gefühl hatte, jemand berührt sie... Ich kann einfach nicht begreifen, was hier bei uns abläuft. Es kann doch nicht alles nur Einbildung sein!«

Einbildung ist es gewiß nicht, was die Familie *Kellermann* seit Jahren plagt. Wir wissen aus vielen anderen Fällen, daß häufig ganze Familien in das unheimliche Geschehen mit einbezogen sind. Und tatsächlich erinnerten sich sowohl der Vater als auch die Mutter von *Karin Kellermann,* im Laufe ihres Lebens immer wieder »kleine Wesen« an ihrem Bett stehen gesehen zu haben. Sie hielten sie für die Erscheinungen Verstorbener.

Neue Wunden, neue Narben

Und die Ereignisse dauern an. Im November 1993 tauchten bei *Arnold Kellermann* und seinem Sohn *Michael* wieder Wunden und Narben auf – scheinbar aus dem Nichts. Bei *Arnold* an der linken Wade: ein kreisrunder, roter Fleck, der innerhalb von drei Wochen vernarbte und nun exakt den Narben gleicht, die auch auf *Michaels* Beinen sind. Und Anfang November trat bei *Michael* eine identische, rötlich gefärbte Narbe auf – genau auf der alten.

In der Nacht, in der der »rote Fleck« bei *Arnold* entstand, wachte er plötzlich auf, weil er starkes Nasenbluten hatte. Er war zwar zu diesem Zeitpunkt erkältet, so daß das Nasenbluten vielleicht darauf zurückgeführt werden könnte. (»Das wäre allerdings das allererste Mal in meinem Leben, daß ich von einem Schnupfen Nasenbluten bekommen habe.«) Die Narbe aber hat er sich davon gewiß nicht zugezogen.

Plötzliches Nasenbluten in der Nacht ist nicht unbedingt als Hinweis auf eine »Entführung« zu werten – aber es tritt häufig im Zusammenhang mit solchen Ereignissen auf. Grund ist meist die Einsetzung oder Entfernung eines Implantats. *Carola May* aus einer kleinen Stadt in Unterfranken hatte ein solches Erlebnis im Jahr 1989: »Es war nachts, etwa um drei Uhr, als ich aufwachte, weil mir plötzlich schlagartig die Nase blutete. Das war mit normalem Nasenbluten überhaupt nicht zu vergleichen. Das Blut schoß regelrecht aus beiden Nasenlöchern zugleich heraus. Meine Hände waren sofort voller Blut, das Nachthemd sowieso. Sogar die Wand war mit Spritzern überdeckt. Ich rief zu meinem Freund: ›Schnell, steh auf, mach das Licht an!‹

Dann schnappte ich mir das nächstbeste Kleidungs-
stück und hielt es mir vor die Nase. Im Bad hörte das
Bluten dann zum Glück relativ schnell auf.«

Ein solch starkes Nasenbluten ist medizinisch kaum
erklärbar, jedenfalls nicht, wenn nicht eine entsprechende Verwundung vorangegangen ist. *Carola*
hätte sich zum Beispiel im Schlaf in beide Nasenlöcher
mit einem spitzen Gegenstand stechen müssen, was
nicht sonderlich wahrscheinlich ist.

Budd Hopkins[16] berichtet von den kleinen Söhnen der
Kathie Davis (sie ist jene Frau, bei der er erstmals mit dem
Missing-Embryo-Phänomen konfrontiert wurde). Sowohl *Robby* als auch *Tommy* waren offensichtlich in das
gesamte Geschehen mit einbezogen, und eines Morgens,
etwa eine Woche, nachdem *Robby* einen »kleinen Mann
mit großem Kopf« nachts im Zimmer gesehen hatte, der
seinen Bruder »holen wollte«, fand *Kathie* ihn »blutverschmiert in seinem Bett. Er schlief friedlich, aber an der
Wand, auf dem Kopfkissen, auf seinem Gesicht – überall
war Blut.« Die Mutter fuhr mit dem Jungen sofort in das
nächste Krankenhaus. Der untersuchende Arzt stellte ein
kleines Loch im Inneren der Nase fest und fand als einzige
Erklärung, daß *Tommy* sich dieses mit einem spitzen
Gegenstand oder dem Finger zugezogen haben müsse.
Kathie Davis »bestand darauf, daß *Tommy* so etwas nie
tun würde, beim Anblick des Blutes und des Schmerzes
wegen aber zumindest geschrien haben müßte«. Natürlich entdeckte sie auch nirgends im Zimmer einen entsprechenden Gegenstand, und daß er mit seinen Fingern
ein derartiges Loch hätte erzeugen können, ist absolut
unmöglich – selbst wenn es ihm gelungen wäre, wäre er
darüber vermutlich so erschrocken gewesen, daß er nicht
wieder ruhig hätte einschlafen können.

Die Suche im Mythenschatz (und nach dem Buch)

Das Auftauchen von *Bedroom Visitors*, »Entführungen«, Erzählungen über die »Kinder der Fremden«, all das sind Elemente, die weit in den jeweiligen Kulturraum zurückgreifen und allerorts in den lokalen Sagen und Überlieferungen aufzufinden sind. Aus Unterfranken, der Heimat der *Carola May* zum Beispiel, stammt folgende Erzählung über die Erscheinung des »Teufels«. Sie erinnert in all ihren Elementen an das Auftreten der *Bedroom Visitors* von heute, ist allerdings von den mythologischen Vorstellungen des Mittelalters überlagert: »Nacht umhüllt das Dorf in Finsternis. Dumpf und schwer tönt es vom Turm, es schlägt Mitternacht. Da geht ein fahles Leuchten durch das Zimmer eines Hauses; eine dunkle Gestalt tritt aus der Ecke und nähert sich dem Bett, in dem ein müder Winzer ruht. Von einem weiten Mantel umhüllt, von bläulichen Flämmchen umtanzt, bohrt der Unbekannte seine glühenden Augen in das Antlitz des Schläfers. Der windet sich ächzend und öffnet endlich die Augen; ein Schreckenslaut erstirbt auf seinen Lippen, als er die reglose Gestalt an seinem Bette sieht.«[43]

Das südliche Niedersachsen, dort, wo die Familie *Kellermann* lebt, scheint dagegen seit alters her ein regelrechtes »Tummelfeld« für seltsame kleine graue Gestalten gewesen zu sein. In einer Sammlung lokaler Sagen[44] heißt es zum Beispiel: »In Hilwartshausen lag eine Frau im Kindbett. Zufällig war ihr das Licht ausgegangen. Mit einem Male hörte sie, wie die Haustür geöffnet wurde. Schnell sprang sie aus dem Bett und machte wieder Licht. Da sah sie einen Zwerg mit dickem Kopf, der schon ihr Kind an sich genommen und dafür ein Zwergenkind in die Wiege gelegt hatte. Die Frau schlug Lärm, und das Kind konnte dem Zwerg wieder entrissen werden. Er war plötzlich verschwunden, hatte aber das Zwergenkind zurückgelassen. Aus Mitleid wollte die Frau, die reichlich Nahrung hatte, auch den kleinen Zwerg anlegen. Doch dieser nahm die Brust nicht an und starb bald darauf.«

In der alten Stadt Einbeck sollen solch »graue Männchen« unter anderem in der Kirche und auf dem Kirchturm gesehen worden sein. Und in einer anderen Überlieferung aus der Region heißt es: »In früherer Zeit, als Sülbeck noch kein eigenes Backhaus hatte, pflegten die Leute von dort nach Stöckheim zu gehen, um da zu backen. Einst ging am frühen Morgen, als es noch dämmerig war, eine Frau mit ihrem Knecht von Sülbeck nach Stöckheim, weil sie dort backen wollte. Als sie nun nicht mehr weit von der Leine [ein Fluß, der in die Weser fließt; Anm. J.F.] war, sahen sie einen grauen Mann (grisen Kerel) gerade auf sich zukommen. Er hatte graue Haare, war weiß angezogen und dem Aussehen nach sehr alt... Mittlerweile kam ihnen der graue Mann näher und war nur noch wenige Schritte von ihnen entfernt. Da hörten sie mit einem Male ein gewaltiges Sausen und Brausen, und im Nu war die Gestalt an ihnen vorüber und in dem Winkel, welchen die Leine dort bildet, spurlos verschwunden. In dem Augenblick aber, als er an den beiden vorüberkam, konnten sie kein Wort hervorbringen, so groß war ihre Angst.«

Als ich im November 1993 die Familie erneut besuchte, hatte mir *Michael* vorher schon telefonisch von diesem Sagenbuch berichtet. Er selber hatte die einzelnen Stellen in dem alten Text gefunden und wollte sie mir nun stolz zeigen.

Leider wurde damals nichts daraus. Denn obwohl *Michael* sicher ist, daß er das Buch noch ein oder zwei Tage zuvor auf den Schreibtisch im Wohnzimmer gelegt hatte, ließ es sich nun nicht mehr auffinden. Es war verschwunden. Wir suchten zusammen, die Familie suchte in den nächsten Tagen weiter (»Wir stellten das ganze Haus auf den Kopf.«) – das Buch blieb unauffindbar.

Man sollte solch plötzliche »Verluste« nicht überbewerten, aber sie sind kurioserweise aus vielen anderen »Entführungs«-Fällen bekannt, etwa bei Betty Andreasson-Luca. Während der Untersuchung des Falles war der UFO-Forscher Ray Fowler ebenfalls mehrfach Zeuge seltsamer Vorgänge. In einer Rundfunkanstalt wollte er zum Beispiel Ausschnitte aus einer Hypnosesitzung vorspielen – aber das Band, von dem er genau wußte, daß die fragliche Szene darauf gespeichert war, war leer. Das hätte noch eine simple Verwechslung sein können. Aber wie soll man die Dinge einordnen, nachdem Fowler nach seiner Rückkehr ins Hotel feststellte, daß das Band nun doch wieder funktionierte?

Das paranormale Element

Paranormale Ereignisse, sogenannte Poltergeistphänomene, außerkörperliche Erfahrungen, Präkognition – all das gehört seit langem zum Erfahrungsschatz der meisten »Entführten«. In ihren Wohnungen, in ihrer unmittelbaren Umgebung, mit ihnen selbst geschehen seltsame Dinge. Die amerikanische Psychologin Dr. Iris Maack schreibt über dieses PSI-Bewußtsein der von ihr untersuchten »Entführten«: »Ich frage nicht danach, woher es kommt, ich weiß nur, daß wir es besitzen. Physiker haben mir gesagt, es würde durch die elektrischen Synapsen des Gehirns verursacht. Vielleicht ist das so. Das Verblüffende ist, daß sehr viele der Entführten, von denen sich die meisten nicht für derartige Aspekte des Gehirns interessiert haben, nach ihrer Begegnung feststellten, daß sie für Übersinnliches empfänglich waren. Dabei geht es nicht um eine zufällige Handvoll Leute, sondern um eine sehr bedeutsame Gruppe. Irgend etwas bei der Entführung hat die Fähigkeit ihres Gehirns erweitert. Ich spreche von verifizierten Fällen, von Personen, die ich genauestens untersucht habe. PSI-Bewußtsein ist eine Realität, und PSI-Bewußtsein bei Entführten kommt sehr oft vor.«[45]

Auch jene »Entführten«, von denen in diesem Buch die Rede ist, machen da keine Ausnahme. Auch sie werden von den seltsamsten Phänomenen heimgesucht.

Insbesondere bei *Regina Köhler* und ihrer Familie treten diese paranormalen Effekte in zum Teil unglaublicher Konzentration auf. Da wird deutlich das Umherrutschen von Möbeln auf dem Dachboden gehört – obwohl es überhaupt keine Möbel dort oben gibt. Da klingelt es mehrfach an der Haustür – aber niemand ist da. Da verschwindet ein großer Ball beim Spielen im Swimmingpool – und taucht bis heute nicht wieder auf. Da werden geisterhafte Erscheinungen wahrgenommen – aber niemand weiß, was sie bedeuten sollen. Häufig hatte *Regina Köhler* das Gefühl, sie werde beobachtet, obwohl niemand im Haus war, und nicht selten »huschte« jemand an ihr vorbei – aber kein Mensch war zugegen.

»Einmal klingelte es an der Tür. Ich ging den Korridor hinunter, als ich links von mir eine Bewegung wahrnahm. Irgend jemand huschte an mir vorbei. Ich dachte zuerst, es sei meine Tochter. Aber die war die ganze Zeit oben auf dem Zimmer, und außerdem war der Abstand zur Wand ohnehin so gering, daß sich niemand da hätte hindurchzwängen können. Als ich die Tür öffnete, war übrigens kein Mensch da.«

Diese Wahrnehmung von Gestalten aus den Augenwinkeln heraus ist ein durchaus geläufiges Phänomen – jedenfalls bei »Entführten«. Prof. Jacobs schreibt dazu: »Das Sehen von hellen Farben, ›Lichtern‹ oder sogar ›Gestalten‹ zu den unmöglichsten Zeiten ist eine verwirrende Folge der Entführungen. Die Visionen können sehr umfassend sein und in das normale Tagesgeschehen einbrechen, aber viel häufiger sieht man sie nur aus den Augenwinkeln, eine ständige Belästigung. Bislang ist der Grund dafür im Zusammenhang mit dem Entführungsszenario vollkommen ungeklärt.«[17]

Ich selbst wurde Zeuge eines rätselhaften, offenbar paranormalen Phänomens in *Reginas* Gegenwart. Während der Hypnoseregression hatten wir uns alle in das hintere Zimmer der Praxis von Dr. Henning Alberts zurückgezogen, um möglichst ungestört arbeiten zu können. Dr. Alberts hat auch in diesem Zimmer ein Telefon, er schaltete es jedoch auf den Anrufbeantworter im Sekretariat um. Normalerweise hätte also auf »unserem« Apparat kein Gespräch durchkommen dürfen. Trotzdem läutete während der Regression plötzlich genau dieses Gerät. Als Dr. Alberts irritiert abhob, meldete sich niemand. Und eine spätere Kontrolle zeigte, daß der Anrufbeantworter sehr wohl eingeschaltet war, aber nichts registriert hatte.

Der Luftwaffenpilot Arthur Lehmann, der im Jahr 1929 während einer Wallfahrt in Österreich eine gleißende Kugel gesehen und daraufhin einen Zeitverlust erlitten hatte, berichtet über ein klassisches »Schutzengel-Erlebnis« während des Krieges. Er war damals als Pilot auf der Krim eingesetzt. Am 2. Februar 1942 befand er sich auf einem Flug von Nikolayew nach Sarabus, als plötzlich Hochnebel aufzog: »Man konnte nur noch im Tiefflug fliegen, und zur Sicherheit hängte ich mich an die Eisenbahn nach Peredsop und erflog mir den Kurs, um nicht auf das Meer zu geraten. Ich flog rechts von der Eisenbahn in Höhe der Telefonmasten, aber die Sicht wurde immer schlechter. Mit einem Mal hörte ich eine innere Stimme: ›Kehre sofort um!‹, was ich auch tat, und setzte mich auf die andere Seite der Bahn. Plötzlich tauchte links von mir ein Schleppzug in gleicher Höhe auf und verschwand genauso schnell wieder im Nebel. Wäre ich der Stimme nicht gefolgt, hätte mich der Schleppzug unweigerlich gerammt.«

Auch *Carola May* aus Unterfranken hat Erfahrungen mit paranormalen Phänomenen. Im Juli 1985 lebte sie noch bei ihrer Pflegemutter: »Es ist ca. 22 Uhr. Meine Pflegemutter ist schon im Bett. Ich sitze auf der Schaukel in der Mühle (die ist da noch seit Kindertagen) und höre Musik zum Zeitvertreib, weil ich nicht ausgehen durfte. Von irgendwoher höre ich plötzlich ganz leise Schritte – entweder über oder unter mir. Sie werden immer lauter. Es gibt keinen Zweifel, das sind Schritte, und zwar oben. Es graust mich, weil da oben niemand sein dürfte, und so gehe ich zu meiner Pflegemutter und wecke sie. Aber sie wird gar nicht richtig wach und meint, das seien wohl die Katzen. Als ich zurückkomme, ist alles leise. Und dann plötzlich laufen die Schritte wieder zurück. Oben gibt es kein Licht –

leider. Und trotzdem, jetzt oder nie, ich gehe hinauf und rufe: ›Hallo, ist da jemand?‹ Irgendwie habe ich das Gefühl, als starre mich jemand aus der Dunkelheit heraus an. Ich gehe wieder hinunter, etwas schneller allerdings, als ich hinaufgegangen bin und verschwinde in meinem Bett – mit verriegelter Tür, versteht sich! Am nächsten Tag gehe ich wieder nach oben, allerdings im sicheren Geleit meines Freundes. Der Fußboden ist mit einer dicken Staubschicht bedeckt und unsere Füße hinterlassen sogar den Markennamen der Turnschuhe darin. Aber außer unseren Abdrücken ist nichts da. Nicht einmal die Fußabdrücke von Katzen. Später, als wir schon verheiratet waren, fing plötzlich die Vorhangschnur in unserem Wohnzimmer an, ganz von allein zu wackeln, sehr stark, ohne jeden Luftzug und ohne daß wir sie berührt hätten. Wir waren beide sehr verblüfft und rätselten, was das wohl sein könnte.«

Außerkörperliche Erfahrungen

Sehr häufig treten bei Entführten sogenannte *Out-of-Body-Experiences* (kurz OOBEs: außerkörperliche Erfahrungen) auf. Das menschliche Bewußtsein scheint für Minuten, zuweilen auch für Stunden, den Körper verlassen und vollkommen unabhängig von diesem agieren zu können. Das Phänomen ist seit Jahrtausenden bekannt und nimmt auch heute in der Literatur zu PSI-Phänomenen einen beachtlichen Anteil ein.

Maria Struwe zum Beispiel erlebte ihren ersten »Körperaustritt«, als ihr heute 19jähriger ältester Sohn erstmals auf Klassenfahrt war. Damals dachte sie so intensiv an ihn, daß sie sich eines Abends plötzlich mit

klarem Bewußtsein und der Möglichkeit, alle Sinnes-
eindrücke wahrzunehmen, im Zimmer jener Jugendher-
berge wiederfand, in der die Klasse untergebracht war.
Sie beobachtete über Minuten hinweg das Geschehen,
und im Telefonat am nächsten Tag bestätigte ihr Sohn
genau die von ihr beschriebene Situation – einschließlich
des Gesprächs, das er zu diesem Zeitpunkt gerade mit
seinem Schulfreund im Bett nebenan geführt hatte.

Bei einer anderen Gelegenheit fand sie sich ebenfalls
nachts plötzlich in Höhe der Decke an ihrer Schlaf-
zimmerwand wieder und sah ihren Körper friedlich
schlafend unter sich. Dieses Erlebnis dauerte aber nur
etwa eine halbe Minute an, dann »schnellte« sie förmlich wieder zurück. Sie schlug überrascht die Augen auf
»und hörte im selben Moment eine ganze Anzahl von
Stimmen im Raum. Es war wie eine Gruppe, die sich
unterhielt, Männer und Frauen, aber ich konnte nicht
erkennen, was sie beredeten. Sie bewegten sich, als ob
sie von links nach rechts durch das Zimmer liefen.«

In diesem Zusammenhang sind auch die »Entführungen« von *Regina Köhler* und *Michael Kellermann*
interessant. *Regina* glaubt, bei ihrer Rückkehr aus dem
Objekt, in dem sie die Kinder traf, ihren Körper im
Auto sitzen gesehen zu haben. *Michaels* Erlebnis
erinnert in gleicher Weise eher an ein OOBE als an eine
physische Entführung. Er schien im Raum seines
Bruders »zu schweben«, an einer Stelle, an der er
körperlich eigentlich gar nicht hätte sein können (nämlich in dem kleinen Spalt zwischen dem Wandschrank
und der Decke). Viele andere »Entführte« berichten
ähnliches. Auch Betty Andreasson-Luca scheint einige
ihrer »Entführungen« als OOBEs erfahren zu haben
und nicht in ihrer körperlichen Gestalt.

Dies alles führt uns ganz automatisch in einen Grenzbereich, in den Grenzbereich zwischen unserer Welt
(oder besser: unserer Welt, wie wir sie verstehen) und
einer anderen, in den Bereich zwischen Materie und
Geist, zwischen dem Leben und dem, was danach zu
kommen scheint. Und wir werden bald sehen, daß all
dies auf geradezu atemberaubende Weise miteinander
verknüpft ist.

Ein junger Mann in München

Einer der verwirrendsten Fälle, der diese Synthese
besonders deutlich macht, dieses Ineinanderverquickt-
sein von unterschiedlichsten psychischen, paranormalen
und »UFO«-Ereignissen, ist jener des *Winfried Amberger* aus München. *Winfried* ist ein 20jähriger junger
Mann, sehr intelligent, sehr gebildet. Ich lernte ihn nach
einem meiner Vorträge in München kennen, aber seine
erste Kontaktaufnahme mit mir erfolgte über einen Brief
vom September 1993. Er schrieb damals unter anderem:
»Ich will wissen, was von den Dingen, an die ich mich
erinnern kann, wahr ist. Und ich will wissen, woran ich
mich bis jetzt und von allein nicht erinnern kann. Ich
möchte wissen, ob und was die ›Anderen‹ mit meinem
Körper gemacht haben und ob daher die Narben
stammen, die sich die Ärzte nicht erklären können. Ich
will wissen, ob für die ungewöhnlichen Dinge in meiner
Familie und in meiner Umgebung die ›Anderen‹ verant-
wortlich sind. Ich möchte endlich Gewißheit haben –
oder meine Ruhe!«
Leider vermag ich *Winfried* weder Gewißheit noch Ruhe
zu geben. Eine absolute Gewißheit, was mit all jenen

geschieht, die in das Kontaktfeld der »Anderen« geraten, gibt es nicht. Und eine absolute Ruhe ebensowenig. Wenn die »Anderen« es wünschen, treten sie in unseren Raum, in unsere Zeit, in die Zimmer unserer Wohnungen, ganz gleich, wo wir uns gerade befinden. Es liegt einzig an ihnen, was dann mit uns geschieht.

Und mit *Winfried* ist etwas geschehen. Es ist so viel, daß es unmöglich ist, alles wiederzugeben. Es sind erstaunliche, fast unglaubwürdige Geschichten aus dem Land der vagen Umrisse, der dunkel wallenden Nebel, die uns umgeben. Und ich hätte diese Ereignisse hier nicht erwähnt, wäre ich nicht von der absoluten Integrität dieses jungen Mannes, seiner Glaubwürdigkeit und Ehrlichkeit überzeugt.

»Es muß im Alter von etwa drei Jahren gewesen sein. Ich fing damals an, meine Eltern zu verwirren, weil ich immer von ›kleinen Männchen‹ und Lichtern erzählte und diese auch ständig im Kindergarten malte. Etwa mit vier oder fünf Jahren begannen mein Bruder und ich nachts zu schreien und zu schlafwandeln. Wie zogen dann um, aber die Alpträume folgten uns, und ich erinnere mich an Schatten und rote Augen und an Angst. Das seltsame war – und das fiel auch meiner Mutter auf –, daß mein Bruder diese Schatten auch sah und wir oft zusammen ›im Duett‹ schrien.«

Der Gegenstand

Seine erste UFO-Sichtung hatte *Winfried* etwa in diesem Alter. Er war zusammen mit seinem Freund *Norbert* und seinen Eltern spazieren, »als plötzlich ein sehr großes Objekt niedrig und geräuschlos über uns hinwegflog. Es war plötzlich da und flog sehr langsam davon. *Norbert* fragte mich, ob ich das auch sähe, und ich sagte ja. Wir sahen beide das gleiche. Aber *Norberts* Eltern sahen es scheinbar nicht, obwohl wir beide schreiend darauf aufmerksam machten.«

Dies mag von uninformierten UFO-Skeptikern als Hinweis darauf gesehen werden, daß weder *Winfried* noch *Norbert* dieses Objekt wirklich sahen, daß es also ausschließlich in ihrer Einbildung existierte. Aber wir wissen aus vielen glaubwürdigen Fällen, daß gerade selektive Beobachtung durchaus nicht selten ist: Einige Zeugen sehen »etwas«, andere können überhaupt nichts wahrnehmen. (Dies ist vermutlich auch der Grund dafür, daß »Entführungen« bislang, von wenigen Ausnahmen abgesehen, von Außenstehenden so wenig verfolgt werden konnten.) Selektive Beobachtung heißt aber nichts anderes, als daß hier eine unmittelbare Rückkopplung mit der Psyche des Zeugen stattfinden muß, daß also entweder nur ihm »erlaubt« wird, ein Objekt oder was auch immer wahrzunehmen, und anderen nicht oder daß das Bild eines Objekts (oder was auch immer) direkt in sein Gehirn implantiert wird. Vergleichbares finden wir auch in bezug auf sogenannte Marienerscheinungen, wie sich am Beispiel Medjugorje (Bosnien-Herzegowina) nachweisen läßt. In meinem Buch »Himmelszeichen« habe ich zusammen mit meinem Bruder Peter darauf hingewiesen, daß solche Erscheinungen, die ganz offensichtlich in einem engen Kontext zum UFO-Phänomen stehen, ja in Wirklichkeit nur *einen Aspekt* dieses Phänomens bilden, als direkt in das Bewußtsein der Seher eingespeiste Informationen »von außerhalb« zu werten sind. Hier, im Fall des *Winfried Amberger* und seines Freundes *Norbert,* scheint etwas Ähnliches vorzuliegen.

Betty Andreasson-Luca berichtet, wie ihr nach der Entführung 1967 in ihrem Haus in Ashburnham von dem Fremden ein Buch übergeben worden war, das einige Zeit bei ihr im Regal stand, das auch ihre Tochter Becky gesehen hatte und das eines Tages wieder spurlos verschwunden war. *Winfried* berichtet von etwas Ähnlichem: Er entdeckte eines Tages in einem leerstehenden Raum einer Baustelle ein »Gerät« – oder besser, er glaubt, es dort gefunden zu haben: »Ich erinnere mich daran, daß ich einige Zeit danach [nach der UFO-Beobachtung; Anm. J.F.] allein auf einer Baustelle in einem schummrigen, unfertigen Raum stehe, in den es mich gezogen hatte. Ab hier bin ich mir meiner Erinnerung dann nicht mehr ganz sicher, sie setzt irgendwie aus.« Das deutet darauf hin, daß wir es hier mit einer Zeitlücke zu tun haben, in der möglicherweise eine »Entführung« stattfand. Schon in seinem 1981 erschienenen Erstlingswerk schreibt Budd Hopkins zu Kinder-»Entführungen«: »In wie vielen Fällen war wohl eine zeitliche Lücke im Spiel, über die sich die betroffenen Kinder keinerlei Rechenschaft ablegen konnten?«[3]
Als er von seinem Ausflug auf die Baustelle zurückkehrt, hat der etwa zehnjährige *Winfried* jedenfalls ein kurioses Gerät bei sich (Abb. 26): »Es war ein seltsamer, metallischer Gegenstand. Ich erinnere mich nur daran, daß ich das Ding nach Hause gebracht habe, es versteckte und – sooft es nur ging – damit spielte, wenn ich auch nicht wußte, was es eigentlich war. Irgendwann entdeckte es mein zwei Jahre älterer Bruder, und ich erzählte ihm komischerweise, das Ding käme aus dem Weltall. Irgendwie war mir das damals vollkommen klar.«
Das komische Ding verschwand ein paar Wochen später wieder – genauso mysteriös, wie es aufgetaucht

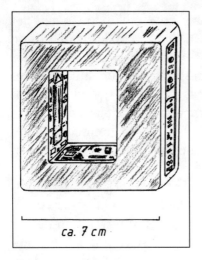

Abb. 26 Der kuriose, metallische Gegenstand, den Winfried Amberger *nach einem Zeitverlust-Erlebnis im Kindesalter entdeckte. Er verschwand Wochen später wieder genauso mysteriös, wie er aufgetaucht war (Skizze des Zeugen).*

ca. 7 cm

war: »Ich versteckte es immer im Lüftungsschacht, ich hatte es dort in einer Halterung festgeschraubt. Aber eines Tages war es weg, spurlos verschwunden. Niemand hatte es weggenommen, aber meine Mutter weiß sich noch heute zu erinnern, daß ich damals damit spielte. Ich habe es nie wiedergesehen.«

Der dunkle Keller

Im Alter von zwölf Jahren kam *Winfried* in ein Klosterinternat der Regensburger Domspatzen. Und hier begannen die seltsamen, verrückten, fast irrealen Ereignisse förmlich zu eskalieren. Man könnte glauben, *Winfried* schöpfe bei seinen Erzählungen aus den Drehbüchern verschiedener Horrorfilme. Aber zumindest für ihn war das, was sich ereignete, Wirklichkeit.

»Damals geschah ›es‹. Wir spielten ohne Aufsicht in einem Gang des Klosters Ball, als der Ball aus Versehen

278

durch eine Steintür in einen Bereich sprang, den wir nicht betreten durften. Wir gingen trotzdem hinein, über ein paar alte Stufen hinab und sahen, daß eine große Tür zu einem dunklen Kellergewölbe einen Spalt offenstand. Der Ball war verschwunden, er mußte also dort hinuntergerollt sein.«

Die Kinder konnten den Ball natürlich unmöglich dort unten liegen lassen – dann wäre ja herausgekommen, daß sie verbotenerweise auf dem Gang gespielt hatten. Also faßte sich *Winfried* ein Herz und stieg die dunklen Treppen hinab: »Ich hatte furchtbare Angst, und als sich meine Augen an die Dunkelheit gewöhnt hatten, sah ich den gelben Ball in der Mitte des großen Raumes liegen. Ich rannte zu ihm hin, nahm ihn hoch und wollte gerade zurückrennen, als ich plötzlich einen eiskalten Wind spürte. Der helle Türspalt schien für mich im gleichen Moment in unendliche Ferne zu rücken. Ich drehte mich um, in die Richtung, aus der der Wind kam, und sah am Ende dieses unterirdischen Saales ein großes Loch in der Wand. Mir schien es der Eingang zu einer Höhle zu sein, und irgend etwas war dort – und es war böse.«

Schreiend dreht der Junge sich wieder um und rennt zurück zur Tür: »Ich hatte dabei das Gefühl, als würde ich gegen eine Wand aus Eissplittern anlaufen. Ich flüchtete aus der Tür und rannte voll gegen einen alten Holzaltar, der auch prompt laut scheppernd auseinanderfiel.«

Voller Entsetzen hasten seine Spielkameraden von oben herunter und setzen die einzelnen Teile – mehr oder weniger kunstvoll – wieder zusammen. Sie hatten *Winfrieds* Schreie gehört, sich aber erst jetzt hinuntergetraut. Sie alle versprachen sich gegenseitig, nichts weiterzuerzählen.

Trotzdem (wie könnte es anders sein?) kam die Geschichte natürlich heraus. Schon eine halbe Stunde später erschien eine der Schwestern. Sie wußte bereits, wer den Holzaltar beschädigt und sich in die unerlaubten Regionen des Klosters vorgewagt hatte: *Winfried Amberger*. Er wurde dafür mit drei Tagen Arrest bestraft.

Im Angesicht des »Teufels«

Aber das schlimmste Erlebnis stand ihm erst noch bevor: »Einige Monate später, in der vierten Klasse, widerfuhr mir das Grauenvollste, was ich mir überhaupt jemals hätte vorstellen können.«

Damals schlief *Winfried* zusammen mit zwei anderen Schulkameraden in einem der Räume des Klosters. Um acht Uhr ging es ins Bett, um zehn machte die Nachtschwester das Licht aus. Die Zimmer befanden sich im Dachgeschoß, man konnte von den Fenstern aus den sternenklaren Himmel sehen. *Winfried* fühlte sich an diesem Abend sehr wohl und schlief bald ein.

Aber plötzlich weckt ihn ein summendes Geräusch, irgendwie liegt ein leichtes Vibrieren in der Luft, das er fast körperlich spürt. Er wird unruhig, steht auf und schaut aus dem Fenster. Der Himmel ist noch immer weitgehend klar, nur ein paar kleine Wolken bedecken hin und wieder die Sterne.

Während die anderen ruhig weiterschlafen, nutzt *Winfried* die Gelegenheit, noch einmal auf die Toilette zu gehen, wenn auch mit einem merkwürdigen Gefühl in der Magengegend. Die Toilette befindet sich etwa fünf Meter von der Zimmertür entfernt am Ende des

Ganges, der dort auf einen Quergang stößt. In diesem Quergang wacht normalerweise auf der einen Seite die Nachtschwester, auf der anderen steht eine große Uhr. Am Ende des Längsganges liegt – entgegengesetzt zur Toilette – das Treppenhaus mit einem großen Fenster, das in der Nacht aufgrund der Innenbeleuchtung wie ein Spiegel wirkt.

»Ich verließ also mein Zimmer, wobei ich schreckliche Angst hatte, daß ich in dieses ›Spiegelfenster‹ schauen könnte. Vor der Toilette angekommen stellte ich fest, daß die Nachtschwester nicht da war und es meiner Erinnerung nach halb drei Uhr war. Als ich schließlich wieder aus der Toilette heraustrat, war noch immer keine Schwester da. Aber nun schien die Luft fast zu wogen, und alles fühlte sich absolut unwirklich an. Ich lief verwirrt zurück ins Zimmer, und im letzten Moment, bevor ich das Zimmer betrat, schaute ich doch noch hinauf zum ›Spiegelfenster‹.«

Das, was *Winfried* dort sieht, läßt ihm das Blut in den Adern gefrieren: »Hinter oder im Fenster sah ich den Kopf eines Monsters mit Haaren und Hörnern und schrecklichen rotglühenden Augen, und es schien zu lachen, aber alles war vollkommen lautlos. Ich schrie fürchterlich – aber ich hörte meinen eigenen Schrei nicht! Ich sprang in mein Zimmer, unter mein Bett und heulte drauflos.«

Erst nach ein paar Minuten wagt *Winfried* es, ins Bett zu kriechen und sich unter der Decke zu verstecken. Schließlich schaut er – wie Kinder es machen – wieder ängstlich aus einem Spalt zwischen der Decke hervor: »Ich war sprachlos. Das Fenster war total schwarz, kein Himmel war zu sehen, aber das Zimmer war hell, die Luft leuchtete, und überall im ganzen Raum schwebten ›Sterne‹. Es gab keinen Ton mehr, ich nahm nur eine unglaubliche Vibration wahr, die alle meine Sinnesorgane durchflutete. Ich kann es nur sehr kläglich beschreiben, was in diesem Moment mit mir passierte. Es durchströmte meinen Körper und meine Seele gleichermaßen. Ich habe in diesem Moment das Licht ›geschmeckt‹ und die Gefühle ›gesehen‹.«

Aber der Höhepunkt dieses seltsamen Geschehens sollte erst noch kommen: »Als ich vollkommen gelähmt und völlig hilflos aufrecht im Bett saß, bildete sich in der Mitte des Raumes ein leuchtender Nebel, und in ihm verdichtete sich eine weißleuchtende Gestalt. Sie war sehr dünn und etwas größer als ich, sie schwebte im Nebel, der fast verschwand. Und sie kam auf mich zu, und ich schrie, sie solle verschwinden, aber ich hörte noch immer keinen Ton.« (Abb. 27)

Winfried streckt dem Wesen seine Hand entgegen, um es abzuwehren. Es hält tatsächlich in seiner Bewegung inne und wendet sich den noch immer schlafenden Kameraden zu. Der Junge, der jetzt Mut gefaßt hat, springt auf und eilt hinüber zum Nächstliegenden an seiner linken Seite: »Ich rüttelte ihn kräftig, aber er wachte nicht auf, ebenso der andere. Ab hier weiß ich nur noch, daß das weiße, dünne, schwebende Wesen nun wieder direkt auf mich zukam – dann ver-schwimmt alles.«

Von diesem Moment an besteht bei *Winfried* offen-sichtlich eine längere Gedächtnislücke von etwa drei Stunden, denn »das nächste, woran ich mich erinnern kann, ist, daß ich wieder auf meinem Bett liege und das Wesen in der Mitte des glühenden Raumes schwebt und ich den Sechs-Uhr-Gong höre. In diesem Moment löst sich das Wesen wieder in den Nebel auf. Dieser Nebel

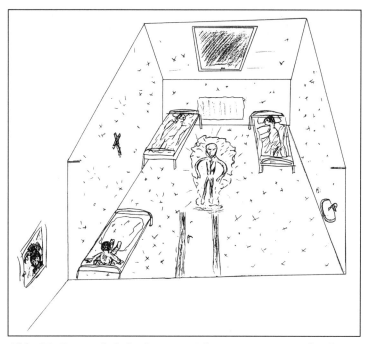

Abb. 27 *Die nächtliche Szene im Klosterinternat.* Winfried Amberger *sitzt erschrocken in seinem Bett, als sich in der Mitte des Raumes die Gestalt aus einem leuchtenden Nebel materialisiert. In der Luft schweben »Sterne«, im Flur war im spiegelnden Fenster zuvor das Gesicht eines »gehörnten Monsters« aufgetaucht (Skizze des Zeugen).*

verschwindet in der Steckdose, und mit einem ›Wusch‹ gleitet das Schwarz vom Fenster weg. Die ›Sterne‹ verschwinden genauso wie das Glühen aus dem Raum, die Morgensonne strahlt plötzlich ins Zimmer, und meine beiden Freunde werden wach. Es passiert alles sehr schnell und geht ineinander über.«

Die beiden finden einen vollkommen verängstigten, weinenden *Winfried* vor. Einer von ihnen holt die

Nachtschwester. Sie bestätigt, daß sie gegen halb drei »höchstens für zwei oder drei Minuten« nicht da war. *Winfried* solle sich beruhigen, es sei doch alles nur ein schlimmer Traum gewesen.

Die Narbe am Knie

Vielleicht – vielleicht auch nicht. Letztlich wird niemand entscheiden können, was sich in diesem Klosterinternat wirklich abgespielt hat. Mag sein, daß all das wirklich nur Träume waren, Phantasien eines Kindes, das zuviel Horrorromane gelesen hatte. Mag sein.
Aber *Winfried* hat einen Beweis – seinen Beweis. Denn seit jener Nacht hat er unerklärliche Narben: an seinen Knien und anderen Körperstellen. Sein Hausarzt konnte nicht feststellen, um was es sich handelte, so daß er ihn zu einem Dermatologen überwies. Am 9. September 1993 wurde *Winfried Amberger* gründlich von ihm untersucht: »Der Hautarzt meinte, es wäre eindeutig eine Narbe, und es sähe für ihn so aus, als ob durch sie hindurch das Innere meines Knies operiert worden sei – nur, daß ich nie am Knie operiert wurde und auch keine Ahnung habe, woher diese Narbe stammt. Auch am anderen Knie ist eine hauchfeine Narbe erkennbar.« In dem mir vorliegenden Bericht des Münchner Hautarztes heißt es: »Der Patient stellte sich am 9.9.1993 erstmals vor wegen der Frage nach der Genese der bei ihm aufgetretenen Narben, für die er selbst keine ausreichende Erklärung finde.« Einige dieser Narben vermochte der Arzt auf natürliche Ursachen zurückzuführen, z.B. auf eine Warze oder auf Aknespuren. Bei anderen – etwa der

Narbe am Knie – versagten seine Kenntnisse. Er hält sie für »posttraumatisch« und meint: »Die bei dem Patienten feststellbaren Narben rühren nicht von einer eventuellen zugrundeliegenden Dermatose her. Die Herde an beiden Handrücken könnten durch artefizielle Excoriationen zustande gekommen sein; auffallend ist jedoch die Narbe am rechten Knie lateral, die meines Erachtens durchaus von einer früheren Verletzung oder Operation stammen könnte. Insgesamt muß ich jedoch betonen, daß derzeit eine eindeutige Zuordnung der Narben zu vorausgegangenen Ereignissen nicht möglich ist.« (Abb. 28)

Winfried ließ unterdessen von einem Münchner Therapeuten eine Hypnoserückführung in die Situation der Klosternacht machen. »In der Hypnose sah ich, nachdem das Wesen mich berührt hatte, plötzlich eine riesige, futuristische Stadt aus Türmen und Pyramiden vor mir auftauchen. In einem Turm befand sich eine rautenförmige Öffnung, auf die ich zuglitt.«

Die Erinnerung an solche Städte taucht bei »Entführten« sehr häufig auf. Betty Andreasson-Luca beschreibt sie genauso wie Whitley Strieber, und die Schilderungen von langen Gängen und riesigen Hallen, wie sie zum Beispiel Conny Paraschoudis gibt, deuten ebenfalls eher auf große Städte als auf das Innere von »Raumschiffen« hin.

»Die nächste Szene, die wieder in mein Gedächtnis rückte, war jene an einen großen Raum, einen Operationssaal oder so etwas. Ich lag auf einem Tisch, und sechs oder sieben Wesen standen um mich herum. Bis auf einen waren sie in braune Kutten mit Kapuzen gehüllt – ich nenne sie ›die kleinen Mönche‹. Ein weiterer, größerer, mit großem Kopf und großen

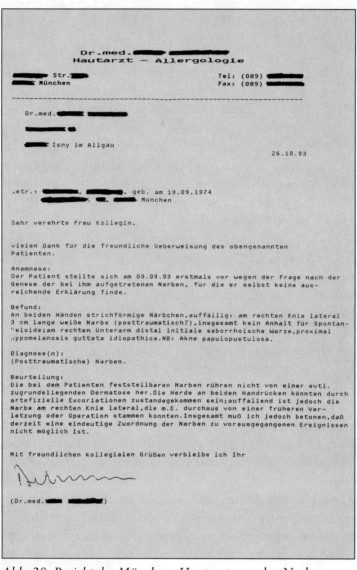

Abb. 28 Bericht des Münchner Hautarztes zu den Narben
Winfried Ambergers. *Insbesondere Ursprung und Herkunft der*
Narbe am rechten Knie sind ungeklärt.

286

Abb. 29 In einer Hypnoseregression sah sich Winfried
Amberger *im Anschluß an die Klosterszene in einem Raum, in
dessen Zentrum er nackt auf einem Tisch lag. Seltsame Wesen
mit Kapuzen und ein großköpfiges Wesen mit schwarzen Augen
standen um ihn versammelt. Über ihm schwebten eine Kugel
und eine Platte mit spitzen Stäben (Skizze des Zeugen).*

schwarzen Augen, schien die Untersuchung zu leiten.
Ich war vollkommen nackt. (Abb. 29)
Über mir schwebten eine Kugel und eine Platte mit spitzen, stabförmigen Gegenständen, die auf mich gerichtet waren. Die Kugel vibrierte, und ich glaube, von ihr
eine Stimme gehört zu haben. Das Metall der Wände
leuchtete, und mir genau gegenüber war eine Tür in der
Wand, die mich sehr faszinierte.« (Abb. 30)
Damit bricht diese Erinnerung wieder ab. Als nächstes
sieht sich *Winfried Amberger* vor der Öffnung stehen
und kann diese genau betrachten: »Die Tür war

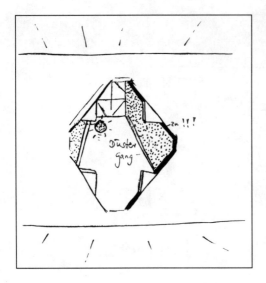

Abb. 30 Die Tür, die Winfried Amberger *so faszinierte. Sie teilte sich kreuzförmig in der Mitte, die vier Segmente wurden zurückgezogen, aber in den entstehenden Spalten bildeten sich keine Lükken, sie füllten sich mit einer schwarzen, viskosen Masse (Skizze des Zeugen).*

rautenförmig. Als sie sich öffnete, teilte sich die Fläche in vier Segmente, die in die schrägen Rahmenstücke zurückgezogen wurden. Was mich am meisten beeindruckte: Normalerweise hätte man erwarten sollen, daß sich dort ein kleiner, leerer Spalt ergibt, sobald die Segmente vollkommen eingefahren waren. Statt dessen füllte sich das Ganze sofort wie mit einer schwarzen, viskosen Flüssigkeit auf. Das war sehr seltsam.«

Winfried wird nun von der kleinen Kugel, die vor ihm herschwebt, durch die Tür und einen anschließenden düsteren Gang geleitet, eines der Kapuzen-Wesen folgt ihm. Sie betreten einen Raum, in dem so etwas wie ein »Schreibtisch« steht, dahinter sitzt eine dunkle Gestalt, die ihm aber den Rücken zudreht. »Als wir kurz vor dem Tisch standen, drehte sich die Gestalt um. Sie hatte ein regelrechtes Totenkopfgesicht, grinste mich an und sprach etwas zu mir – ich weiß aber nicht mehr was.«

Hier brechen *Winfrieds* Erinnerungen endgültig ab – sie setzen erst in dem Moment wieder ein, als er schreiend auf seinem Bett im Kloster zu sich kommt und das leuchtende Wesen zuerst in einem Nebel und dann in der Steckdose verschwindet.

Die Ereignisse der Nacht

Was geschah wirklich in jener Nacht? Wenn wir davon ausgehen, daß diese ganze Geschichte nicht von vorn bis hinten erlogen ist (wofür es meines Erachtens keine Anhaltspunkte gibt) oder nicht tatsächlich den Tag- oder besser Nachtträumereien eines vorpubertären Jungen entspricht, dann zeigt auch diese zunächst sehr verwirrende Geschichte einige erstaunliche Elemente, die sich mit »normalen« Entführungsberichten korrelieren lassen:

• *Winfried* erwacht von einem summenden Geräusch und findet seine Umgebung merkwürdig vor: Alles ist irgenwie verändert, die Luft vibriert und »wallt«. Dies deckt sich genau mit dem Empfinden anderer »Entführter«, die die Veränderung der Umwelt mit meist den gleichen Worten beschreiben. *Anke Drewitz* zum Beispiel sagte zu dieser Situation: »Irgendwie füllte sich der Raum, die Luft wurde knapp. Ich kann das Gefühl nicht beschreiben.«
»Oz-Faktor« hat die britische UFO-Forscherin Jenny Randless diesen Vorgang genannt – in Anlehnung an das magische Land Oz der angelsächsischen Mythenwelt. Es sieht so aus, als würde hier ein Zustand erzeugt, der es den »Anderen« überhaupt erst ermöglicht, in unsere Welt einzutreten.

- Trotz des beklemmenden Gefühls macht sich *Winfried* auf den Weg zur Toilette. Anders, als er es erwartet hätte, ist die Nachtschwester nicht auf ihrem Platz (wie sie später behauptete, hatte sie ihn nur für zwei oder drei Minuten verlassen). Dies entspricht ziemlich genau der vorausschauenden Planung oder sogar direkten Einflußnahme, die wir häufig finden: Potentielle Zeugen werden entweder in einen »scheintoten« Zustand versetzt oder vom »Tatort« entfernt. Scheinbar zufällig sind sie gerade in diesem Moment nicht dort, wo sie unter gewöhnlichen Umständen eigentlich sicher gewesen wären.

- Die Angst des Jungen steigert sich. Er spürt, daß etwas nicht in Ordnung ist, daß irgend etwas passiert. Der »Oz-Faktor« verstärkt sich. Dann blickt er in den »Spiegel«. Was er sieht – die lachende Fratze eines gehörnten Monsters – ist natürlich nichts anderes als die gestaltgewordene Spiegelung seiner eigenen Ängste, seiner eigenen Phantasien. (Man könnte es zum Verständnis dieser Situation geradezu als »Wink mit dem Zaunpfahl« verstehen, daß sich dieses Bild ausgerechnet in einem »Spiegel« zeigte.) Dabei scheint der »Teufel« nicht nur in mittelalterlichen Zeiten, sondern auch heute noch eine große Rolle zu spielen (vgl. die erste Reaktion des unter Hypnose zurückgeführten Unternehmers in Kapitel III) und sich als *Screen Memory* in die Köpfe der Menschen »einzunisten«. Ein mir gut bekannter Kollege, selbst promovierter Geologe, erzählte mir einmal von einem Erlebnis aus seiner Kindheit: »Ich war damals vier oder fünf Jahre alt, es ist eine meiner ersten Erinnerungen überhaupt. Es war Sonntag, und meine Eltern und ich waren wie immer bei meinen Großeltern zum Kaffeetrinken. Ich muß

290

wohl irgend etwas angestellt haben, jedenfalls schickte mich mein Vater, wie in solchen Fällen üblich, zur Strafe ins Badezimmer. Aber dieses Mal war das ganz seltsam: Die Tür schloß sich hinter mir, und ich wußte im gleichen Moment, daß noch jemand im Raum war. Voller Angst schaute ich um die Ecke des Badezimmerschranks, der gleich neben der Tür stand, in Richtung Fenster. Und dort stand der Teufel. Es mag lächerlich erscheinen, aber ich sah dort den Teufel stehen, so wie man ihn sich vorstellt: mit Hörnern, roter Haut, schwarzen Augen, einer Kette in der Hand. Was weiter passierte, weiß ich nicht mehr. Das nächste, woran ich mich erinnere, ist, daß ich wieder draußen war, am Tisch stand und meinen Eltern und Großeltern klarzumachen versuchte, ich hätte gerade den Teufel gesehen. Natürlich glaubten sie mir kein Wort. Aber ich werde diesen Anblick nie vergessen. Es war absolut real, überhaupt nicht vergleichbar mit irgendwelchen Gespenstern oder Skeletten, die man als Kind manchmal in der Ecke des nächtlichen Zimmers zu sehen wähnt – und wenn man hinschaut, ist nichts da. Das war anders. Da stand *wirklich* der Teufel – oder jedenfalls etwas, das ich damals dafür hielt.«

• Im Zimmer ergibt sich eine völlige Veränderung der gewohnten Umgebung, und aus einem Nebel heraus »bildet« sich ein Wesen. Solche Vorgänge sind aus der UFO-Literatur gut bekannt und tauchen bei sogenannten Marienerscheinungen in gleicher Weise auf.[27] Es handelt sich dabei vermutlich nicht um eine »Materialisation« im paranormalen Sprachgebrauch, sondern um »objektive Projektionen«, ein Begriff, den der UFO-Forscher Adolf Schneider eingeführt hat.[41] Damit sind energetische Phänomene gemeint, die für eine bestimmte Zeit einen materiellen oder quasimateriellen Charakter annehmen können. Deutlicher als alles andere zeigt sich uns hier vermutlich die wahre Natur des gesamten UFO-Phänomens: All jene Gestalten, die gesehen werden, all jene Objekte, die man beobachtet, all das ist letztlich nichts anderes als eine Mischung zwischen quasimateriellen und immateriellen, scheinbar realen und irrealen, wirklichen und traumhaften »Objekten«. Es sind Projektionen, die auf uns zurückgeworfen werden, indem jene Intelligenz, die dahintersteht, sie in dem von uns wahrnehmbaren Wirklichkeitsbereich entstehen läßt.

● Das Wesen wendet sich den drei Anwesenden zu. *Winfried* gelingt es auch durch Rütteln nicht, seine beiden Freunde zu wecken, dann setzt bei ihm die Erinnerung aus. Diese Vorgänge kennen wir bereits zur Genüge, sie sind in genau der gleichen Weise von zahlreichen »Entführungen« bekannt.

● In einer zeitlichen Lücke von etwa drei Stunden erlebt *Winfried* unter Hypnose einige Situationen erneut: Er fliegt auf eine große Stadt zu, er liegt auf einem Operationstisch mit kleinen Wesen um ihn, er wird durch einen Gang geführt, er trifft auf ein Wesen mit einem Totenkopfgesicht. Auch hier vermischen sich wieder »echte« Erinnerungen mit *Screen Memories,* kindliche Phantasien mit Bildern aus dem kollektiven Unbewußten: Masken hinter Masken hinter Masken...

● Nach einer zeitlichen Lücke von etwa drei Stunden kommt *Winfried* wieder zu sich und erlebt das Ende dieses Zwischenfalls. Das Wesen löst sich in einen Nebel auf und verschwindet »durch die Steckdose«. Die Umgebung wird wieder »normal«, der Oz-Faktor reduziert sich auf Null, die Kameraden erwachen.

Es mag seltsam anmuten, daß dieser Nebel »durch die Steckdose« verschwand. Aber eine sehr ähnliche Beschreibung liegt mir von der kleinen zweijährigen *Katharina* vor, der Tochter von *Carola May.* Am 15. Juli 1993 erwachte sie morgens und begann, mit dem Telefonkabel zu spielen. *Carola* notierte das Gespräch mit *Katharina* unmittelbar darauf auf und sandte es mir zu:

»*Kathi:* ›Da kommt er 'raus, der blaue Engel. Der blaue Engel war da.‹

Ich: ›Welcher blaue Engel?‹

Kathi: ›Blauer Engel – Fußball spielen.‹

Ich: ›Wo kommt er 'raus, der blaue Engel?‹

Kathi: ›Aus dem Fußball! – Kathi sagt Grüß Gott.‹

Ich: ›Grüß Gott hast du gesagt? Und der Engel?‹

Kathi streckt beide Hände nach vorn aus und meint: ›So tragt er die Kathi.‹

Ich: ›Wohin trägt er die Kathi denn?‹

Kathi: ›Nach Golzhofen [Gerolzhofen] zur Oma, zum Schaukeln. Hat Kathi Luftballon 'zeigt – war ganz platt, konnt' trotzdem fliegen. Hatter keine Flügel 'ghabt.‹«

Ein seltsamer »Engel ohne Flügel« muß das schon gewesen sein, der da zunächst als fußballähnliche Kugel aus dem Telefon kam und die kleine *Katharina May* zum »Schaukeln« zu ihrer Oma brachte – oder jedenfalls ist es das, wovon sie glaubt, es sei mit ihr geschehen. Und ein seltsamer, komischer, platter »Luftballon«, der fliegen konnte, muß bei der ganzen Aktion ebenfalls eine nicht unbedeutende Rolle gespielt haben.

Wenige Tage später berichtete die kleine *Kathi,* zu ihr sei nachts ein Käfer gekommen. Zwar hatte ihr Vater – und darauf nahm diese Interpretation offensichtlich

Das habe ich gemalt, und Katharina hat es noch mit Hut versehen bzw die Mickeymäuse mit Beinen

Abb. 31 Zeichnungen der dreijährigen Katharina, Tochter von Carola May. Sie berichtete über nächtliche Aktivitäten »böser Käfer«, die sie mit großen schwarzen Augen zeichnete und die nur wenig Ähnlichkeit mit dem Marienkäfer haben, den ihre Mutter vorgab (unten). Auf das Gesicht eines »kleinen Grauen«, den ebenfalls Carola May zeichnete, setzte sie noch einen »Hut« und sagte: »Das ist der Nacht-Käfer, der zu Kathi kommen.«

Bezug – ihr zuvor abends von einem »lieben Gute-Nacht-Käfer« erzählt. Aber der Käfer, von dem sie schließlich berichtete, verhielt sich gar nicht lieb. Er sei »riesig groß« gewesen, hätte »ganz große schwarze Augen« gehabt, einen »Hut auf dem Kopf« und sie immerzu in die Arme und Hände gebissen. Ihre Zeichnungen zu diesem Käfer machen deutlich, daß es sich kaum um eine Abwandlung des von ihrer Mutter vorgegebenen Marienkäfers gehandelt haben kann. (Abb. 31)

Dies sind die Bilder und Worte eines knapp dreijährigen Kindes – ich halte sie für erstaunlich, denn sie geben auf ihre naive Weise doch ziemlich genau das wieder, was Erwachsene zwar mit weitaus eloquenteren Formulierungen, aber kaum minder eindrücklich beschreiben können.

Nachwirkungen

Kommen wir zurück zum Fall *Winfried Amberger.* Die dem Schlafzimmer-Erlebnis vorangegangenen Ereignisse im Klosterkeller sind letztlich natürlich nichts anderes als eine Mischung aus »realen«, von außen einwirkenden Ereignissen auf *Winfried* einerseits und seinen inneren Projektionen, seiner Angst, seinen Phantasien andererseits. Aber was immer damals geschehen sein mag, all das hat ihn bis heute nicht losgelassen. Anfang 1992 besuchte er seinen Freund *Andi,* der nur etwa zwei Minuten entfernt wohnt.

»Ich sollte pünktlich um sieben, zum Abendessen, wieder zu Hause sein und ging deshalb um fünf Minuten vor sieben bei *Andi* los. Zuvor hatte ich noch meine Uhr mit seiner verglichen, um ja nicht zu spät zu kommen. Ich lief trotzdem schnellen Schrittes los und kam wenige Minuten später an – dachte ich. Denn als meine Mutter die Tür öffnete, war sie unglaublich sauer und behauptete, sie würde jetzt schon seit einer Stunde auf mich warten. Tatsächlich war es acht Uhr. Aber ich verstand das nicht. Sie wurde natürlich noch wütender, als ich sagte, ich sei pünktlich um kurz vor sieben losgegangen, und tatsächlich: Auf meiner Uhr (Digital *und* Analoganzeige) war es erst sieben! Wir alle verstanden nicht, was los war, und meine Mutter rief kurzentschlossen bei *Andis* Eltern an. Sowohl sie als auch *Andi* bestätigten, daß ich wirklich um kurz vor sieben das Haus verlassen hatte, und sie wunderten sich genauso wie wir, daß ich erst jetzt angekommen war. Mir fehlte also eine Stunde, und meine Eltern wollten wissen, wo ich die ganze Zeit über gesteckt hatte. Ich wußte es wirklich nicht, denn für mich waren ja nur ein paar Minuten verstrichen. Meine Eltern glaubten mir nicht, und ich mußte ohne Essen ins Bett.«

Auch bei *Winfried* traten und treten – wie bei vielen anderen »Entführten« – immer wieder paranormale Phänomene auf. So kann er zum Beispiel »automatisch« zeichnen und schreiben, eine Fähigkeit, die von einigen sogenannten Medien bekannt ist: Menschen verfallen in Trance und beginnen, die wunderschönsten Bilder zu malen, seltsame Aphorismen niederzulegen oder in einer anderen Sprache und einer völlig fremden Schrift zu schreiben. Auch dies beherrscht *Winfried*. Zuweilen notiert er blätterweise in einer völlig absonderlichen Schrift, deren Bedeutung er nur zum Teil kennt, eine Schrift, die, wie er annimmt, auch die jeweiligen Gefühle des Autors zum Ausdruck bringen kann. (Abb. 32)

Abb. 32 Beispiel für die »automatische Schrift«, in der Winfried Amberger *zuweilen zu schreiben in der Lage ist. Informationen aus einer anderen Welt oder aus dem eigenen Unterbewußtsein?*

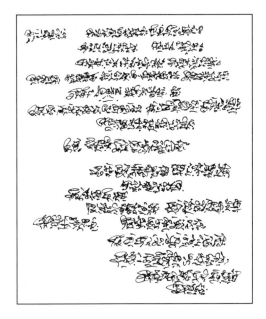

Die meisten Menschen glauben, ihnen werde dieses Material aus »höheren Sphären« diktiert, sie stünden mit »anderen Wesenheiten« in Verbindung. Ich will das nicht völlig ausschließen (so erscheinen mir zum Beispiel die SETH-Kommunikationen der Jane Roberts[47] als sehr interessant), denke aber doch, daß in den allermeisten Fällen eher eine Kommunikation mit dem Unterbewußtsein oder dem »höheren Selbst« stattfindet.

Dennoch gibt es offensichtlich Verbindungen zwischen dem, was wir als »UFO-Phänomen« bezeichnen, und dem, was man als »Jenseits-Kontakte« definiert, insbesondere hinsichtlich der sogenannten Nahtod-Erfahrungen. Nahtod-Erfahrungen sind »Schwellenerfahrungen«: Menschen liegen im Sterben, sämtliche Körperfunktionen setzen aus, aber es gelingt, sie zu re-

297

animieren. Häufig berichten diese Menschen dann von merkwürdigen Eindrücken: Sie hätten sich von ihrem Körper gelöst, die Aktivitäten um sie herum beobachtet (obwohl sie dazu organisch gar nicht in der Lage hätten sein dürfen), sie wären durch einen Lichttunnel geglitten, hätten ihr gesamtes Leben wie in einem dreidimensionalen, holografischen Film vor sich ablaufen sehen, seien einem Lichtwesen begegnet und zuweilen auch anderen »Verstorbenen«. Solche Erlebnisse können nicht als *Beweis* für ein Leben nach dem Tod gewertet werden, denn der Betroffene war noch nicht wirklich verstorben (sonst hätte er nicht reanimiert werden können), aber sie sind vielleicht ein *Indiz* dafür, daß unser Bewußtsein den Tod überdauert und in einer anderen Seinsform weiterexistiert.

In diesem Bereich überschneiden sich OOBEs, Traumerfahrungen, präkognitive Informationen, Nahtod-Erlebnisse und Kontakte zu »Verstorbenen«. Der amerikanische Psychologe Prof. Kenneth Ring[48] glaubt sogar, daß UFO-Entführungen nur *eine andere Art* von Nahtod-Erfahrungen sind. Ich halte das eher für unwahrscheinlich, denn jene, die UFO-»Entführungen« erleben, befinden sich nicht an der Schwelle zum Tod. Aber es gibt offensichtlich Verbindungen zwischen all diesen Phänomenen. Der Betty-Andreasson-Fall zum Beispiel, mit all seinen komplexen, fast mystischen Inhalten bis hin zur »Begegnung mit dem Einen« (in der Betty eine Begegnung mit Gott sieht), macht dies deutlich.

Solche Erfahrungen können auch im Traum gewonnen werden – und dann zuweilen eine erstaunliche Affinität zum UFO-Phänomen auf der einen und zu Nahtod-Erlebnissen auf der anderen Seite aufzeigen. *Katarina*

298

Behrens wohnt in der Nähe von Baden-Baden. In der Nacht zum 23. 9. 1993 hatte sie einen »so realistischen, intensiven Traum«, daß sie sofort alles aufzeichnete und schriftlich niederlegte: »Mein 1978 verstorbener Bruder und ich gingen in einer Villengegend Baden-Badens spazieren. Plötzlich waren wir im Eckzimmer einer solchen Villa. In der Ecke dieses Zimmers waren beidseitig hohe Bogenfenster. Vor diesem Fenster standen Menschen, die in meinem Leben eine große Rolle gespielt haben: meine Schwester, meine Mutter, mein verstorbener Bruder und der Vater meines Kindes. Ich stand ihnen mit meiner zweijährigen Tochter gegenüber.«

In diesem Moment tritt das UFO-Element in den Traum ein: »Plötzlich wurde es dunkel, und am Himmel erschien wie ein Komet ein sehr heller Punkt, der sich mit hoher Geschwindigkeit auf seiner Ellipsenbahn näherte. Dieses Ereignis beanspruchte meine volle Aufmerksamkeit. Nach ein paar Sekunden entpuppte sich dieser kleine Punkt als ein raumschiffähnliches Objekt. Es strahlte ein ungeheuer grelles Licht aus, und seine überirdisch-geometrische Form war sehr auffallend. Mir wurde bewußt, daß ›sie‹ meinetwegen hier sind, denn beim Spaziergang hatte mein Bruder gesagt: ›Du bist bereit!‹ Doch mich überkamen Zweifel, ich wollte nicht. Mein Bruder sagte aber, jetzt wäre es zu spät, es gäbe kein Zurück mehr. Alle haben mich sehr liebevoll angelächelt.«

Für *Katarina Behrens*, die sich nie zuvor mit UFOs beschäftigt hatte, wandelt sich dieses im Traum erfahrene UFO- nun zu einem Nahtod-Erlebnis: »Das Objekt näherte sich hörbar. Plötzlich knallte es gegen die Scheibe. Diese zersprang in viele Teile, zerbrach aber nicht. Sie wölbte sich ein – und ein unermeßlich starker Sog zog uns in das Innere. Das Objekt schien unbemannt zu sein, aber ich hatte das Gefühl, ›sie‹ wollten sich lediglich nicht zeigen, um mich nicht zu erschrecken. Dann verwandelte sich das Innere in einen lichtdurchfluteten Tunnel, der sich strahlenförmig ausbreitete. Es ertönte eine angenehme, leise Musik. Ohne diesen Tunnel zu verlassen, schwebten meine Tochter und ich zwischen weichen Wolken. Das herrliche Licht erlosch, und die Wolken verwandelten sich in platte, rosafarbene Gebilde. Sie bewegten sich langsam gruppenweise in kreisförmigen Bahnen und strahlten eine große Harmonie aus. Sie vermittelten irgendwie das Gefühl, lebende Wesen zu sein. Verschwommen sah ich an den Oberflächen Gesichtszüge. Es war ein Gefühl der vollkommenen Harmonie.

Zwischen diesen Gruppen entdeckte ich menschliche Körper ohne Köpfe, die gequält wirkten. Sie entstanden aus dem Nichts und verschwammen nach ein paar Sekunden. Dann stand ich wieder auf der Straße in Baden-Baden, nachdenklich, mit meinem Kind auf dem Arm. Mein Bruder fragte mich, ob es schön gewesen sei. Ich konnte nicht überzeugend bejahen. Ich setzte meine Tochter auf den Rasen, aber mein Bruder sagte: ›Nimm sie schnell! Sonst holen sie sie!‹ Dann erwachte ich.«

Natürlich war dies ein Traum, wir alle träumen solche oder ähnliche Geschichten, auch wenn wir uns nicht daran zu erinnern vermögen. Im Traum wandeln wir in anderen Welten, und die Frage, wo sich diese Welten befinden – ob lediglich im dunklen Raum hinter unseren geschlossenen Augen oder in anderen Dimensionen – ist müßig, weil das eine letztlich nichts anderes ist als das andere. Und Friedrich Hebbel (1813–1863) hatte vermutlich recht als er schrieb: »Der Traum ist der beste Beweis dafür, daß wir nicht so fest in unserer Haut eingeschlossen sind, als es scheint.«

Über ein anderes Traumerlebnis ähnlicher Art berichtete mir der UFO-Forscher Herbert Kassler. Einer seiner Bekannten hatte am 14. April 1993 morgens um fünf Uhr eine seltsame Erfahrung: »In meinem Traum ›sehe‹ ich auf dem kleinen Oberflur meines Hauses vom Bett aus, wie aus dem Halbdunkel ein braunes, wolkenartig-birnenförmiges Wesen zu mir die Treppe heraufkommt. Es hatte weder Gesicht noch Arme noch Beine. Die Gestalt umfloß mich plötzlich nebelhaft und schweigend von allen Seiten im Bett, aber es tat nirgends weh. Immerhin empfand ich es als beklemmend und nicht geheuer, denn ich konnte nicht fliehen und lag da wie gebannt. Ich versuchte dreimal freizukommen – es ging nicht. Ich blieb in diesem ›Etwas‹ eingehüllt wie in einer Gasblase. Und da nahm mich dieses Birnen-Fluidum einfach mit – oder jedenfalls meinen Geist, mein Bewußtsein. Ich war mitten in ihm, und es ging hinaus ins helle Tageslicht – obwohl es um fünf Uhr morgens ja noch dunkel war. ›Wir‹, d.h. das mich umscheinende ›Etwas‹ und ›ich‹, rasten mit unglaublicher Geschwindigkeit horizontal über eine leere und flache Landschaft. ›Ich‹ wurde dabei eine schnurgerade, zweigleisige Eisenbahnlinie gewahr, die aus der Unendlichkeit zu kommen schien. ›Ich‹ erkannte Bahnsteighallen, auf die ›wir‹ zusteuerten. Dabei wurde ich frei und befand mich plötzlich wieder in meinem Bett. Irgendwelche Laute oder Geräusche gab es in diesem Psycho-Vorgang nicht.«

Ein Traum, der das *Bedroom-Visitor-,* das Entführungs-, das OOBE und das Jenseits/Parallelwelt-Erlebnis miteinander verbindet. Was uns all dies zeigt, ist doch vor allem eines: Im »Entführungs«-Szenario treten uns die verschiedensten Phänomene entgegen. Die eigentlichen »Entführungen« bilden den Kern, um den sich im Laufe der Zeit eine zuweilen recht mächtige Schale weiterer psychischer und sogenannter paranormaler Phänomene legt. Telepathie, Präkognition, Poltergeisterscheinungen, Kommunikation mit »Verstorbenen«, außerkörperliche Wahrnehmungen und *Out-of-Body*-Erlebnisse – all das verbindet sich, fokussiert sich auf die »Entführten« und hält sie in ihrem Bann.

Es kann nicht verwundern, wenn die meisten dieser Menschen beginnen, sich nach dem Sinn zu fragen: nach dem Sinn ihrer Erlebnisse, nach dem Sinn ihres Daseins. Das »Entführungs-Phänomen« hat für sie nicht nur negative Seiten – es lenkt den Blick auch auf die Bereiche jenseits unserer alltäglichen Erfahrungen. Ein amerikanischer »Entführter« drückte es einmal so aus: »Ich hatte ursprünglich kein Interesse an Dingen dieser Art, aber jetzt bin ich froh, sie erlebt zu haben. Ich fühlte mich wie in einem Tunnel, bis diese Ereignisse mein Bewußtsein öffneten – ich kann jetzt ein viel größeres Spektrum von Möglichkeiten in diesem Universum wahrnehmen. Ich bin gewachsen.«

VIII

Transmutation

Das Omniversum des Lebens

»Warum tut ihr das?«
»Es ist unser Recht.«

Whitley Strieber, jener amerikanische Schriftsteller, der – wie viele andere – seit seiner Kindheit im Bannkreis der »Anderen« steht, hat einmal geschrieben: »Wenn Außerirdische hier sind, dürfen wir annehmen, daß sie äußerst fremdartig sind – ganz buchstäblich fremdartiger als alles, was wir uns überhaupt vorstellen können.«[6]

Und genau das ist unser Problem: Wir können uns nicht *vorstellen,* wie eine unsagbar fortgeschrittene, uns um Jahrtausende, ja vielleicht Jahrmillionen überlegene Intelligenz strukturiert ist, wie sie handelt, nach welchen Motivationen sie plant und vorgeht. Viele von uns können sich ja nicht einmal vorstellen, daß es eine solche Intelligenz überhaupt *gibt.*

Wir sind eingebunden in den ganz spezifischen Kontext unserer biologischen Evolution, unserer Geschichte, unserer Religionen. Wir sind Kinder dieses Planeten, die gerade die ersten zaghaften Versuche unternehmen, die Wiege ihres Menschseins zu verlassen. All das, woran wir glauben, worauf wir hoffen, was wir ersehnen, all das nimmt immer Bezug auf unser Hier und Jetzt, auf die Dinge, die wir kennen, auf die Welt, die uns vertraut ist.

Dies ist ganz natürlich, denn es hat uns in über vier Milliarden Jahren Evolution das Überleben gesichert. Angefangen von der kleinsten Zelle im Urmeer des Archäikums bis zum modernen Menschen im Holozän haben sich unsere Sinnesorgane stets dem anpassen müssen, was für den dahinterstehenden Organismus am wertvollsten war. Nur so funktioniert die Entwicklung des Lebens, nur so haben »wir« es geschafft, heute hier zu sein.

Aber wir müssen uns darüber klar werden, daß unsere Sinnesorgane immer nur einen Ausschnitt der Welt wahrnehmen – und darüber hinaus einen sehr beschränkten. Es ist jener Ausschnitt, der für uns bislang förderlich war. Die Evolution erlaubt keine Schnörkel, alles hat immer seine unmittelbare funktionale Bedeutung. Manche Tiere etwa nehmen die Welt ganz anders wahr als wir: Fledermäuse orientieren sich an Ultraschallwellen, Insekten schauen durch Facettenaugen und gewinnen dadurch vollkommen andere Eindrücke, ja, für die allermeisten Lebewesen auf unserem Planeten, für Bakterien, Algen, Pflanzen, für eine noch vollkommen unbekannte Anzahl höchst fremdartiger biologischer Formen in den Tiefen der Ozeane, existiert eine Welt der absoluten Dunkelheit. Sie werden niemals die Sonne aufgehen, den Mond scheinen oder die Sterne am Firmament glitzern sehen. Und trotzdem ist es die gleiche Welt, in der sie leben, auch wenn sich »ihre« Wirklichkeit auf vollkommen andere Aspekte dieser Welt reduziert – oder sollte man besser sagen: verlagert? – hat.

304

Hinzu kommen die kulturellen, religiösen, technologischen, ökonomischen Zwänge, in die wir hineingebunden sind, die uns seit Jahrtausenden unseres Menschseins prägen und formen. Wir mögen Anarchisten sein – und trotzdem wird uns unser kulturelles und zivilisatorisches Erbe begleiten, ganz gleich auf welch einsame Insel wir uns auch immer zurückziehen mögen. Wir mögen Atheisten sein – und dennoch werden wir in unserem Innersten an etwas »glauben« (und sei es daran, daß es Gott nicht gibt). Wir mögen uns noch so alternativ geben, noch so ökologisch handeln – immer ist es doch auch unsere Technologie des 20. Jahrhunderts, die uns dabei zur Seite steht (oder es sind zumindest deren negative Schatten, die uns verfolgen und zu unserem Handeln nötigen). Wir können nicht anders: In unseren Genen und in unserem kollektiven Unbewußten sind 6000 Jahre Kulturgeschichte, zwei Millionen Jahre Menschsein und vier Milliarden Jahre Lebensevolution gespeichert. Diese Programmierung bestimmt unser Tun, unser Denken, unseren Glauben, unsere Hoffnungen und unsere Ängste.

Die Neugier in uns

Aber all das bezieht sich auf unsere kleine Welt, auf einen blauen Planeten inmitten der Unbegreiflichkeit des Alls. Was da draußen ist – die wenigsten von uns interessiert es. Ob um den Stern Wega Planeten kreisen oder nicht, ob sich im Zentrum der Milchstraße ein gigantisches Schwarzes Loch befindet oder nicht, ob das Universum sich ausdehnt oder nicht – all das hat (scheinbar) keinen Einfluß auf die Stabilität der D-Mark, das Wachsen der Arbeitslosenzahlen, den Krieg in Bosnien oder einfach auf die Entscheidung, wohin der nächste Urlaub gehen soll. Wir kreisen um unsere eigenen Probleme, um die Dinge, die uns im Alltag berühren, wir sind – natürlich! – noch immer so damit beschäftigt, den Kampf ums Überleben zu gewinnen, daß wir im Regelfall weder Zeit noch Lust noch Interesse haben, über »die Dinge da draußen« nachzudenken. In unserer kleinen Welt gibt es keine Supernova-Explosionen und keine Stürze in Schwarze Sonnen – warum sollte man sich damit auseinandersetzen?

Doch nicht alle von uns denken so. In uns Menschen bahnt sich zuweilen noch ein anderes Motiv seinen Weg: das der Neugier. Auch die Neugier ist letztlich ein notwendiges evolutionäres Element unserer Entwicklung. Es war gut zu wissen, was sich hinter dem nächsten Busch, hinter dem nächsten Hügel oder am Ende der Höhle befand. Hätten unsere Vorfahren keine Neugier entwickelt, säßen wir heute nicht hier, weil die ersten Exemplare des *Homo sapiens* um ihres fehlenden Forscherdranges willen allesamt den Säbelzahntigern, Höhlenbären und sonstigen Beutetieren des Pleistozäns zum Opfer gefallen wären.

Diese Neugier hat uns zu dem gemacht, was wir sind. Als neugierige Bewohner des blauen Planeten wollten wir wissen: Wir wollten wissen, wie die Dinge liegen, warum dies so und jenes ganz anders funktioniert. Wir wollten wissen, was es mit der seltsamen hellen Scheibe auf sich hat, die am Morgen über den Horizont klettert, mit dem Apfel, der vom Baum fällt, mit der Zeit, die nicht starr und steif, sondern biegsam und dehnbar ist.

Deswegen sitzen wir heute hier und lesen dieses Buch. Und die Forschung der letzten Jahre und Jahrzehnte hat uns vor allem eines gezeigt: daß die Welt ganz anders ist, als wir immer geglaubt haben, daß nichts so ist, wie es zu sein scheint. Schon einmal mußte die Menschheit einen solchen Schritt vollziehen: als Kopernikus, Galilei und Kepler die Erde aus dem Zentrum rückten und damit die Menschheit als »Krone der Schöpfung« vom ohnedies schon ziemlich wackeligen Thron stießen. Nun steht uns Ähnliches bevor, aber es wird uns noch fundamentaler berühren, noch tiefgreifender verändern als die kopernikanische Revolution vor mehr als 500 Jahren.

Die Welt: eine Illusion

Die Welt, so wie wir sie zu kennen glauben, existiert nämlich überhaupt nicht. Es gibt sie nicht, sie ist nichts weiter als eine Illusion unseres Bewußtseins. Wir werden lernen müssen, mit dieser Erkenntnis umzugehen, denn sie wird unseren Blick auf das Wesentliche richten und nicht auf das Unwesentliche und Nebensächliche, das wir bisher betrachtet haben.

Seit unsere Physiker ins Innere der Atome vorgestoßen sind, in die Welt der Quanten und der kleinsten Bausteine der Materie, ist klargeworden, daß es eine absolut reale, absolut objektive Welt nicht gibt. Jedes Experiment, jede Beobachtung in diesem Bereich wirkt sich als Eingriff auf die zu beobachtende Größe aus. Nie werden wir gleichzeitig den Ort und den Impuls eines Elektrons feststellen können, nie gleichzeitig seine doppelte Natur des Teilchens und der Welle beobachten können, weil die Anzeige des einen die Anzeige des anderen unmöglich macht. Elektronen haben daher keinen »Ort« – sie existieren in *Wahrscheinlichkeitswolken,* die um den Kern eines Atoms aus Protonen und Neutronen verteilt sind. Mehr noch: Subatomare Teilchen sind so »flüchtig«, daß sie im Grunde nur *die Tendenz* haben, zu existieren.

Gibt es also überhaupt eine vom Beobachter unabhängige Natur? »Eine Erscheinung ist nur dann eine Erscheinung, wenn sie eine beobachtete Erscheinung ist«, meint der amerikanische Physiker Prof. John Wheeler und deutet damit an, was andere »Quanten-Solipsisten« in umfangreichen wissenschaftlichen Werken abgehandelt haben: daß nichts existiert, solange es nicht beobachtet worden ist.

Dies mag eine sehr extreme Haltung sein, ich selber teile sie nicht. Wahrscheinlich gibt es etwas da draußen, etwas jenseits unserer Sinnesorgane, die uns über empfindliche Nervenbahnen elektrische Impulse ins Gehirn schicken, aus denen die Schaltzentrale hinter unserer Stirn dann ein *Bild* der Welt konstruiert, ein Bild, das mit unseren Erfahrungen am besten kompatibel ist. Wenn wir glauben, Dinge wahrzunehmen, so nehmen wir doch in Wahrheit nur Beobachtungsdaten wahr, die »von außen«, über unsere optischen, akustischen, taktilen und sensorischen Empfangsstationen »nach innen« geleitet werden. Dort werden sie gesammelt und organisiert und ermöglichen uns so das Überleben. Aber das muß nicht bedeuten, daß das, was auf diese Weise in unserem Gehirn Gestalt annimmt, die Welt *ist.* »Wir haben also«, schreibt der Astrophysiker Prof. Timothy Ferris, »nicht das Universum vor uns, das ein ewiges Rätsel bleibt, sondern irgendein Modell des

Universums, das wir in unserem Kopf entstehen lassen können. Jedes denkende Wesen im Universum ist in dieser unbefriedigenden Lage; für uns alle ist nicht der äußere Kosmos der letzte Gegenstand der Untersuchung, sondern sein Tanz mit dem Geist.«[49]

Der Brahmaismus, die alte indische Lehre von Gott und dem Universum, hatte sich diese Erkenntnis bereits zu eigen gemacht. Dort gibt es seit jeher den Begriff des Māyā: die Welt als Illusion. Was wir wahrzunehmen glauben, ist nichts weiter als Täuschung. »Die Menschen«, so meinte der indische Dichter und Philosoph Rabindranath Tagore (1861–1941), »wachsen in Täuschungen auf, und sie müssen Täuschungen haben, um sich zu trösten.«

Ich habe in meinem letzten Buch versucht, das Universum, wie wir es kennen, als eine Art »Cyberspace« zu beschreiben. Mit Cyberspace bezeichnet man künstlich geschaffene Räume, ja ganze Universen, die im Grunde nur in der Software eines hochgezüchteten Computers existieren. Aber der Cyberspace oder die Virtuelle Realität (VR) hat den Vorteil, daß man sie nicht nur auf einem Bildschirm beobachten, sondern daß man in sie »hineinsteigen« kann. Mit Spezialbrillen, die dreidimensionale Bilder vermitteln, mit Datenhandschuhen oder Ganzkörperanzügen ausgerüstet, kann der Cybernaut sich in diesem Universum seiner Wünsche frei bewegen. Er erfährt dort eine andere Realität, eine fremde Wirklichkeit. Was wir im Moment in bezug auf die Weiterentwicklung der VR erleben, ist aber nur der Anfang. Ich bin sicher, in wenigen Jahrzehnten werden Brillen und Datenhandschuhe längst zum »alten Eisen« gehören, wird sich das Gehirn selbst mit dem Computer »verdrahten« lassen und die

Vorstellung, in einer völlig anderen Welt zu agieren, perfekt sein. Was ist dann *wirklich* Wirklichkeit? Was ist Illusion?

Der amerikanische Mathematiker und Indologe Dr. Richard Thompson vergleicht die Weltsicht der alten Inder mit den Eindrücken, die wir in der Virtuellen Realität gewinnen.[50] Die Fähigkeiten der Götter, die in den vedischen Schriften beschrieben werden, der Aufbau des Alls, die Vorstellungen über die »Schaltzentralen« im Universum – all das sei im Grunde identisch mit dem Konzept einer Virtuellen Realität.

Weder Thompson noch ich behaupten, daß unsere Welt tatsächlich in einem riesenhaften Computer existiert. Aber im Cyberspace finden wir eine ausgezeichnete Analogie dafür, wie unsere Welt und das, was wir davon wahrnehmen, strukturiert zu sein scheint: Was wir erkennen, ist nur die Oberfläche, eine glänzende, glitzernde, spiegelnde Oberfläche, die uns den Blick auf das, was dahinter liegt, verwehrt.

Und dies ist letzten Endes auch das Konzept des »holografischen Universums«, das der Biologe und Gehirnforscher Prof. Karl Pribram und der Physiker Prof. David Bohm entwickelt haben. Nach dieser Vorstellung ist es unser Gehirn, das »auf mathematischem Wege eine objektive Realität durch die Interpretation von Frequenzen erzeugt, die letztlich Projektionen aus einer anderen Dimension sind, einer tieferen Seinsordnung, die sich jenseits von Raum und Zeit erstreckt. Das Gehirn ist ein Hologramm, das sich in einem holografischen Universum verhüllt.«[51]

Hologramme kennen wir alle. Es sind Bilder, die scheinbar dreidimensional sind: Aufgenommen mit Spezialkameras unter Zuhilfenahme eines Lasers, wird das fotografierte Objekt auf eine Platte gebannt – auf der man überhaupt nichts sieht. Erst, wenn man unter einem bestimmten Winkel wieder eine starke Lichtquelle auf diese Platte richtet, erscheint das aufgenommene Objekt: dreidimensional und scheinbar lebensecht, aber letztlich doch als Illusion, denn wenn wir unsere Hand ausstrecken, greifen wir allen scheinbaren optischen Eindrücken zum Trotz ins Leere.

Unser Universum, so glauben Pribram und Bohm, ist auf die gleiche Weise strukturiert. Unser Gehirn oder besser unser Bewußtsein ist der Lichtstrahl, in dem wir das illusionäre Bild der Welt erkennen, das von einem viel subtileren, für uns unsichtbaren Frequenzmuster erzeugt wird. Die »Fotoplatte« und die darauf eingetragenen Strukturen der wirklichen Wirklichkeit erkennen wir nicht.

Wir *können* sie nicht erkennen, weil unser Gehirn gar nicht dazu in der Lage ist. Es ist nicht nur an die Illusion, die es umgibt, gewöhnt, es würde vollkommen versagen, gäbe es diese Illusion plötzlich nicht mehr. Es stünde in einem grenzenlosen, unglaublich verwirrenden, komplexen Etwas, das sich mit nichts vergleichen ließe, was wir kennen.

Die Pluralität der Zeit

Hinzu kommt, wie uns die Quantenpyhsik gezeigt hat, daß all unsere Vorstellungen von Raum und Zeit gleichermaßen nicht minder Illusion sind. Der französische Philosoph und Existentialist Jean-Paul Sartre (1905–1980) hat einmal im Scherz gesagt: »Man kann sogar die Vergangenheit ändern. Die Historiker beweisen es immer wieder«, aber er lag damit möglicherweise näher an der Wahrheit, als er es selbst für möglich gehalten hätte.

Es gibt eine ganze Reihe von Physikern, die sich darüber Gedanken gemacht haben. Dr. Fred Wolf geht in seinem Buch über »Parallele Universen«[52], das fraglos zu den intelligentesten Arbeiten gehört, die jemals zu diesem Thema verfaßt wurden, der Frage nach, wie das frühe Weltall beschaffen war – ganz kurz, Nanosekunden nach dem Urknall. Damals war das Universum so klein, daß es sich noch in den Dimensionen des Quantenraums hätte erkennen lassen. Aber in der Quantenphysik bekommt es einen Durchmesser, eine Größe erst in dem Moment, in dem diese Größe gemessen wird. Wer also konnte sie messen? Wolf schreibt: »Mehrere Physiker haben sich mit diesen Fragen beschäftigt und sind zu einem verblüffenden Schluß gekommen: ... Es sind unsere heutigen Beobachtungen, die die Vergangenheit bestimmen. Wenn also heute ein Ereignis beobachtet wird, gelangt dadurch irgendwie eine Botschaft zurück in die Vergangenheit und ›verursacht‹ vergangene Ereignisse. Was aber ist dann, wenn dieses zutrifft, eigentlich Vergangenheit? Es sieht so aus, als ob es keine absolute Vergangenheit gibt, weil es immer die Möglichkeit gibt, daß ein jetziges Ereignis sie verändert.«

Nach dieser Definition wird Vergangenheit erst durch die Gegenwart festgelegt. *Wir* erzeugen im Moment der Beobachtung bestimmter Vorgänge in der Vergangenheit diese Vergangenheit und kommen überein, sie als Vergangenheit zu deklarieren. Aber diese Vergangenheit ist nur eine von unendlich vielen, sie ist diejenige, auf die wir uns momentan geeinigt und festgelegt haben.

312

Ich möchte ein simples Beispiel nennen: Woher wissen wir, daß Karl der Große gelebt hat? Nun, ganz einfach: Es gibt eine Menge Urkunden, die das belegen, die seine Geburt, seine Taten, seinen Tod festgeschrieben haben. Dieses Material hat 1200 Jahre überdauert, man kann es in Archiven und Museen einsehen, es ist ganz offensichtlich, daß Karl der Große um 800 n.Chr. geboren wurde, regierte und starb.

Mag sein. Aber nun stellen wir uns einmal vor, all diese Dokumente würden durch irgendeinen unglücklichen Zufall verlorengehen. Und da sie nicht mehr greifbar sind, wird irgendwann die Frage aufkommen, ob sie überhaupt jemals existierten. Wenn bezweifelt wird, daß die Dokumente existierten, kann in logischer Schlußfolgerung auch bezweifelt werden, daß die Person, um die es geht, jemals lebte. Vielleicht wird ein Historikerstreit ausbrechen, vielleicht wird Karl der Große »überleben« – vielleicht auch nicht. Und dann?

Im Bewußtsein der Menschen hätte dieser Mann dann niemals existiert. Und nach dem Modell paralleler Vergangenheiten hat er es auch nicht – in jener Vergangenheit jedenfalls, die man dann als gültige Vergangenheit ausgewählt hat. »Es gibt«, schreibt Wolf, »parallele Vergangenheiten – unendlich viele. Die Vergangenheit, die durch die Gegenwart verändert wird, ist nur eine von vielen.«

So wie eine unüberschaubare Anzahl von Vergangenheiten existiert, existiert gleichfalls eine unüberschaubare Anzahl alternativer Zukünfte. Zukunft wird erst in der Gegenwart konkret, oder besser, eine von ihnen wird es durch das, was wir als Gegenwart auswählen, was unser Bewußtsein wahrnimmt und Gestalt werden läßt.

Das bedeutet nicht, daß es diese verschiedenen Zukünfte und diese verschiedenen Vergangenheiten nicht »wirklich« gibt. Der Physiker Prof. Joseph Gerver schreibt dazu: »Wenn wir Vielfachwelten akzeptieren, brauchen wir uns nicht länger darüber Gedanken zu machen, was wirklich in der Vergangenheit passierte, weil jede mögliche Vergangenheit gleich wirklich ist. Deshalb können wir, um zu verhindern, daß wir verrückt werden, mit gutem Gewissen die Wirklichkeit einfach als jenen Zweig der Vergangenheit definieren, der mit unserer Erinnerung übereinstimmt.«[53]

Da es unendlich viele sogenannte Zukünfte und sogenannte Vergangenheiten gibt, gibt es auch unendlich viele parallele Universen, solche, die unserem aufs Haar gleichen, solche, die ihm zumindest ähneln, und solche, die völlig verschieden sind von dem, was wir kennen. Sie begannen, sich im allererersten Moment der Schöpfung zu spalten und spalten sich noch heute – in jeder Sekunde, in jeder Nanosekunde, in der jemand in einem dieser Universen eine Entscheidung trifft.

Das ist die Konsequenz aus der Quantenphysik, und es ist nicht minder die Konsequenz aus der Relativitätstheorie. Das bedeutet aber auch, daß die Welt weitaus komplexer ist, als wir das bislang geglaubt haben.

Die Masken Gottes

Ganz am Anfang war nicht nur alle Materie, alle Zeit, aller Raum und alle Energie in einer Singularität vereint, sondern auch alle Möglichkeiten: All jene parallelen Alternativwelten, die heute existieren, überdeckten sich noch. Da sich dieses Universum am Anfang im Quantenzustand befand, in jenem submikroskopisch kleinen Bereich, in dem Beobachtung die Dinge verändert und den Beobachtungsgegenstand erst »erschafft«, erhebt sich die Frage: Wer war dieser Beobachter?

Die Antwort scheint einfach: Es war niemand anderes als »Gott« selbst. Aber das führt uns natürlich zu der alten Frage zurück: Wer war oder ist Gott?

Gott dürfte derjenige gewesen sein, der sich mit der Beobachtung des Quantenuniversums spaltete, dessen »Verstand sich gleichmäßig auf eine Unmenge paralleler Universen verteilte, so daß sich ein einziges *Energie*universum, ein einziges *Energiezustands*universum, manifestieren konnte. Wenn es so war, wurde Gott von der eigenen Schöpfung gefangen; er verwickelte sich in seine Schöpfung. Und das Universum wurde geschaffen. Und es gab in ihm Verstand... So gesehen ist Gott, der erste Beobachter, wie einer, der im Schlamm steckenbleibt, allein durch die Beobachtung der eigenen Schöpfung gefangen. Vielleicht ist das die Antwort – wir selbst sind irgendwie Gott, gefangen im Morast der Materiehaftigkeit, weil wir etwas haben wollten, was wir anschauen konnten.«[52]

Die Vorstellung, daß wir alle Diversifikationen Gottes sind, ist in asiatischen Religionen nichts neues. Der Theologe und Asienkenner Prof. Alan Watts schrieb dazu: »In den jüdischen, christlichen und islamischen Religionen wird Gott nicht nur als Monarch, sondern auch als Weltenschöpfer angesehen, und deshalb schauen wir die Welt als Werk, als eine Art Maschine an, die von einem großen Ingenieur geschaffen wurde. In Indien herrscht eine andere Vorstellung, in der die Welt nicht als Werk, sondern als Drama aufgefaßt wird. Und deshalb ist Gott nicht der Schöpfer und Architekt des Universums, sondern dessen Schauspieler, der alle Rollen zugleich spielt, und das schließt auch an die Vorstellung an, daß wir alle Personen sind, denn eine Person ist eine Maske, von lateinisch *persona,* die Maske, die im griechisch-römischen Theater von den Schauspielern getragen wurde.«[54]

Nun findet diese uralte Anschauung eine moderne, aus der Physik kommende Bestätigung. Wir selbst sind es, die beobachten, die zurück bis zum Anfang gehen. Gott schuf das Energiezustandsuniversum, in dem alle wahrscheinlichen und alle möglichen Universen, alle wahrscheinlichen und möglichen Zeiten, Räume und Zustände vereinigt sind. Er spaltete dieses *Omni*versum durch die Beobachtung im allerersten Moment seiner Schöpfung. Er verteilte sich auf die entstehenden parallelen Universen, der Verstand nahm Einzug in ihnen – und erkennt sich selbst...

Unsere Rolle im Omniversum

Das Omniversum ist ein komplexer Vorgang. Es ist nichts statisches, es ist im höchsten Grad dynamisch. Es multipliziert und potenziert sich selbst in jeder Sekunde seiner Existenz – auch wenn wir davon nur einen schwachen Widerschein wahrzunehmen in der Lage sind.

Trotzdem existieren diese »anderen Universen«, jedenfalls in dem Sinne, wie unser eigenes existiert. Und so wie ein Teil Gottes sich als Verstand, als Intelligenz, als Bewußtsein in diesem Universum manifestiert hat, haben andere Teile Gottes es in anderen.

Das Omniversum, das All-Alles, muß angefüllt sein von einer unglaublichen Fülle jedweder Form von Intelligenz. Außer- und Überirdische sind nur ein schwacher, unzureichender Begriff dafür, was jenseits dessen existieren mag, was wir sehen, hören, schmecken und be*greifen* können. Die Erde und damit die Menschheit, wir alle *müssen* mit einem ganzen Netz unfaßbar verzweigter, unfaßbar gewaltiger Intelligenzformen verbunden sein.

Verschiedene Autoren, die über Eingriffe solcher Intelligenzen schreiben, haben versucht, das eine oder andere wahrscheinlich zu machen: Außerirdische, Zeitreisende aus der Zukunft, Reisende aus Parallelwelten oder Wesen aus anderen Dimensionen. Aber das eine schließt das andere nicht aus. »Dort draußen« wird eine Unzahl sehr hoch entwickelter Intelligenzen existieren, die in einem für uns unüberschaubar komplexen System organisiert sein dürften: Außerirdische und Menschen der Zukunft, parallele Menschheiten und parallele außerirdische Wesenheiten aus zukünftigen, gegenwärtigen, vergangenen und zeitlosen Zeiten, Intelligenzen, die an keinen Raum und an keine Zeit gebunden sind, die nicht im Hologramm leben, sondern in den Frequenzen, die die »Fotoplatte«, der Urgrund, erzeugt, multidimensionale Wesen und »Persönlichkeitskerne«, die an keine Welt und keine Dimension mehr gebunden sind. All das muß auf einer uns unbegreiflichen Ebene zusammenwirken, ineinander verflochten sein, miteinander kooperieren. Denn all das ist nichts anderes als der sich gespaltene Geist des allerersten Beobachters, von dem natürlich auch wir ein Teil sind.

Wir – und damit meine ich jeden einzelnen von uns. Denn wir sind es ja, die wir in diesem Moment beobachten, die wir die Welt um uns konstruieren, die wir die

Frequenzen des Hologramms in unserem Gehirn Gestalt annehmen lassen. Wir sind es, die Anteil haben an dem gesamten Geschehen, auch wenn es uns durch die Illusionen, die sich durch die Spaltung der Universen und ihre »Materialisierung«, ihre Abhängigkeit von Raum und Zeit ergeben haben, schwer gemacht wird, dies zu durchschauen. Wir stehen in jeder Sekunde unserer Existenz in Verbindung zu anderen Existenzen, zu anderen Intelligenzen, zu anderen Ebenen des Seins und zu anderen Aspekten unseres Selbst. Und es spielt überhaupt keine Rolle, ob wir das glauben oder nicht.

Wir selbst sind ja viel mehr, als wir im Moment annehmen (oder jedenfalls die meisten von uns): »Alles, was ist«, schreibt der amerikanische Religionsphilosoph Prof. Christopher Bache in seinem Buch über den Wiedergeburtsgedanken, »ist Teil der sich in verschiedenen Formen manifestierenden Wirklichkeit Gottes. Gott ist nicht nur die Mega-Totale von allem, was ist, sondern gleichzeitig die innere Essenz eines jeden Teils. In jedem noch so kleinen Teil des Seins ist die Essenz des Göttlichen Lebens, der Göttliche Funke. Durch diesen Göttlichen Funken lebt der Kosmos als ein einziges Wesen, während er auf einer anderen Ebene gleichzeitig als viele verschiedene Wesen lebt.«[55]

Dieser göttliche Funke, der nichts anderes ist als unser Bewußtsein, ist unsterblich. Er organisiert und manifestiert sich selbst in verschiedenen Räumen und Zeiten, in verschiedenen Existenzen. Die Idee der Reinkarnation, so alt sie ist, zeigt doch letztlich nur eines, daß wir nämlich Teil eines viel größeren, uns umgebenden, integralen Systems sind. Da Vergangenheit(en) und Zuku(ü)nft(e) gleichzeitig existieren und nur von uns im Moment als verschiedene Bezugssysteme gedeutet werden, leben wir natürlich nicht nur jetzt, in diesem Moment, sondern zeitgleich in Vergangenheit und Zukunft, in dieser und in anderen Existenzen, in dieser und in anderen Welten, in diesem und in anderen Universen. »Wir können uns unseren Körper und unseren Körper/Geist als in der Raum-Zeit kristallisierte Ausprägung einer größeren Lebensform vorstellen, die auch in diesem Moment jenseits der Raum-Zeit existiert«, schreibt Prof. Bache.

Wir sind mehr, als wir glauben. Wir sind größer, als wir glauben. Und wir sind in ein Geschehen eingebunden, das von atemberaubender Komplexität ist.

Galaktische Vernetzung

Der amerikanische Astrophysiker Prof. Timothy Ferris denkt in seinem neuen Buch[49] darüber nach, ob außerirdische Intelligenzen nicht ein galaxienweites Netzwerk untereinander kommunizierender Sonden installiert haben könnten. Wenn wir annehmen, irgendwann vor Jahrmillionen habe eine intelligente Spezies damit angefangen, in jedem erreichbaren Sonnensystem eine solche Sonde zu installieren, die beständig Daten aufnimmt und an die Heimatzivilisation zurücksendet, könnte heute in der Tat das gesamte Weltall durch ein solches Netz miteinander verbundener Sonden und damit miteinander verbundener Intelligenz verknüpft sein. Diese Sonden – ich möchte sie der Einfachheit halber einfach *Ferris-Sonden* nennen – würden natürlich nicht nur schöne Fotos und Messungen aus der Atmosphäre der beobachteten Planeten zurückschicken, sondern ein absolut umfassendes Bild. So umfassend, daß man auf dem Heimatplaneten (oder was immer diese Intelligenzen dann als ihre Heimat bezeichnen mögen) diese Daten zu einem Cyberspace-Modell umrechnen kann.

Dies gäbe den Wesen dort eine ganz interessante Möglichkeit an die Hand: Sie könnten nämlich – befände sich eine solche *Ferris-Sonde* zum Beispiel in unserem Sonnensystem – einfach in diese künstlich erzeugte Cyberspace-Erdsimulation einsteigen. Völlig gefahrlos, völlig ohne Risiken. Sie könnten durch das Brandenburger Tor spazieren oder Kletterpartien am Mount Everest machen, sie könnten sich in irdische Krisengebiete begeben oder eine Messe auf dem Petersplatz mitfeiern. Und säßen doch in Wirlichkeit daheim in ihrem Sessel (oder was immer sie statt dessen haben mögen).

Von hier aus ist es nur ein kleiner Schritt zu meiner Vorstellung, daß nämlich fremde Intelligenzen (oder eben jener unvorstellbare, miteinander kooperierende Intelligenzkomplex) in unserer Wirklichkeit selbst agieren und diese *Wirklichkeit* als »Cyberspace« nutzen. Das könnte – um ein simples Modell durchzuspielen – über weiterentwickelte *Ferris-Sonden* geschehen. Denn die nächste Stufe einer solchen Sonde wäre ihre Nutzung als Transmitter: nicht direkt für diese Wesen, aber für ihr Bewußtsein. Es könnte ihnen die Möglichkeit schaffen, gefahrlos hierherzukommen, gefahrlos auf unserer Welt spazierenzugehen, gefahrlos in den »Cyberspace-Aspekt« einzugreifen, den wir Wirklichkeit nennen.

Der Physiker Prof. Michael Swords hält ein solches Szenario nicht nur für möglich, er hält es auch für vereinbar mit dem UFOPhänomen.[56] Implantate zum Beispiel würden nach dieser Sichtweise mikrominiaturisierte *Ferris-Sonden* sein, die einzelnen Betroffenen eingesetzt werden und durch die die Fremden tatsächlich unter uns weilen – auch wenn sie sich in Wirklichkeit Lichtjahre entfernt in ihrer Heimatwelt aufhalten.

Das mag so sein oder auch nicht. Vermutlich sind viele verschiedene Modelle realisiert, weil viele unterschiedliche Intelligenzen an diesem »Projekt Menschheit« beteiligt sind, das wiederum nur ein Unterprojekt eines größeren Projekts eines größeren Projekts eines ... sein dürfte. Es ist diese Komplexität, die uns verwirrt und die sich in nichts deutlicher ausdrückt als in dem, was wir »das UFO-Phänomen« nennen.

Dieses Phänomen konfrontiert uns nämlich mit genau dieser »anderen Welt«. Es zeigt uns in all seiner (allerdings nur für uns existierenden) Verworrenheit, wie irreal unsere Vorstellungen von der Realität sind. Es stößt uns durch seine bizarre Existenz förmlich mit der Nase darauf, wie zerbrechlich all das ist, was wir als die Säulen der Wirklichkeit betrachten: unsere Welt, unser Universum und uns selbst.

Die Vorstellung einer »Anderwelt« geistert nicht nur seit Urzeiten durch sämtliche Menschheitsmythen, sie findet sich auch in modernen psychologischen Denkmodellen wieder. Prof. Kenneth Ring[57] bezeichnet sie als »Welt des Imaginalen«, eine ontologisch wirkliche Welt, die zwischen der psychischen und der physischen Welt liegt. In ihr gäbe es Formen, Dimensionen und Personen, und sie sei letztlich die Realität gewordene Welt unserer Mythen. Natürlich ist dies nichts anderes als eine in der Umschreibung etwas archaisch anmutende Kennzeichnung von Parallelwelten: Dort ist grundsätzlich alles möglich, und die »Säulen der Wirklichkeit« stehen in ihnen auf nicht minder wackeligen Fundamenten als bei uns.

Einige »Entführte«, die den Mut und die Kraft dazu fanden, im Angesicht ihrer »Entführung« die Frage nach dem Sinn zu stellen, die Frage danach, *warum* dies geschieht, bekamen meist die stereotype Antwort: »Es ist unser Recht.« – »Ihr« Recht? Warum? Wer *gibt* »ihnen« das Recht dazu?

In einem anderen Fall[17] erzielte eine »Entführte« eine überaus erschrockene Reaktion der Gestalten, als sie ihnen an den Kopf warf: »Ihr seid Formwandler.«

Denn genau das sind sie: Formwandler. Sie sind nicht das, was sie für uns zu sein scheinen. Ihr Mimikry-Verhalten verdeckt, was sich dahinter verbirgt. Und was ist das? Was *ist* dahinter?

Die allermeisten »Entführten« haben das Gefühl, daß ihnen zumindest *eine* dieser Gestalten bekannt ist: ein Wesen, das in allen »Entführungen« auftaucht, das ihnen vertraut ist von Anfang an. Auch viele der in diesem Buch zu Wort gekommenen Betroffenen haben dieses Gefühl gehabt. *Susanne Gernot* aus Plauen berichtet zum Beispiel über eine »Entführung« vor etwa vier oder fünf Jahren: »Ich weiß, daß an irgendeinem Tag etwas passiert ist. Es scheint eine Art Routine zu sein. Angst habe ich überhaupt nicht empfunden. Die Begegnung oder was auch immer scheint sich in einer Art Korridor ereignet zu haben. Ich scheine eine bestimmte Person (oder so ähnlich) wiederzuerkennen. Ich freue mich sogar. Er scheint für mich eine Art ›Führungsoffizier‹ zu sein – so hätten wir ihn jedenfalls früher hier bestimmt genannt. Es entwickelt sich eine Art Kommunikation von ca. drei oder vier Sätzen. Ich: ›Wir kennen uns.‹ Er: ›Ich merke, daß du keine Angst hast.‹ Ich: ›Es ist schon eine Art Routine.‹«

Andere empfanden diese Gestalt als »gesichtsloses Wesen«, das sie durch die Räume geleitete, etwa *Regina Köhler*. Es ist jemand, der immer da zu sein scheint, ganz persönlich für denjenigen, der »entführt« wird. Und die meisten empfinden zu ihm eine Mischung aus Liebe und Angst.

Als man Conny Paraschoudis aus der Halle, in der sie Hunderte von »scheintoten« Menschen gesehen hatte, zu einem »Lift« führte, brachte man sie ihren – allerdings nur vagen – Erinnerungen zufolge über mehrere Ebenen hinweg »nach ganz oben«: »Die Farben, die ich dort sah, existierten sonst nirgends. Es war warm und beruhigend. Dort sah ich ›ihn‹. ›Ihn‹, damit meine ich eine Person, die ich als allerhöchste Ebene einstufen würde. Danach sollte ich vergessen, was ich sah – vielleicht ist es ein ›Irrtum‹, daß ich mich jetzt wieder daran erinnere. Aber diese Erinnerung kann mir niemand mehr nehmen.«

Im Rahmen seiner Recherchen zum ZDF-Film »Begegnung der vierten Art«[42] interviewte Christian Bauer auch den amerikanischen Therapeuten Joseph Nyman, der seit vielen Jahren mit »Entführten« arbeitet. In seinen Hypnoseregressionen ging er einen entscheidenden Schritt weiter und stieß auf Informationen, die genau diesen Aspekt auf geradezu erschütternde Weise erläutern:

»Irgendwann, vor etlichen Jahren, als ich erkannte, daß diese Menschen nicht nur eine, sondern zahlreiche dieser Begegnungen hatten, versuchte ich herauszufinden, wann bei all diesen Personen überhaupt das erste dieser Erlebnisse stattgefunden hat. Und bei allen ging es zurück bis in die früheste Kindheit, ja, es kam fast immer zu dem, was ich heute die ›Wiegen-Szene‹ nenne. Sie liegen in der Wiege, und ein Wesen steht neben

ihnen, und dieses Wesen ist ihnen vertraut. Eine solche Vertrautheit impliziert aber eine irgendwann vorausgegangene Begegnung. Wenn ich die Menschen dann bat, sich auf das Bild dieses vertrauten Wesens zu konzentrieren, dann schien sich die Natur ihres Bewußtseins zu verändern, und sie erlebten sich plötzlich nicht mehr nur als menschliches Wesen, sondern in gleicher Weise als ein fremdes. Und sie erkannten, daß das vertraute Wesen so vertraut war, weil sie mit diesem Wesen schon verbunden waren, *bevor* sie in ihren menschlichen Körper eintraten. Ich möchte betonen, daß dies nicht etwa meine eigene Vorstellung ist oder etwas, das ich propagieren möchte. Dies sind einfach die Aussagen derjenigen, die ich zurückgeführt habe, es sind ihre Eindrücke von dieser Situation. Und sobald sie an diesem frühen Punkt angekommen sind, ändern sich ihre Einstellungen drastisch. Sie betrachten sich nämlich nicht länger mehr als Opfer in einem ziellosen Prozeß. Sie fühlen sich selbst als Teilnehmer an einer Mission, die ihnen zwar in den Einzelheiten unbekannt ist, von der sie aber sicher sind, daß sie dem Wohl der gesamten Menschheit dient. Es gibt keinen Beweis dafür... Es sind einfach nur die Resultate, die ich erhalten habe. Von dreiunddreißig Personen, bei denen ich versuchte, in dieses frühe Stadium zurückzukehren, berichteten mir elf von genau dieser Situation.«[58]
Conny Paraschoudis scheint genau das intuitiv zu spüren: »Mein ganzes Leben war immer auch Teil dieser ›Wesen‹. Dadurch kam ich lange Zeit in Konflikt mit mir selbst, bis ich es verstanden hatte. Als ich 27 Jahre alt war, begegnete mir wieder der ›alte Mann‹ meiner Kindheit, den ich in Verbindung mit dem Hirsch gesehen hatte. Er kam, um mich zu holen. Ich war

damals sehr, sehr krank, und er betrat mein Zimmer mit
zwei Jüngeren. Er bot mir an, mit ihm zu kommen,
wenn ich dies wünschte, und reichte mir die Hand. Ich
mußte sofort entscheiden. Ich dachte an meine Kinder
und daran, daß sie mich noch brauchten. Daraufhin
gab er mir den Rat, Antibiotika zu nehmen, und in drei
Tagen wäre ich über den Berg. So war es auch. Ich weiß,
daß ich damals im Sterben lag und selbst entscheiden
konnte, ob ich noch leben oder mit ihm gehen wollte.
Es war ein beeindruckendes Erlebnis.«

Als Whitley Strieber[24,25] die Fremden fragte, was sie
eigentlich täten, bekam er zur Antwort: »Wir recyceln
Seelen.« Betty Andreasson-Luca wurde bei einer ihrer
OOBE-»Entführungen« Zeuge einer merkwürdigen
Szenerie: Eine Gruppe lichtvoller Gestalten ohne
Gesichtszüge befand sich in einer Art Spiel. Sie bewegten Lichtstangen, Kugeln, Pyramiden durch die Luft,
ließen sie in verschiedenen Farben aufsprühen: »Es ist
einfach so ungewöhnlich! Sie wirken so glücklich! Sie,
es scheint, als ob sie glücklich sind, weil – Sie sehen einfach so frei-i-i aus!«[15]

Am Ende dieses »Spiels« der Lichtgestalten geschah
etwas völlig Unerwartetes: »Diese Licht-Wesen, sie
gehen eins nach dem anderen durch die Tür. Und plötzlich sind sie Menschen (haben menschliche Züge)! Aber
sie sehen aus wie Geister. Es sind alle möglichen Leute!
Sie, da, da ist einer, der wie ein Orientale aussieht. Und
da ist ein anderer, die Züge sind wie von einem
Schwarzen. Aber sie sehen wie Geister aus. Sie haben
überhaupt keine Farben... Und, oh! Das bin ich! Das
bin ich! Das da bin ich! Ich bin auch dabei! Da bin ich,
und ich bin wie ein Geist. Ich bin weißlich-grau, ich
gehe durch die Tür.«

Betty hatte sich selbst gesehen – als Teil dieser Gruppe von Wesen, die ein seltsames Spiel spielten, als Lichtgestalten, die sich wieder in Menschen zurückverwandelten. Oder besser, die wieder zu dem zurückkehrten, was wir als Mensch bezeichnen und was doch offensichtlich nur einen *Aspekt* unserer gesamten Persönlichkeit darstellt. Vielleicht war es Betty in diesem Moment vergönnt, einen Blick in die tieferen Dimensionen des »Entführungs«-Szenarios zu werfen, auf jene Ebenen, die sich unter der Maske befinden, jenseits der Bilder von Operationen, Schwangerschaften und Hybridkindern.

Als Maria Struwe sich an die Situation erinnerte, in der sie auf dem Tisch lag, betrachtete sie sich selbst im Grunde aus zwei verschiedenen Positionen: zum einen von ihrem Körper aus, zum anderen von einer Stelle jenseits ihres Körpers. Sie sah sich selbst dort liegen, die fremden Wesen daneben, sich an einer Stelle stehend, die jener der Wesen entsprach.

Unter Hypnose tauchte eine weitere merkwürdige Szene auf. Sie war zu diesem Zeitpunkt sehr unruhig, fühlte Kopfschmerzen und Schmerzen in den Armen.

Dr. Henning Alberts: »Was ist das für ein Empfinden?«

Maria Struwe: »Da liegt jemand.«

HA: »Da liegt jemand? Wer? Wo sind Sie?«

MS: »Da liegt jemand.«

HA: »Wer? Kennen Sie den?«

MS: »Nein.«

HA: »Können Sie sonst noch etwas erkennen?«

MS: »Es ist zu nah, um was zu sehen.«

HA: »Der, der da liegt, ist ihnen zu nah?«

MS: »Nein, der liegt nicht mehr.«

HA: »Jetzt liegt er nicht mehr?«

MS: »Der leuchtet, der Mann.«

HA: »Leuchtet er von innen? Wie sieht der denn aus?«

MS: »Sieht nicht aus, der leuchtet. Ist schon wieder weg.«

Kurze Zeit später kam sie nochmals auf diese und weitere Personen neben sich zurück:

HA: »Was können Sie spüren?«

MS: »Mich.«

HA: »Das ist gut, oder?«

MS: »Nein. Ich sehe Leute von der Seite, aber die liegen.«

HA: »Wieviel Leute sehen Sie denn?«

MS: »Zwei oder drei. Die liegen so nebeneinander, ich sehe die Gesichter von der Seite.«

HA: »Was sind das für Leute?«

MS: »Das weiß ich nicht.«

HA: »Und wo sind Sie denn?«

MS: »Ich bin nirgendwo.«

HA: »Und was ist mit den Leuten?«

MS: »Das sind leuchtende Körper. Wie tot.«

Was – um alles in der Welt – geschieht hier eigentlich? Was bedeutet es, wenn die »kleinen Grauen« Whitley Strieber gegenüber behaupten, sie »recycelten Seelen«, wenn Betty Andreasson-Luca sich selbst und andere »Entführte« als Lichtwesen an Bord eines riesigen »Objekts« ein seltsames Spiel aufführen sieht? Hat sich Maria Struwe in einer ähnlichen Situation befunden, als sie die leuchtenden Körper neben sich registrierte? Wer sind diese »Führungsoffiziere«, wie *Susanne Gernot* sie scherzhaft nennt, die schon an der Wiege stehen? Was heißt es, wenn unter Hypnose zurückgeführte Betroffene das Gefühl haben, selbst in irgendeiner Weise mit diesen Wesen eine weit in die Zeit vor ihrer (jetzigen) Geburt zurückreichende Verbindung zu haben?

Welche Antworten wir auch immer finden mögen, welche Erklärungen sich auch immer anbieten – sie sind vermutlich falsch. Dieses gesamte Szenario stellt sich, je tiefer wir versuchen, in es einzudringen, um so komplizierter und verwirrender dar. Aber eines ist sicher: irgend etwas passiert, irgend etwas geschieht. Es geschieht hier und heute, es geschieht mitten unter uns.

Wenn es überhaupt eine annähernd beschreibende Antwort auf all das gibt, dann vielleicht, daß uns diese Ereignisse deutlich machen, wie sehr *wir alle* Teil eines unglaublichen, atemberaubenden, in all seiner Komplexität nicht nachvollziehbaren kosmischen Dramas sind. Das, wovon wir glauben, es sei die Welt, das, wovon wir annehmen, es sei Wirklichkeit, ist nichts anderes als das Māyā der alten Inder, ist Illusion, ist Täuschung, sind Requisiten in einem Theaterstück, das sich »Das Universum« nennt. Es ist der große, schillernde Spiegel, in den wir blicken und von dem das UFO-Phänomen nichts anderes ist als ein kleiner Teil. Die wahren Dinge stehen dahinter.

Die Menschheit ist ein Mitglied im Theaterensemble. Wir selbst sind seit den allerersten Tagen ein integraler Aspekt davon, eingebunden in ein organisch reagierendes Netz aus verschiedensten Bewußtseinsformen, Intelligenzen und unserem eigenen Selbst. Das UFO-Phänomen, vor allem aber das »Entführungs«-Phänomen, zeigt uns die filigrane Struktur dieses Netzes. Es zeigt uns, daß wir teilhaben an einem großen kosmischen Szenario und eingebettet sind in das ewige Spiel des Seins, es zeigt uns, daß »etwas« passieren wird...

Der amerikanische Wissenschaftspublizist Dr. Keith Thompson legt in seinem Buch über »Engel und Außerirdische«[59] eine Auffassung dar, die exakt der meinen entspricht: »Kurz gesagt, nicht losgelöst von der Debatte, ob UFOs echt seien oder nicht, sondern exakt in ihrem fruchtbaren Zentrum tut das UFO-Phänomen, was seine unabdingbare Pflicht zu sein scheint: in der kollektiven Psyche die unabhängige Erwartung eines unbestimmten, aber unvermeidlichen ›Kontakts‹ zwischen der Menschheit und einem unfaßbaren Andersartigen zu nähren. Und weil die Beschaffenheit dieses ›Kontakts‹ und dieses Andersartigen nicht näher beschrieben wird und deshalb unbegrenzten Mutmaßungen offensteht, entwickeln die symbolischen Dimensionen des Phänomens einen immer größeren Reiz.«

Was mit den »Entführten« geschieht, ist vielleicht nur der Anfang, der Beginn einer globalen Veränderung, ist eine Transmutation des Bewußtseins, die mehr und mehr Menschen erfassen wird. Schätzungen aus den USA gehen davon aus, daß bereits jetzt etwa 20 Prozent aller Amerikaner vom »Entführungs«-Syndrom betroffen sind – und das ist weit mehr, als jede simple Hypothese zu erklären vermag. »Vielleicht«, hat der Harvard-Psychologe Prof. John Mack geschrieben, »vielleicht sind *wir alle* Entführte – auf die ein oder andere Weise.«

Ich bin sicher: irgend etwas geschieht um uns, irgend etwas geschieht *mit* uns. Jenes Intelligenzkonglomerat, das hinter dem UFO-Phänomen steht, bereitet etwas vor. Und: Wir selbst sind daran beteiligt, jeder einzelne von uns. Auf einer anderen Ebene, jenseits von Raum und Zeit, haben wir die Fäden längst gezogen und die Zügel in die Hand genommen.

Im »Entführungs«Phänomen wird uns nicht nur ein Spiegel vorgehalten. Im »Entführungs«-Phänomen werden wir nicht nur mit einer fremden Intelligenz konfrontiert. Im »Entführungs«-Phänomen erkennen wir auch uns selbst – wenn wir dazu bereit sind. Wir schauen in den glitzernden Spiegel, und wenn wir den Mut haben, ihn zu zertrümmern, wenn wir die Kraft in uns spüren, die Splitter fortzuräumen, die uns getäuscht haben, dann werden wir dahinter die Ewigkeit sehen. Und unsere Seele, unser Selbst erkennen, das mit dieser Ewigkeit verbunden ist seit Anfang an.

»Wir sind dem Erwachen nahe, wenn wir träumen, daß wir träumen«, schrieb Edgar Allan Poe einmal. Es liegt an uns, den Traum als Traum zu erkennen und die *Wirklichkeit* dahinter verstehen zu lernen.

Und – endlich – zu *erwachen*...

Anhang

Danksagung

Ein Buch ist immer das Verdienst einer ganzen Reihe von Menschen – und insofern ist es eigentlich eine (offenbar unumgängliche) Unterlassungssünde, wenn auf dem Titel nur der Name des Autors steht. So gibt diesem Autor wenigstens die Rubrik »Danksagung« die Möglichkeit, dies ein wenig ins rechte Lot zu rücken.

Der erste Dank geht wieder an meine Familie: an meine Frau Gertrud, die, wie immer, das Manuskript als erste gelesen hat, für ihre Liebe, ihre Geduld und ihr Verständnis in dieser Zeit; an Tobias und Daniel, die ich zwar sehr oft aus dem Zimmer scheuchen mußte, von denen ich aber hoffe, daß sie irgendwann, wenn sie groß genug sein werden, diesen dann ziemlich »alten Schinken« ihres Vaters einmal lesen werden.

Wie bei jedem Projekt, so habe ich auch bei diesem mit meinem Bruder Peter zahlreiche Aspekte diskutiert, und trotz der wenigen Zeit, die er hat, waren dies immer wichtige und zur Abrundung meiner eigenen Gedanken beitragende Gespräche.

Ein besonderer Dank geht an Erich von Däniken und Rainer Holbe, mit denen mich nicht nur eine inzwischen jahrelange Freundschaft verbindet, sondern die durch vielfältige Unterstützung zum Gelingen dieses Buches beigetragen haben. Mit Christian Bauer habe ich viele Stunden diskutiert, Filmmaterial angesehen und Unterstützung erhalten.

332

Frau Dr. Ruth Kremser, Dr. Algund Eenboom, Dr. Hans-Martin Zöllner, Dr. Elmar R. Gruber und Frederike Quest haben für spezielle medizinische Probleme und ihre Erörterung immer ein offenes Ohr gehabt und durch ihre Fachkenntnisse zum Verständnis zahlreicher Probleme beigetragen. Dafür sei ihnen ganz besonders gedankt, und dies gilt in hervorragender Weise für Dr. Henning Alberts, der die Hypnoseregressionen durchführte und uns damit den »Blick in die Vergangenheit« öffnete.

Dank sagen möchte ich auch all meinen Freunden, die in irgendeiner Weise Material beigesteuert oder durch ihre Diskussionsbereitschaft neue Ideen haben entwickeln helfen: Alexandra und Harry Schmieg, Christoph Opfermann, Ulli und Georg Schedel, Wolfgang Siebenhaar, Walter Jörg Langbein, Luc Bürgin, Reinhard Habeck, Peter Krassa, Hans-Werner Peiniger, Hans-Werner Sachmann, Wladislaw Raab, Willy Schillings, Prof. James Deardorff, Dr. Hans Ebert, Don Worley, Ulrich Dopatka, Thomas Mehner, Dr. Karl Grün, Elisabeth Haris, Sabine Gahler, Willi und Ingrid Grömling, Prof. David Jacobs und meine Schwägerin Claudia.

Dieses Buch wäre in der vorliegenden Weise kaum zustande gekommen ohne die engagierte Arbeit von Jürgen Zimmermann und seiner Frau Petra, denen ich großen Dank schulde.

Ein Buch würde darüber hinaus nicht gelesen werden können, gäbe es nicht einen Verlag und all seine Mitarbeiter, die dieses Buch mitgestalten und seine Herausgabe vorbereiten. Dank geht also auch an meinen Lektor, Herrn Hermann Hemminger, an die Verlagsleiterin Frau Dr. Brigitte Sinhuber und den Verleger Dr. Herbert Fleissner.

Besonderen Dank bin ich dem Buchautor und Zeichner Andreas von Rétyi schuldig, der das gelungene Titelbild schuf.

Viele Menschen werden von diesem Thema aber nicht nur durch das Buch, sondern auch durch Vorträge angesprochen.

In diesem Zusammenhang geht ein herzlicher Dank an Norbert Bertheau und sein Team für die Organisation der vergangenen und geplanten Vortragsreisen durch Deutschland. Susanne Troll sei darüber hinaus für die exzellenten Fotos gedankt, die sie auf einer dieser Touren aufnehmen konnte.

Von überragender Bedeutung waren für dieses Buch schließlich all jene, die sich an mich gewandt haben und über deren Erfahrungen ich hier berichten durfte. Da sie weitgehend anonym bleiben wollen, seien grundsätzlich nur die Initialen (in alphabetischer Reihenfolge) genannt: E. und H.B., I.B., C.C., Helmut Damaschek, J.D., M.G., Joachim Gelhaar, D.G., Heike van Gestel, F.G., E.H., K.K., T.K, C.K., Arthur Lehmann, Christel Müller-Boronsky, F.M., H.M., W.M., I.M., Conny Paraschoudis, G.P., H.P., K.P., M.P., H.R., R.S., Manfred Schon, M.S., Fam. S., Maria Struwe und Sebastian, D.W., B.W. und D.Z. mit E.C. Ihnen und all den anderen Menschen, die solche Erfahrungen hatten, ist dieses Buch gewidmet. Es wäre mein Wunsch, daß es dazu beitragen kann, mehr Verständnis zu entwickeln – für diese Menschen, für dieses Problem, für das, was da vor sich geht. Dann hätte es seinen Zweck erfüllt.

Update

Im Zeitraum zwischen der Abgabe des Manuskripts und dem Redaktionsschluß am 1. Juni gab es weitere Entwicklungen, in deren Zentrum die in diesem Buch genannten Personen stehen. Die wichtigsten Ereignisse seien hier kurz referiert: *Krystina Koschonsky* aus Warschau ließ bei einer polnischen Psychotherapeutin eine Hypnoseregression durchführen, bei der mehrere der von ihr erlebten *Bedroom-Visitor*-Phänomene untersucht wurden. Die gelben, schlitzartigen Augen, die sie in Erinnerung hatte, erwiesen sich als einem Wesen zugehörig, das einen »mandelförmigen Kopf, einen schlitzartigen Mund und über dem Kopf eine grau-schwarze Kapuze trug«. *Krystina* kommunizierte mit diesem Wesen, konnte sich aber auch in der Hypnose nicht mehr an den Inhalt des Gesprächs erinnern.

Jens Heller ließ bei Dr. Henning Alberts zwei Hypnoseregressionen durchführen. In der ersten erwies sich die »Krankenschwester« tatsächlich als ein *Screen Memory,* hinter dem sich ein komplexes Entführungsszenario verbarg. Dabei wurden an *Jens* unter großen Schmerzen Manipulationen an den Beinen und im Bauchraum vorgenommen. Die zweite Regression nahm ein etliche Jahre zurückliegendes Ereignis in Angriff, bei dem *Jens* sich bewußt noch an eine leuchtende Kugel hatte erinnern können, die neben seinem Auto herflog und dann landete. In der Regression ergab sich, daß sein Wagen kurz darauf gestoppt wurde und er in das niedergegangene Objekt gebracht worden war. Dort nahm man ihm kurzzeitig das rechte Auge heraus und fuhr mit einer dünnen Nadel die Augenhöhle ab. Insbesondere die erste Regression war für *Jens* emotional sehr aufwühlend und belastend.

Winfried Amberger erlebte offenbar in der Nacht vom 30. auf den 31. März 1994 ein weiteres komplexes Entführungsgeschehen, bei dem er von fremden Wesen durch mehrere seltsame Räume geführt wurde: »Es macht mich auf ein durchsichtig-flimmerndes Etwas in der Mitte der Halle aufmerksam. Eine Kugel, sie leuchtet nicht, aber ich fühle irgend etwas in der Magen-Brustgegend. Das Wesen sagt: ›Sie hat Bewußtsein, sie ist künstlich, aber sie lebt. Ihr Bewußtsein ist verbunden mit deinem Bewußtsein, sie sieht durch deine Augen. Ihr Bewußtsein ist auch verbunden mit unserem Bewußtsein, wir sehen durch ihre Augen. Sie ist der Mittler zwischen unserem Bewußtsein und deinem. Wir sind. Diese ist deine, das ist ihr Sinn; du kannst sie wahrnehmen, sie formt die Sinne, sie ist immer da! Wir sind immer da!« Möglicherweise haben wir damit einen ersten Hinweis auf die wirkliche Existenz mikrominiaturisierter Ferris-Sonden, wie ich sie in diesem Buch erstmals vorgeschlagen habe. *Winfried* erwachte am folgenden Morgen mit neuen Narben an seinem Körper: »Ein kleines Kreuz am linken Unterarm und sieben oder acht ca. zwei mm große Punkte am rechten Unterarm.«

Christine Theres, die mich auf Lanzarote auf den Fall ihrer Freundin *Regina Köhler* aufmerksam gemacht hatte, gestand mir nun nach reiflichem Überlegen, daß auch sie in früher Kindheit mehrere *Bedroom-Visitor*-Erlebnisse gehabt hatte. Diese hatten sie zum Teil in so panische Angst versetzt, daß sie sich unter dem Bett verkroch und ihr Vater sie am folgenden Morgen wieder hervorholen mußte. Gleichfalls war *Regina Köhler* nun bereit, mir mitzuteilen, daß auch sie vor etlichen Jahren eine seltsame und auf unerklärliche Weise abgebrochene Schwangerschaft erlebt hat (was sich gut in den Kontext ihrer anderen Erfahrungen einfügt).

Bei Heike van Gestel endete die mysteriöse Schwangerschaft, wie sie begonnen hatte: rätselhaft. Sie erwachte eines Morgens kurz vor Abschluß des neunten Monats und stellte fest, daß »der Bauch weg war«. Der Bauchraum wirkte wie zusammengefallen, sie hatte am folgenden Tag Unterleibsbeschwerden, dann war alles vorbei. Ihre Frauenärztin hat nach wie vor keine Erklärung.

Acht weitere Personen mit möglichen Entführungserlebnissen haben sich bei mir gemeldet. Gabriele Lubig, Heilpraktikerin aus der Nähe von Schweinfurt, scheint über komplexe Entführungserlebnisse, beginnend in der frühen Kindheit, zu verfügen. Bei einem Ereignis im Jahr 1993 wurde ihr offensichtlich ein Implantat ins Gehirn eingeführt – ein Vorgang, unter dem sie noch tagelang unter großen Schmerzen zu leiden hatte. Zahlreiche Poltergeistphänomene begleiten sie durch ihr gesamtes Leben.

Bei einem Betroffenen aus Gummersbach scheinen Entführungen mit bizarren »Anderswelt«-Erfahrungen gekoppelt zu sein. Bei einem jungen Mann aus Baden-Württemberg kam es zu einer Entführung mit Zeitverlust und der Bildung von Narben. In all diesen und weiteren Fällen muß die Untersuchung aber erst ansetzen und versucht werden, Licht in das Dunkel zu bringen, bevor Umfassenderes veröffentlicht werden kann.

Treffen der »Entführten« in Berlin

Am Samstag, den 5. Februar 1994, fand zum ersten Mal ein vom Autor und Maria Struwe organisiertes »Meeting« zahlreicher in diesem Buch genannter »Entführter« statt. Ein solches Treffen stellte ein Novum für den deutschsprachigen Raum dar (in den USA gibt es sogenannte »Entführten«-Selbsthilfegruppen schon seit längerem).

Das Treffen fand in der Wohnung von Maria Struwe statt. Anwesend waren zudem *Winfried Amberger* und seine Freundin, *Anke Drewitz, Bettina Heise* und ihr Freund, *Jens Heller* und seine Lebensgefährtin *Bettina, Bernd Jentsch, Arnold* und *Michael Kellermann,* Christel Müller-Boronsky und ihr Sohn, Conny Paraschoudis, Felicitas Gutsche, zwei Augenzeuginnen, die das gleiche, rotglühende Flugobjekt wie Maria Struwe beobachtet hatten, sowie Dr. Henning Alberts, Dr. Algund Eenbom und der Autor.

Ziel des Treffens war es, den Teilnehmern Gelegenheit zu geben, frei über ihre Erlebnisse sprechen und sich mit Menschen austauschen zu können, die Vergleichbares erfahren haben. Dabei kamen viele der in diesem Buch behandelten Geschehnisse zur Sprache, es wurde darüber diskutiert, Ideen entwickelt, Gedanken vertieft und Fragen geklärt. Allgemein wurde ein solches Treffen als notwendig betrachtet, die Zusammenkunft als Bereicherung angesehen. Ein solches »Meeting« in mehr oder weniger regelmäßigen

Abständen zu wiederholen, war der Wunsch aller Beteiligten.

Häufig leiden »Entführte« unter zwei Traumata: dem Trauma, nicht zu wissen, was mit ihnen geschehen ist, und dem Trauma, daß niemand ihnen glaubt – in der Regel nicht einmal in der eigenen Familie. Das Berliner Treffen gab den meisten der anwesenden Betroffenen erstmals die Gelegenheit dazu, über ihre eigenen Erlebnisse zu sprechen, sich Menschen mitzuteilen, die sie verstehen konnten, und Kontakte untereinander aufzubauen. Gerade dies erscheint mir sehr wichtig, da eine wissenschaftliche Erforschung dieses Phänomens bislang genauso aussteht wie die therapeutische Begleitung all jener, die es erleben.

Solche Treffen werden auch in Zukunft stattfinden, und in diesem Zusammenhang möchte ich den folgenden Aufruf an die Leser veröffentlichen.

Aufruf

Wenn Sie selbst Phänomene wie die in diesem Buch beschriebenen erlebt haben, wenn Sie Erinnerungen an *Bedroom Visitors* haben oder immer wiederkehrende Alpträume, die von seltsamen Wesen, seltsamen Prozeduren, Operationen und hellen Räumen mit unverständlichen Einrichtungen handeln, wenn Sie sogenannte »Zeitlücken« haben oder unerklärliche Narben auf ihrem Körper besitzen, dann melden Sie sich bei mir. Wir werden versuchen, ein großes Netzwerk sich untereinander austauschender Betroffener einzurichten, damit jene, die von der offiziellen Wissenschaft einerseits und organisierten Skeptikern andererseits bislang (bestenfalls) nicht ernstgenommen oder (schlimmstenfalls) persönlich denunziert werden, wenigstens auf diese Weise eine Möglichkeit finden, über ihre Erlebnisse zu sprechen und vielleicht sogar von anderen Betroffenen Hilfe erfahren können.

Schreiben Sie einfach an den Verlag, der die Briefe dann an mich weiterleiten wird. Ich freue mich über jede Zuschrift. Die Adresse ist:

Dr. Johannes Fiebag
c/o Langen Müller Verlag
Thomas-Wimmer-Ring 11
D-80539 München

Empfehlenswerte Organisationen und Zeitschriften

1. *Organisationen, die sich mit der Erforschung des UFO-Phänomens oder Besuchen außerirdischer Intelligenzen in der Geschichte der Menschheit beschäftigen:*

Ancient Astronaut Society (AAS)
Baselstr. 10
CH-4532 Feldbrunnen

Forschungsgesellschaft Kornkreise e.V. (FGK)
Sekretariat: Dipl.Ing. Hans Herbert Beier
Udalrichstr. 5
D-64653 Lorsch

Gemeinschaft zur Erforschung außerirdischer Spuren e.V. (GEAS)
Oliver Koch
Schwalbenflucht 17
D-27751 Delmenhorst

Gesellschaft zur Erforschung des UFO-Phänomens e.V. (GEP)
Postfach 2361
D-58473 Lüdenscheid

Interessengemeinschaft Prä-Astronautik Essen e.V. (IPE)
Wintgenstr. 26
D-45239 Essen 16

**Mutual UFO Network – Central European Section
(MUFON-CES)**
Gerhart-Hauptmann-Str. 5
D-83620 Feldkirchen-Westerham

Regional-UFO-Forschungszentrum Nord (RUFON)
Gerhard Cerven
Groten Hoft 11
D-22359 Hamburg

2. Zeitschriften zum Thema:

Ancient Skies
Organ der Ancient Astronaut Society (s.o)
Erscheint zweimonatlich, Themenbereich Paläo-SETI-
Hypothese, neue Erkenntnisse und theoretische Ansätze,
Literaturrezensionen.

DISCOVER
Hrsg. von Martin Lehmann
Postfach 1633
CH-4901 Langenthal
Berichte aus Archäologie, Paläo-SETI, SETI,
Forschung und Technik.

Explorer
Erscheint als Eigenproduktion der Mitglieder
in der AAS und wird herausgegeben von
Gerald Appel, Schwalbenweg 37,
D-67063 Ludwigshafen.

G.R.A.L. – Geheimnisse/Rätsel/Analysen/Lösungen
Hrsg. von Michael Haase, Arckos-Verlag,
Lepsiusstr. 1, D-12163 Berlin
Erscheint zweimonatlich, kritisches Magazin mit Haupt-
aspekt Paläo-SETI, daneben Themen wie Astronomie,
Astronautik, Archäologie und Grenzgebiete der Forschung.

International UFO Reporter
Hrsg. vom J. Allen Hynek Center for UFO Studies
2457 West Peterson Avenue, Chicago, Ill. 60659, USA
Englischsprachige UFO-Zeitschrift, erscheint zweimonatlich. Gute, fundierte und wissenschaftliche Beiträge
zu aktuellen und historischen UFO-Fällen.
Hauptschwerpunkt: Sichtungen in den USA.

Journal für UFO-Forschung
Organ der GEP (s.o.), hrsg. von Hans-Werner Peiniger
und Gerald Mosbleck
Erscheint monatlich, Themenbereich UFO-Forschung,
kritische Analysen einzelner Fälle, weltweite UFO-
Forschung, umfassende Literaturrezensionen.

Magazin für Grenzwissenschaften
Hrsg. von Walter Kelch und Stefan E. Rickes,
Niederstr. 31, D-56637 Plaidt
Das MG behandelt Themen wie UFO-Forschung, die
Paläo-SETI-Hypothese, sogenannte »Fabelwesen« und
andere Mysterien. Es gibt Informationen über Astronomie,
Meteorologie und Weltraumtechnik sowie die Archäologie.

MUFON UFO Journal
Hrsg. vom Mutual UFO Network, 103 Oldtown Rd.,
Seguin, Texas 78155, USA
Monatlich erscheinendes, englischsprachiges Magazin der
derzeit weltweit größten UFO-Forschungsgruppe.

Wissenschaftlich abgesicherte, gut recherchierte Berichte.
Schwerpunkt USA.

NSIS THE NEW SCIENCE INFORMATIONSHEET
Hrsg. von Hans Ebert, Ganghoferstr. 23,
D-83059 Kolbermoor
Das NSIS kombiniert Beiträge zur Paläo-SETI-Hypothese
mit solchen zur UFO-Forschung, zur Esoterik und zur
Computerforschung.

SETI
Hrsg. von der IPE e.V. (s.o) und Thomas Mehner
*SETI, IPE-Info, Prä-Astronautik-Jahrbuch, Spuren-
suche* und *Spurensuche Extra* erscheinen als Heft oder
Buchreihe. Thematisch konzentriert sich die Arbeit auf die
Paläo-SETI-Hypothese und Querverbindungen zum UFO-
Komplex.

UFO-Kurier
Hrsg. von Jochen Kopp, Hirschauer Str. 10,
D-72108 Rottenburg
Erscheint zweimonatlich und veröffentlicht sowohl
deutsche Originalarbeiten als auch Übersetzungen aus dem
aktuellen englischen und amerikanischen Schrifttum.

UFO-Report
Hrsg. von Wladislaw Raab, Klenzestr. 17,
D-80469 München
Aktuelle UFO-Meldungen und Entführungs-Berichte,
Kommentare zum weltweiten Geschehen, Buchrezensionen
und insbesondere auch Übersetzungen von Arbeiten aus der
ehemaligen Sowjetunion. Erscheint viermal im Jahr.

Glossar

Allagash-Entführung: Ereignis im Jahr 1975, bei dem vier Männer (Jim und sein Bruder Jack Weiner, Carlie Foltz und Chuck Rack) während einer mehrtägigen Bootstour auf dem Allagash-River in den Appalachen (USA) entführt, auf zum Teil sehr schmerzhafte und entwürdigende Weise medizinisch untersucht und schließlich wieder freigelassen wurden (siehe das Buch »The Allagash Abductions« von R. Fowler). Die von den Männern beschriebenen Wesen gleichen jenen, die Maria Struwe und ihr Sohn Sebastian sahen.

Archäikum: Früher Abschnitt der Erdgeschichte bis vor 2,6 Milliarden Jahren. Damals begann die Entwicklung des Lebens auf unserem Planeten.

Außerkörperliche Erfahrungen (auch *»Astralreisen«* oder *»Out-of-Body-Experiences* = OOBEs«): Erlebnisse, bei denen sich das Bewußtsein vom Körper zu trennen scheint und frei von diesem agieren kann. OOBEs können zum Teil während des Schlafes, also unbewußt, oder durch bestimmte Meditationstechniken bewußt herbeigeführt werden.

Bedroom Visitor (Schlafzimmer-Besucher): Ein Phänomen, das seit langem in der Psychologie bekannt ist, dessen Verbindung zum UFO-Geschehen aber erst in den letzten Jahren deutlich wurde: Damit bezeichnet wird das Eindringen unbekannter Persönlichkeiten in die Wohnung (meistens nachts, wenn der Betroffene schläft), was mit seltsamen Phänomenen wie Paralyse, extreme Hitze oder Kältewahrnehmung, scheintote Zustände des Partners usw. einhergehen kann. Offenbar handelt es sich um den initialen Teil eines wesentlich komplexeren Entführungs-Erlebnisses.

Begegnung der vierten Art: Aus der (erweiterten) UFO-Sichtungsklassifikation des Astrophysikers Prof. Allen Hynek stammende Bezeichnung. Begegnung der ersten Art: Wahrnehmung eines Objektes am Himmel; Begegnung der zweiten Art: Wahrnehmung eines Objektes, das physikalisch verifizierbare Spuren hinterläßt; Begegnung der dritten Art: Wahrnehmung eines Objektes und seiner Insassen, evtl. Kontakt zu seinen Insassen; Begegnung der vierten Art: Entführung in ein UFO.

Betty-Andreasson-Fall: Berühmter Entführungsfall in den USA. Bei Betty Andreasson-Luca erkannte man als erster, daß Entführungen offensichtlich keine zufälligen Ereignisse sind, sondern planmäßig über das gesamte Leben des Betroffenen hinweg stattfinden können.

Brahmaismus: Vedische Religion des alten Indien, Vorläufer des heutigen Hinduismus.

Cyberspace oder Virtuelle Realität (VR): Künstlich erzeugte »Realität« mit Hilfe entsprechend programmierter Software und leistungsfähiger Computer. Mit Spezialbrille, Datenhandschuhen oder Ganzkörperanzügen ausgerüstet, ist der User oder Cybernaut dazu in der Lage, in diese VR einzusteigen und sie als Wirklichkeit zu erleben.

Ferris-Sonden: Hypothetische, von dem amerikanischen Astrophysiker Prof. Timothy Ferris vorgeschlagene Sonden

346

hochentwickelter Intelligenzen im All, die in fremden Sonnensystemen installiert sein könnten, beständig Daten an die Heimatzivilisation übermitteln und es ihren Erbauern ermöglichen würden, die beobachteten Welten als Cyberspace-Simulation zu erleben.

Hill-Fall: Erste bekanntgewordene Entführung aus dem Jahr 1961. Das Ehepaar Betty und Barney Hill war am 19. September auf einer Landstraße in New Hampshire (Kanada) gestoppt, an Bord eines UFOs medizinisch untersucht und wieder freigelassen worden. Der Fall enthält bereits zahlreiche der auch heute noch gültigen »Entführungskonstanten«.

Holografisches Universum: Modell unserer Realität nach den Vorstellungen von Prof. Pribram und Prof. Bohm. Demnach ist unser Universum wie ein Hologramm organisiert, unserem Bewußtsein zeigt sich nur die illusionäre Oberfläche eines weit komplexeren Untergrundes.

Holozän: Abschnitt der jüngsten Erdgeschichte, in dem wir z.Zt. leben (oberster Teil des seit zwei Millionen Jahren andauernden Quartärs); begann vor 10.000 Jahren.

Hybridwesen: Den Aussagen von »Entführten« zufolge aus Menschen und den Fremden gezeugte angebliche Mischwesen.

Hypnose (regressive H.): Tranceähnlicher Entspannungszustand, der es einem erfahrenen Therapeuten ermöglicht, längst verschüttete oder unbewußt blockierte Erinnerungen freizulegen und ins Tagesbewußtsein zurückzuholen.

Implantate (hier: »außerirdische Implantate«): Den Berichten von »Entführten« zufolge sondenähnliche kleine Objekte, die während »Entführungen« meist durch die Nase, hinter die Augen oder durch die Ohren ins Gehirn eingeführt werden.

Incubi: In der mittelalterlichen Vorstellungswelt männliche Dämonen, die Frauen zu sexuellem Verkehr mit ihnen zwangen.

Laparoskopie: Medizinische Untersuchungsmethode, bei der eine Sonde durch die Bauchdecke eingeführt wird (in der Regel zur Kontrolle von Schwangerschaften).

Mimikry-Hypothese: Vom Autor entwickeltes Modell vom Eingriff einer fremden, außerirdischen Intelligenz, nach der sich diese den jeweils aktuellen religiösen und soziokulturellen Vorstellungen der kontaktierten Menschen anpaßt und sich ihnen gegenüber mit entsprechend abgestimmten »Projektionen« offenbart.

Missing-Embryo-Syndrom: Ein zunehmend berichtetes Phänomen, wonach Frauen an Bord von UFOs künstlich befruchtet wurden und man ihnen Wochen oder Monate später die herangewachsenen Föten wieder entfernt hat.

Nahtod-Erfahrungen: Erlebnisse im Grenzbereich zum Tod, bei denen Reanimierte über erstaunliche, visionsähnliche Bilder einer »jenseitigen« Welt berichten. Kann als Hinweis auf ein Überleben des Bewußtseins nach dem Absterben des Körpers interpretiert werden.

Ontologie: Philosophische Lehre vom Sein und von den Ordnungs-, Begriffs- und Wesensbestimmungen des Seienden.

Out-of-Body-Erlebnisse: Siehe »Außerkörperliche Erfahrungen«.

Oz-Faktor: Von der britischen UFO-Forscherin Jenny Randless eingeführter Begriff, der die Veränderung der umgebenden Realität zu Beginn einer »Entführung« oder eines *Bedroom-Visitor*-Erlebnisses charakterisieren soll.

Pasgagoula-Ereignis: Entführungsfall aus dem Jahr 1973, bei dem am 11. Oktober zwei Männer (Charles Hickson und Calvin Parker) beim Angeln am Ufer des Pasgagoula-Rivers (US-Bundesstaat Mississippi) in ein hinter ihnen gelandetes Objekt verschleppt wurden.

Pleistozän: Jüngerer Abschnitt der Erdgeschichte, erster Teil des Quartärs. Begann vor zwei Millionen Jahren und endete vor 10.000 Jahren.

Poltergeist-Phänomene: In der Parapsychologie alle meist personenbezogenen Spuk-Erscheinungen wie unerklärliche Klopfgeräusche, Möbelrücken, Bewegungen von Gegenständen usw. In der Regel eher harmlos, in einzelnen Fällen für die Betroffenen aber auch lebensgefährlich.

Präkognition: In der Parapsychologie die Fähigkeit des Vorherwissens.

Präsentations-Szene: Nach den Berichten von »Entführten« ein Ereignis, bei dem Frauen (in Einzelfällen auch Männern) ihre hybriden Kinder gezeigt werden.

PSI-Phänomene: In der Parapsychologie alle Ereignisse und Fähigkeiten des menschlichen Geistes, die über das »normale« hinausgehen und nur mit zusätzlichen, begrifflich zuweilen noch nicht genau festgelegten, sogenannten »übernatürlichen« Phänomenen erklärt werden können.

Quantenphysik: Moderner Teilbereich der Physik, der sich mit der Welt des Allerkleinsten, d.h. der subatomaren Partikel und ihrer gegenseitigen Wechselwirkung beschäftigt.

Rattlesnake-Bites: Markante Doppeleinstichs-Markierung, die sich bei etlichen Betroffenen nach einer »Entführung« irgendwo am Körper befinden kann.

Relativitätstheorie: Von Albert Einstein entwickeltes Modell zum Verständnis von Raum, Zeit, Materie und der auf sie und durch sie wirkenden Grundkräfte.

Screen Memories (Deckerinnerungen): In der Regel vom eigenen Unterbewußtsein gebildete künstliche Erinnerung, die ein traumatisches Erlebnis versperrt. Im Zusammenhang mit UFO-Entführungen möglicherweise auch von den »Entführern« installiert.

Sky Tracker: Laserlichtmaschinen, die häufig zu Werbezwecken eingesetzt werden und scheibenförmige, sich bewegende Lichter an die Wolkendecke projizieren können. Zunehmend als »UFOs« mißinterpretiert.

Solid-light-Phänomen: Bei manchen UFO-Beobachtungen registriertes Aus- und Einfahren heller Lichtröhren, die sich wie massive Objekte verhalten können.

Stigmatisierungen: Psychosomatisch erzeugte Bildung von Wunden, meist im religiösen Kontext (»Wundmale Christi«).

Succubi: In der mittelalterlichen Vorstellungswelt weibliche Dämonen, die Männer zu sexuellem Verkehr mit ihnen zwangen.

Telepathie: In der Parapsychologie Fähigkeit der Gedankenübertragung und Gedankenkommunikation.

Travis-Walton-Fall: Berühmter Entführungsfall vom 5. November 1976 im Sitgreaves National Forest (Arizona, USA), bei dem der Waldarbeiter Travis Walton vor den Augen seiner sechs Kollegen entführt und erst Tage später wieder freigelassen wurde.

Veden: Indische Offenbarungsliteratur des 5. Jahrhunderts vor Christus und früher. Enthält offensichtlich eine ganze Anzahl von Beschreibungen über Raumfahrt, atomare Kriege und Kontakte zu einer außerirdischen Intelligenz.

Literatur

1 Fiebag, J.: *Die Anderen – Begegnungen mit einer außerirdischen Intelligenz.* Herbig-Verlag, München 1993.
2 UFO Congress Wien, Hotel Mariott, 12.–14. November, 1993.
3 Hopkins, B.: *Von UFOs entführt.* Heyne, München 1982: Neuaufgelegt unter dem Titel »*Fehlende Zeit*« im Endzeit-Verlag, Rottenburg 1993.
4 Société Belge d'Etude des Phénomènes Spatiaux (SOBEPS): *UFO-Welle über Belgien. Zivile, polizeiliche, militärische und wissenschaftliche Augenzeugen berichten. Eine Dokumentation der Massensichtungen. Mit Radar- und Bildanalysen.* Zweitausendeins-Verlag, Frankfurt 1993.
5 Cross, P. zit. H.W. Peiniger: *UFO-Zeugen sind normale Leute.* Journal für UFO-Forschung, 6/90, S. 180–181, GEP, Lüdenscheid 1993.
6 Strieber, W.: Vorwort zu R. Fowler, »*Die Wächter*«. Bastei-Lübbe, Bergisch-Gladbach 1991.
7 Keel, J.A.: *UFOs – Operation Trojan Horse.* Souvenier Press Ltd., London 1971.
8 Uther, H.J.: *Sächsische Sagen.* Diederichs-Verlag, München 1992.
9 Hint, C.: Vortrag auf dem 24. MUFON-Symposium, Richmond, Virginia. Zusammenfassung: Stacy, D.: *24th*

352

Annual MUFON Symposium. MUFON UFO Journal, 305, S. 3–10. Mutual UFO Network, Seguin/Texas 1993.

10 Eversly, M.: *Support for Those Extraterrestrial Moments.* Press, Neptune, New Jersey, 22. Aug. 1992.

11 Burnham, S.: *Engel – Erfahrungen und Reflexionen.* Walter Verlag, Olten und Freiburg i.Br. 1992.

12 Jacobs, D.: Interview in » *Von UFOs entführt*« von C. Bauer, Tangram-Film, München 1993 (ZDF vom 31. Mai 1993).

13 Fowler, R.E.: *The Andreasson Affair.* Englewood Cliffs 1979.

14 Fowler, R.E.: *The Andreasson Affair – Part Two.* Englewood Cliffs 1982.

15 Fowler, R.E.: *Die Wächter. Wie Außerirdische die Erde retten wollen – ein unglaublicher Report.* Bastei-Lübbe, Bergisch-Gladbach 1992.

16 Hopkins, B.: *Eindringlinge – Die unheimlichen Ereignisse in den Copley Woods.* Kellner, Hamburg 1991.

17 Jacobs, D.: *Secret Lives – Firsthand Documented Accounts of UFO Abductions.* A Fireside Book/Simon & Schuster, New York 1992.

18 Ebert, H.: *UFO-Abduction – Ein Hypnoseregressions-Protokoll.* The New Science Informationsheet NSIS, 6, 2–4, Kolbermoor 1993. (Nachdruck mit freundlicher Genehmigung des Herausgebers.)

19 Casteel, S.: *Whitley Strieber Breaks his Silence.* MUFON UFO Journal, 305, S. 11–12. Mutual UFO Network, Seguin/Texas 1993.

20 Carpenter, J.: *Reptilians and Other Unmentionables.* MUFON UFO Journal, 300, S. 10–11, Mutual UFO Network, Seguin/Texas/USA, 1993.

21 Mack, J.: *Helping Abductees.* International UFO Reporter, 17/4, S. 10–15 und 20. J. Allen Hynek Center for UFO-Studies, Chicago 1992.

22 Persönliche Kommunikation vom 29. 12. 1993.

23 Persönliche Kommunikation vom 6. 12. 1993.

[24] Strieber, W.: *Die Besucher – Eine wahre Geschichte.* Ueberreuther-Verlag, Wien 1988. Taschenbuchausgabe bei Heyne-Verlag, München 1990.

[25] Strieber, W.: *Transformation – Eine wahre Geschichte.* Heyne-Verlag, München 1992.

[26] Holbe, R.: *Phantastische Phänomene – Den großen Rätseln auf der Spur.* Herbig-Verlag, München 1993.

[27] Fiebag, J. und P.: *Himmelszeichen – Eingriffe Gottes oder Manifestationen einer fremden Intelligenz?* Goldmann-Verlag, München 1992.

[28] Carpenter, J.: *The Reality of the Abduction Phenomenon.* MUFON Symposium Proceedings, Chicago, July 5-6-7, 1991, S. 149–171, Mutual UFO Network, Seguin/Texas 1991.

[29] Zit. in: Bloecher, T., Hopkins, B. und Clamar, A.: *Abductees Are »Normal« People.* International UFO Reporter, 9/4, S. 10–12, J. Allen Hynek Center for UFO-Studies, Chicago 1984.

[30] Bullard, T.E.: *Why Abduction Reports Are Not Urban Legends.* International UFO Reporter, 16/4, S. 15–20 und 24. J. Allen Hynek Center for UFO-Studies, Chicago 1991.

[31] Randless, J.: Vortrag auf dem »UFO Congress Wien«, 12.–14. November 1993.

[32] Creighton, G.: *The Amazing Case of Antonio Villas Boas.* In: C. Bowen (Hrsg.): The Humanoids, S. 200–238. Neville Spearman, London 1969.

[33] Fuller, J.G.: *The Interrupted Journey – Two Lost Hours Abord a Flying Saucer.* Souvenir Press Ltd., London 1966.

[34] Persönliche Kommunikation vom 11. 6. 1993.

[35] Persönliche Kommunikation vom 30. 10. 1993.

[36] Bullivant, B.: *Something Strange Is Going On...* Weekly News, 8. 10., Leeds 1992.

[37] Fowler, R.: *The Allagash Abductions – Undeniable Evidence of Alien Intervention.* Wild Flower Press, Tigard/Oregon 1993.

354

[38] Robbins, R.H.: *The Encyclopedia of Witchcraft and Demonology.* Crown Publishers, New York 1959.

[39] Bouget, H.: *Discours de sorciers.* Faksimilie-Neudruck des Werkes von 1602, London 1929.

[40] Oliver, N.: *Aliens in England – Part 3.* UFO Magazine, 11/6, S. 20–21 und 34–35. Quest International, Skipton Großbritannien 1993.

[41] Todd, D.: *Abductions in Hungary.* UFO Magazine, 6/11, S.14. Quest International, Skipton 1993.

[42] Bauer, C.: *Von UFOs entführt – Begegnung der vierten Art.* Tangram-Film, München 1993.

[43] Treutwein, K.: *Von Abtswind bis Zeilitzheim – Ein Taschenbuch der Denkmäler und Überlieferungen im Landkreis Gerolzhofen.* Folge 5. Hrsg. vom Kulturbeirat Gerolzhofen, 1959.

[44] Schambach, G. und Spörer, C.: *Volkssagen aus Alt-Einbeck und dem südlichen Niedersachsen zwischen Alfeld und Göttingen, Leinebergland und Solling.* Verlag Rüttgerodt, Einbeck 1977.

[45] Maack, I.H., zit. in: J.M. und A.L. Gansberg: *Die UFO-Beweise – Augenzeugenberichte von Begegnungen der dritten Art.* Blanvalet-Verlag, München 1979.

[46] Schneider, A.: *Physiologische und psychosomatische Wirkungen der Strahlen unbekannter Flugobjekte.* In: I. Brand (Hrsg.): »Strahlenwirkungen in der Umgebung von UFOs« S. 235–334. Bericht von der Herbsttagung 1977 in Ottobrunn. MUFON-CES, Feldkirchen-Westerham 1978.

[47] Roberts, J.: *Gespräche mit Seth – Von der ewigen Gültigkeit der Seele.* Goldmann-Verlag, München 1986.

[48] Ring, K.: The *Omega Project – Near Death Experiences, UFO Encounters, and Mind at Large.* William Morrow & Co., New York 1992.

[49] Ferris, R.: *Das intelligente Universum – Über die Grenzen des Verstandes.* Byblos-Verlag, Berlin 1992.

[50] Thompson, R.: *Alien Identities – Ancient Insights into Modern UFO Phenomena.* Govardhan Hill Publishing, San Diego 1993.

[51] Talbot, M.: *Das holografische Universum – Die Welt in neuer Dimension.* Droemer Knaur Verlag, München 1992.

[52] Wolf, F.A: *Parallele Universen – Die Suche nach anderen Welten.* Insel Verlag, Frankfurt am Main und Leipzig 1993.

[53] Ballentine, L.E., Pearle, P., Walker, E.H., Sachs, M., Koga, T., Gerver, J. und DeWitt, B.: *Quantum Mechanics Debate.* Physics Today, 4, S. 36–52, 1971.

[54] Watts, A.: *Kosmisches Drama.* Goldmann-Verlag, München 1984.

[55] Bache, C.: *Das Buch von der Wiedergeburt.* Scherz-Verlag, München 1993.

[56] Swords, M.: *Does the ETH Make Sense?* International UFO Reporter, 17/5, S. 6–8 und 12, J. Allen Hynek Center for UFO-Studies, Chicago 1992.

[57] Ring, K.: *Eingriff aus der Anderwelt.* Esotera, 2, S. 88–94. Freiburg 1994.

[58] Bauer, C.: Interview mit Joseph Nyman. Transkript, München 1993.

[59] Thompson, K.: *Engel und andere Außerirdische – UFO-Phänomene in neuerer Deutung.* Droemer Knaur Verlag, München 1993.

Register

357